Harvard Business School Press

CONSCIOUS CAPITALISM:
Liberating the Heroic Spirit of Business

世界でいちばん大切にしたい会社

コンシャス・カンパニー

ジョン・マッキー／ラジェンドラ・シソーディア 著
野田稔 解説／鈴木立哉 訳

SE
SHOEISHA

世界でいちばん大切にしたい会社

装幀 戸田ツトム

Conscious Capitalism: Liberating the Heroic Spirit of Business
John Mackey, Rajendra Sisodia and forward by Bill George

本書を推薦する言葉

長い間、私は企業には収益性と社会的良心のバランスを保つ責任があると信じてきたが、どうすればそれを成し遂げられるのかを本当に理解しているリーダーはほとんどいない。本書は企業がさまざまなステークホルダーによりよく奉仕できるようになるための、現実的で役立つ枠組みを提供している。著者らの意見に耳を傾けることを強くお勧めする。

――ハワード・シュルツ（スターバックス代表取締役CEO）

本書は、自由競争資本主義についてこれまで出版されてきたさまざまな文献とはひと味違う、我々の待ち望んでいた処方箋である。企業は利益の最大化を超える志の高い目的に導かれる必要があり、すべてのステークホルダーに最適な恩恵を施さなければならない。それが実現して初めて、資本主義は全人類に対し可能な限りの十分な社会的利益を届けることができるのだ。

――ラタン・タタ（タタ・グループ会長）

ジョン・マッキーの〝目覚め〟への旅は企業家にとって刺激となるばかりでなく、資本主義の〝成功〟に対する定義――従来のビジネス上の評価基準で高い成果を上げるだけでなく、社会に好影響を与えること――を信じているすべての人々に大きな励みとなるだろう。

――ビズ・ストーン（ツイッター共同創設者、クリエイティブディレクター）

世界でいちばん大切にしたい会社　目次

本書では訳注を〔　〕に入れて表記しました。

序文　資本主義を軌道に戻す

ビル・ジョージ

私こそ、このような本を書きたいと常々思ってきた。生粋の資本主義者として、過去四半世紀の間に資本主義が正しい軌道から外れてしまい、さまざまな罵詈雑言を浴びせられ、しかもその多くに反論できない体たらくとなってしまったことに、実に心を痛めてきたからだ。

ジョン・マッキーとラジェンドラ・シソーディアは、資本主義を原点に引き戻した。本書では、資本主義は、歴史上最も大きな富を作り出せる仕組みであるという実に説得力のある主張が展開される。意識の高い資本主義、つまり「コンシャス・キャピタリズム」という用語が使われているが、私に言わせれば著者らが主張しているのは本来の資本主義《オーセンティック・キャピタリズム》に他ならない。たとえば「縁故資本主義《クローニー・キャピタリズム》」のような、他のビジネスのやり方は資本主義のまがい物で長続きするはずはなく、時間が経つうちにいずれ崩壊する。これは二〇〇八年に世界中の経済システムがメルトダウンを起こして、そのあとにいわゆる「大不況」が続く過程で明らかになった通りである。

私が初めてジョン・マッキーの考え方に触れたのは二〇〇五年、資本主義はどうあるすべきかをめぐって、マッキーがノーベル経済学賞受賞者ミルトン・フリードマンと行った論争を読んだ時である。マッキーはフリードマンの死の直前に、「企業の唯一の責任は株主のために利益を獲得することである」とする彼の見解に挑戦したのだった。当時、金融市場ではこれが短期的な株価に反映されると捉えられていた。一九七〇年に『ニューヨーク・タイムズ』に掲載され、その後幅広く引用されることになった論文「ビジネスの社会的責任とは、利益を増加することである（*The Social Responsibility of Business Is to Increase Its Profits*）」で、フリードマンは従業員やコミュニティ、環境のことを心配するビジネスリーダーを厳しく非難した。「雇用を提供し、差別をなくし、公害を避ける責任をまともに捉えているようなビジネスマンは（中略）混じり気のない純粋な社会主義を標榜しているのである」

マッキーはこの見方に真っ向から異を唱えた。実は私もフリードマンの見方を正しいと思わないし、これまでもそう主張してきたつもりである。マッキーと私は社会における企業の果たすべき役割について多くの面で共通の意見を持っている。要するに、社会あっての企業なのだ。我々が有限責任会社を設立し、営業ができるのも社会がそれを許しているからだ。したがって企業がそうした権利を侵害するような行為をすれば、社会によって一定のペナルティが課せられても（規制措置や法令で破綻を命じられ、営業に一定の制約が課せられるようなことになったとしても）やむを得ない。そのような企業は、自らの行為によって、資本主義社会に認められた自らの自由を放棄していることになるからだ。

ホールフーズ・マーケットを率いることで、ジョン・マッキーはコンシャス・キャピタリズムの一つのロールモデルになった。これはまさにメドトロニックの同僚たちとともに私が目指して来た道でもある。マッキーは店舗で従業員や顧客と、そして私は病院で医師や患者の皆さんと日々現場の第一線で過ごした経験から、我々二人は、本来の資本主義《オーセンティック・キャピタリズム》こそが、顧客や従業員、投資家、コミュニティ、サプライヤー、環境に利益を与える組織を作り上げる唯一の方法であることを知っている。

マッキーとシソーディアは、リーダーシップこそが決定的に重要だということを明らかにしたうえで、どうすれば意識の高いリーダー《コンシャス・リーダー》になれるのかを教えてくれる。コンシャス・リーダーという発想は私の「自分らしさのリーダーシップ」というコンセプトと同義語と言って差し支えあるまい。リーダーは、自己認識力と情緒的知能（いわゆる「こころの知能指数」）を高めながら、感情と理性を一致させることがいかに大切かをわかっている。そうしてほかの人々に自らそうしてみようという気を起こさせるのだ。まさに諺にある通り、「人々が経験しなければならない最も長い旅は、頭と心の間の一八インチ（四六センチ）」なのである。この一〇年間でリーダーに対する人々の信頼は地に落ちてしまった。リーダーや営利企業への信頼を再構築し、それぞれの「あるべき姿（True North）」に向かって着実に歩を進めさせるための最善の方法は、今やコンシャス・リーダーを育てるしかない。

私がこうした考えを身につけるに至った経験を紹介しよう。一九六四年にジョージア工科大学（専攻は経営工学とシステム工学）を卒業した時、私は社会の幸福に寄与する大企業で、価値観を最も重視するリーダーになりたいという強い情熱を持っていた。初めてこの思いを抱いたのは、ビジネスのあり方について父の話を聞いた時だ。私は当時八歳だった。その思いは一〇代になっても変わらなかった。プロクター・アンド・ギャンブルとＩＢＭなどで雑用係やサマージョブを経験しながら、ビジネスマンたちの話に耳を傾けた。

就職先として民間企業を選んだのは、社会のあらゆる組織の中で、経営者が優れ、価値観を重んじる企業ほど人類に具体的な貢献をできる組織形態はほかにないと考えたからだ。ハーバード・ビジネススクールで学び、優れたビジネスリーダーと接する機会に恵まれた。世界規模の企業がどのように運営されているのかについて目を開かされ、自由企業に入って世の中を変えたいという思いを強くした。国防省、リットン・インダストリーズ、ハネウェルで二三年間を過ごし、ビジネスの良い面、悪い面、醜い面を見た。

一九八九年にメドトロニックに入った時、私は自社の繁栄を持続しながらステークホルダー全員にいつまでも価値を生み出せる機会が訪れたと思った。その後の一三年間で、創業者のアール・バッケンが築いてくれた基盤を出発点に、この考え方を実践することができた。メドトロニックの株主価値、つまり時価総額が一一億ドルから六〇〇億ドルになったことを成功の証拠だと言う人がいるかもしれない。だが私はむしろ、健康を回復し満たされた人生を取り戻した人の数が、一九八九年の三〇万人から今や一千万人に増えたことのほうがはるかに説得力のある証拠ではないかと思う。当社の提供する治療法を通じて健康を回復した人々の物語《ストーリー》こそが、従業員、医師、看護師、技師、サプライヤー、投資家、コミュニティなど、メドトロニック・ファミリーを構成しているすべてのステークホルダーにとっての本当の報酬である。

二〇〇二年にメドトロニックを離れた後は、偉大な教育機関で教鞭を執る機会を得たが、とりわけ、最近の九年間をハーバード・ビジネススクールで過ごせていることは存外の喜びである。才能に溢れた経営学者や偉大なビジネスリーダーの意見を聞いて自分の考えを発展させ、強化することができたし、教室では素晴らしい学生や経営者と討論し、これまで五冊の書籍の執筆とさまざまな記事への寄稿でそれらを発表することができたからだ。

その間、ビジネスリーダーに対する社会の信頼はかつてないほどに失墜した。この一〇年で何がコンシャス・キャピタリズムをむしばんだのかを理解するには、フリードマンの理論に戻る必要がある。それを意識しているかどうかは別にして、フリードマンの哲学に従ってきた数世代にもわたる経済学者やCEOがこの理論にとてつもない影響を受けてしまったからだ。株式市場がしだいに短期志向となり、株式保有期間が平均八年から六カ月へと短くなるにつれて、その影響はますます大きくなっていった。

最も残念なのは、だれもかれもが短期的な利益を追うという風潮が強くなった結果として、ゼネラルモーターズやシアーズといった多くの名門企業が倒産に追い込まれ、エンロンやワールドコム、Kマート、コダック、そして一〇〇社を超える大企業が、会計操作を理由に二〇〇三〜〇四年の分の財務諸表の訂正を命じられ、破綻したことである。しかし、この問題も二〇〇八年の金融危機の大きさに比べれば可愛いものだったのかもしれない。ファニーメイ、ベアー・スターンズ、リーマン・ブラザーズ、カントリーワイド、シティグループなど、株主価値を最大化しようと借り入れを増やし過ぎた金融機関が次々と倒れたのだから。要するに、事業会社に短期的な株価上昇を迫るウォール街の圧力が我が身に戻ってきて、圧力をかけた側の金融機関をなぎ倒してしまったわけだ。

フリードマンを「自分にとっての英雄の一人」と称えるジョン・マッキーは二〇〇五年、フリードマンの死の直前に行った論争で、この経済学者の思想に異議を申し立てた。フリードマンが立派だったのは、マッキーの考えの多くを自分の株主価値創造の理論に取り込もうとした点にある。しかしマッキーは次のように押し返した。「フリードマンは顧客、従業員、企業の慈善活動に気を配ることを投資家の利益を増やすための手段だ、と考えている。私はまったく逆だ。高い利益を上げることは、ホールフーズの最も重要な使命を実現するための手段なのだ。私たちは、優良で栄養価の高い食品を通じて地球に住む人々の健康と福利を改善したい。そしてこの使命は高収益を上げ続けないと実現できないのだ。食べないと人は生きられない。ビジネスも同じだ。利益なしでは生きられない。しかし大半の人々は食べるために生きているわけではない。ビジネスも同じだ。利益を得るために生きているわけではないのである」[1]

「人々に充実した生活と健康を取り戻す」というメドトロニックの使命を語る時、私もよくジョン・マッキーと同じような話をする。最初の著書『ミッション・リーダーシップ』(生産性出版、二〇〇四年)の中で、ビジネスとは目的と価値観から始めるべきであること、目的と価値観で従業員をその気にさせイノベーションや優れたサービスを実現しながら、売上高と利益の持続的な拡大を図るべきだと述べた。このアプローチは、企業に投資し続けるための根拠となり、しかも株主およびステークホルダーのためにいつまでも価値を生み出し続ける——好循環が生まれるというわけだ。この考え方はホールフーズやメドトロニックの専売特許ではない。IBM、スターバックス、アップル、ノバルティス、ウェルズ・ファーゴ、ゼネラル・ミルズなど、数十年にわたって目覚ましい成功を遂げているさまざまな会社で幅広く実践されている。

本書『世界でいちばん大切にしたい会社』で、マッキーとシソーディアは、読者に企業が貢献すべきあらゆる関係者を紹介してくれる。そこには通常であれば企業の最善の利益にとって敵対的とみなされるような労働組合やアクティビストも含まれている。著者らは、これらの組織が、いつも会社と意見を異にしている場合でさえ、なぜ、どのような意味で配慮し尊敬すべき対象なのかを示してくれる。

経済学者にとっては、フリードマンの言う株主価値のほうがはるかに単純で計算しやすく、測定も容易だろう。しかし、これでは会社の健康度、戦略の有効性、投資の利点、顧客満足度、従業員の業務に対する取り組みの度合いや会社への愛着心といった、会社の短期的な株価の変動よりも重要な、長期的で、持続可能な価値に影響を与えるさまざまな要素を表示できないのだ。ハーバード・ビジネススクールの同僚であるロバート・キャプランをはじめとする一流の学者たちは、「バランスト・スコアカード」を用いて長期的な企業の実績を測定する、株主価値よりも強力で微妙な差違を見分けられる方法を提供している。

これがどう機能するかのわかりやすい事例として、ヒューレット・パッカード（HP）とIBMに目を向け、両社のCEOであるマーク・ハードとサム・パルミサーノがそれぞれどのようなリーダーシップを発揮したかを見てみることにしよう。ハードはNCRコーポレーション出身で、カーリー・フィオリーナの下で業績の伸び悩んでいたHPの経営を引き継いだ。社長就任後は、自らの不祥事で退任を余儀なくされるまで、売上と利益を伸ばし、株価は二倍以上になるなど、同社をうまく軌道に乗せたかに思われた。ところが、これらの実績の少なからぬ部分は研究開発費の大幅削減によって実現していた。具体的には研究開発費を売上高の六％から三％に削減し（以前は一〇％が維持されていた）、短期の業績アップに全力を傾けて、意味のある長期戦略への投資が妨げられていたのである。二〇一〇年にハードが辞任すると、HPの株価は五五％下がり、時価総額は六〇〇億ドル減少した。

IBMはパルミサーノの安定したリーダーシップの下で、価値を重視した「グローバル統合事業体（GIE）」を通じた世界中の顧客への奉仕に集中した。この組織文化を転換するため、パルミサーノはCEOとしての一〇年のうち大半を費やしたが、その結果、IBMの時価総額は過去三年で八四%、金額にして一千億ドル以上増加した。後継者となったのは内部昇格で就任したバージニア・ロメッティで、パルミサーノの成功を引き継げるだけの十分な準備ができていた。一方ハードが外部から選んだレオ・アポテカーとメグ・ホイットマンは今もなお実行可能な戦略を模索し続けている。

ビジネスと社会に本当に価値のある書を与えてくれたジョン・マッキーとラジェンドラ・シソーディアには心の底から感謝したい。自社だけでなく、社会全体の利益も向上させる持続可能な企業を生み出し、これを持続させるために会社のあらゆる関係者を統合する術を示してくれたからだ。著者らは、資本主義を社会の最大の課題を解決する「高潔な力」と呼んでいる。その意味では、この考えは私のハーバードの同僚であるマイケル・ポーターと完全に一致する。ポーターは現代企業戦略のパイオニアとして、企業のリーダーに向けて「共有の価値観《シェアードバリュー》」を作り出すことで社会に貢献すべきだという明快な呼びかけを行っている。将来は、マッキーやポーターの考え方が企業を経営するうえで広く世の中に受け入れられ、実践され、資本主義が今後数十年にもわたって、繁栄したグローバル社会に貢献する圧倒的な力として繁栄し続けられることを切に願っている。

ビル・ジョージはハーバード・ビジネススクールの経営実践担当の教授で、メドトロニックの会長と社長を務めた。『ミッション・リーダーシップ』『リーダーへの旅路』(生産性出版、二〇〇七年)など四冊のベストセラーを著している。最新刊は『トゥルー・ノース・グループス(あるべき姿を目指す企業群)』(*True North Groups*)(未邦訳)がある。エクソンモービル、ゴールドマン・サックス、メイヨー・クリニックの取締役も務めている。

序章　目覚め

ジョン・マッキー

私はホールフーズ・マーケットを共同で設立する前に、二つの大学で学んだ。哲学、宗教学、歴史学、世界文学といった人文科学系を中心に、選択科目を合わせて一二〇時間ほど履修した。関心のおもむくままに科目を選択し、退屈するとすぐに授業に出るのをやめてしまうという気ままな方針で臨んだため、面白いことや有益なことを数多く学んだものの、当然の帰結と言うべきか、結局どちらの大学からも学位は取れなかった。経営に関する講義を受けたことは一度もない。もっともそのことは、実のところ企業家として私にとっては有利に働いたのではないかと思っている。何も学ばなかったのだから、社会に出て「忘れるべきこと」など何も持たず、旧来の考え方に縛られる可能性もなかった。こうして、私は一〇代の後半と二〇代の前半を、人生の意味と目的を発見することに費やした。

そんなことを模索していた一九六〇年代後半から七〇年代にかけて、既存の文化や体制を否定するカウンターカルチャー運動に出会うことになる。東洋の哲学と宗教を学んだのはこの時で、私は今もヨガと瞑想を実践している。生態学についても勉強した。そしてベジタリアンになって、もう一〇年になる。テキサス州オースチンにあるコミューン〔社会運動の拠点としての共同体〕にも二年住み、髪とひげを伸ばした。政治的には進歩主義にはまってしまい、ビジネスとか企業は自分の利益だけを追求する、本質的に邪悪な存在なのだというイデオロギーに染まった。企業とは対照的に、非営利団体や政府は利益のためではなく、自己を犠牲にしてでも公共の利益のために働く「善良な存在」だと考えていた。

こんな青春時代を過ごしたものだから、一九七八年の私にビジネスを始めるための十分な準備ができていた（?）ことは明らかだった。ガールフレンドのレニー・ローソンと作った最初の会社の名前は「セイファー・ウェイ」。面積わずか三千平方フィート〔約二八〇平米〕という自然食料品店を、古い一軒家の中に開業したのだ。元手は友人や家族から集めた四万三千ドル。二人とも若く（私は二五歳で、レニーは二一歳だった）、理想に燃えていた。自然食料品店を始めたのは、健康的な食品をみんなに買ってもらって人並みに暮らせればどんなに楽しいだろうと思ったからだ。

週八〇時間以上も働いたけれども、当初レニーと私が得ていた給料はわずか二〇〇ドルで、店の上にあるオフィスに住んでいた。シャワーもバスタブもなかったので、さっぱりしたくなった時にはホバート社製の皿洗い機の「シャワー」を使って身体を洗ったものだ（市の衛生条例のいくつかに違反していたことは間違いない）。セイファー・ウェイを二年やったあとで大きなビルに移り、別の小さな自然食料品店と合併し、社名を「ホールフーズ・マーケット」に換えたのが一九八〇年だ。

■最初の目覚め：会社を設立し、資本家になる

セイファー・ウェイを始めた当時、私は進歩的な政治理念の信奉者で、そもそもビジネスとか資本主義などというものは金持ちになりたいという欲望と自分さえ良ければよいという利己心、そして搾取の精神に基づいていると信じていた。ここで搾取とは、自分の利益を最大化するために消費者と労働者、社会、環境を利用し尽くす、という意味だ。私の目には、利益はどう好意的に見ても必要悪にしか映らず、社会全体にとって望ましい目標でないことは明らかだった。セイファー・ウェイを始める前、私はオースチンの協同組合運動に関わっていた。ある住宅協同組合で二年間共同生活をしていたほか、それぞれ時期は異なるが、三つの食品協同組合の組合員でもあった。数年間、私は協同組合運動が資本主義を改革する最も素晴らしい方法だと信じていた。協同組合の基盤となるのは競争ではなく協力だったからだ。儲け主義の投資家ではなく、買い物客が店を所有していれば、提供される商品やサービスも安くなり、社会的にもそのほうが正しいあり方だと思っていた。「利益のためではなく、人々のための食品」という食品協同組合のモットーに賛同していたのだが、結局はこの運動に幻滅するようになっていく。そこでなされたあらゆる決定は政治的動機によるもので、企業家精神に基づく創造性の余地がほとんどないように思われたからだ。一部の組合員が、個人的な動機で協同組合を統制し、お客様のために製品やサービスの質をどうやって高めるかよりも、どの会社の製品をボイコットするかのほうに、よほど大きなエネルギーを注いでいた。私はそんな協同組合よりもはるかに立派な店を作れると思い、自分が企業家になってそれを証明することにした。

しかし、いざ自分の会社を作ってみると生活は一変した。ビジネスについてそれまで信じていたこ

とのほとんどすべてが間違っていたことを思い知った。セイファー・ウェイを始めた年に学んだ最も重要なことは、ビジネスは搾取や無理強いに基づくものではなく、協力と自発的な交換に基づくものだ、ということだった。人々は互いの利益のために自発的に取引をするのであって、強制されて物を買ったり売ったりする者はいない。お客様はどの市場で買い物をするのか、社員《チームメンバー》はどこで働くのか、投資家は自分のお金をどこに投資するのか、そしてサプライヤーは自社の製品やサービスをどの顧客に提供するのかを、それぞれ多くの選択肢の中から選べるというわけだ。投資家、労働者、経営者、サプライヤー――お客様に価値を提供しようとすれば、この全員が協力し合わなければならない。そして、共同で創り出された価値は、競争的な市場プロセスを経て、それぞれの貢献度合いに応じて価値を創造した者（ステークホルダー）たちの間で公平に分配される。別の言葉で言えば、ビジネスというのは勝者と敗者を生むゼロサムゲームではない。「ウィン‐ウィン‐ウィン」つまり全員が勝つゲームなのであって、私はこの点を本当に気に入っている。

だれもが幸せになれるビジネスを創り出したいという私の純粋な気持ちと欲求にもかかわらず、多くの難問が立ちはだかった。お客様は値段が高すぎると文句を言った。社員は給料が少なすぎると不満を抱いていた。当時、会社は規模が小さすぎたので、サプライヤーからの仕入れ値もかなり高かった。オースチンの地元の非営利業界はいつも寄附を募ってきた。そして、さまざまな政府機関がいろいろな手数料やライセンス料、罰金、事業税を請求してきた。

ビジネスをどう運営すればよいのかがよくわからなかったので、創業して一年目はまったく儲からず、さんざん苦労した挙げ句に二万三千ドルつまり、元手の半分以上を失い、ビジネスを成功させるのは容易なことではないと思い知った。しかしそれでも（しかも赤字だったにもかかわらず）、私たちは高い値段でお客様から搾取し、社員の賃金が安いとの非難をアンチ・ビジネス派の人々から浴びせられた。動機は純粋だったけれども、私はどこかで利己的で欲深いビジネスマンに成り下がっていたのだと思う。協同組合をやっていた友人たちにしてみれば、私も今や典型的な「悪人」の一人になったわけだ。しかし、私は自分が欲深くも、利己的でも、邪悪でもないことを心の中ではわかっていた。世界を少しでも良くしたいと考える正真正銘の理想主義者で、健康食品を人々に売り、良い仕事を提供する店を経営していけばそれを最もうまく実現できると考えていた。

そのことに気がついた時、私は若い時に抱いていた社会民主主義的な考え方からしだいに離れ始めた。というのもこの理想は世界が本当に動いている仕組みを、もはやきちんと説明してくれなかったからだ。そこで、世の中を理解するための、もっと別の説明を探すことにした。

セイファー・ウェイを何とか成功させようと何十冊ものビジネス書をむさぼり読んでいるうちに、企業が自由に競争する資本主義、つまり自由競争資本主義に行き当たった。フリードリヒ・ハイエク、ルートヴィヒ・フォン・ミーゼス、ミルトン・フリードマン、ジュード・ワニスキー、ヘンリー・ハズリット、ロバート・ハインライン、マレー・ロスバード、トマス・ソーウェルといったエコノミストや思想家の著作だ。「なんてこった。すべて筋が通っているじゃないか。世界は、本当はこういう仕組みで動いていていたんだ」と心の中で叫んだものだ。こうして私の世界観は大転換を遂げる。

互いに利益を生み出すための自発的な交換が人類に未曾有の繁栄をもたらしていたのだ。第一章で紹介するように、人類はこの二〇〇年間で、まったく驚くほかはないほどの進歩を成し遂げた。自由競争資本主義が、財産権、イノベーション、法の支配、そして憲法の制約に基づく民主的な政治体制と組み合わさると、社会全体が最も繁栄し、人類（と言っても単に金持ちだけではなく、貧しい人々も含む社会全体を指す）の幸福と安寧が促進される条件が整うことも学んだ。

私は一人のビジネスマンであり、資本家になっていた。そしてビジネス、つまり営利企業と資本主義は決して完璧ではないけれど、どちらも基本的に良いもの、道徳的なものであることを発見したのだった。

■第二の目覚め：本当に大事なのはステークホルダーと愛の力

ホールフーズ・マーケットの歴史を左右するほどの大事件が起きたのは、今から三〇年以上も前、一九八一年のメモリアル・デー（戦没者追悼記念日）だった。セイファー・ウェイから場所を移して社名をホールフーズに変えてからわずか八カ月、支店もまだなかった頃のことだ。新店舗は短期間のうちに大成功を遂げていた。店舗は買い物好きのお客様であふれていた。社員はここで働くことを本当に気に入ってくれていた。私たちがしていることの価値の素晴らしさを心から信じ、自分の個性を発揮できるかなり大きな自由を享受し、仲間たちとともに働き、お客様にサービスすることを楽しんでいた。しかし、その日のオースチンは、七〇年ぶりの大洪水に見舞われる。死亡者は一三名で、被害総額は三三〇〇万ドル、今の価値で言えば一億ドル相当を超えた。私たちの店は二メートル以上の床上浸水となった。店内の装備と在庫品は何もかもが破壊され、損失額はおよそ四〇万ドルに達した。そう、この大洪水によって、私たちは完全に打ちのめされた。貯金も保険もなかったし、倉庫には在庫が何も残っていなかった。自社の経営資源だけで回復する方法はゼロだった。要するに、資金的には破産していた。

洪水の翌日に壊滅状態となった店舗を目の当たりにして、私たち創業者と社員は涙を抑えきれなかった。社員にとっては、それまでの人生で経験した中で最も素晴らしい仕事の終わりがついにきたと感じられたのだろう。私たち創業者にとっては、美しい、しかしつかの間の夢の終わりに思われた。そうして、ガックリと肩を落としたまま手の届くところから復旧を始めたのだが、するとまったく予想もしていなかった、素晴らしいことが起きた。何十人ものお客様や近所の人々が店に集まってくれたのだ。祝日で仕事が休みの人も多く、作業服を着て、バケツやモップなど役に立ちそうな物を持って店に駆けつけてくれた。そうして口々に、「さあさあ、仕事に取りかかろう。まずはきれいに片付けて再建しようじゃないか。この店をつぶしてたまるかい。落ち込むのはこの辺にして掃除を始めよう！」と言ってくれたのだ。

私たちがいかに奮い立ったかは想像していただけるだろう。身体の内側からエネルギーが突然湧いてきて、まだまだ全部を失ったわけではないらしい！という希望の光を実感できたのだ。しかも、話はそこで終わらなかった。その後の数週間、お客様が何十人とやってきては店の掃除と修繕を手伝ってくれた。「どうしてこれだけのことをしてくれるのですか？」と尋ねると、「ホールフーズは私にとって本当に重要なんです。ホールフーズがここになかったら、あるいはもしここからいなくなったら、オースチンに住みたいとは思わないかもしれません。それほどこの店は私の生活にとって大きな存在なのです」という答えが返ってきた。私たちが受けた感動の大きさはどんなに誇張してもしすぎることはないだろう。お客様にそれほど愛されていたという実感は店の再開を決意させるのに十分だった。「これは、何がなんでも店を再びオープンして恩返しをしないと罰が当たるぞ」そう思った。

手を差し伸べてくれたのはお客様たちだけではなかった。ほかのステークホルダーからも支援の申し出が殺到した。洪水で一文無しとなり、給料も払える状態ではなかったので、多くの社員は無給で働いてくれた。もちろん店を再開してから返済したのだが、洪水の直後には、そもそも再び開店できるかどうかはまったくわからなかった。何十社ものサプライヤーが私たちのビジネスのことを心配し、店を再開し、借金を返済できると信じてツケで商品を置いてくれた。私たちが忘れがたい恩義を感じたことは言うまでもなく、当時のサプライヤーの多くとは、あれから三〇年以上たった今も付き合いが続いている。投資家もホールフーズを信じ、わざわざ追加投資をしてくれた。銀行から追加融資を受けられたので在庫を新たに積むこともできた。実際のところ、お客様、社員、サプライヤー、投資家といった主なステークホルダー全員がホールフーズをつぶさず、店を再開できるように支援を申し出てくれた。そして実に、洪水後わずか二八日後に店を再開できた。

一九八一年のメモリアル・デー後の経験を経て、私たちの若い会社は一つになった。どのステークホルダーも私たちと本気で付き合い、心配し、関わろうとしてくれていることが実感できた。社員同士の距離も縮まり、お客様との関係が大いに深まった。私たちが実際に人々の生活に大きな貢献をしていることもよくわかった。

もしステークホルダーが一丸となって私たちの会社にあれほどの思いやりを示してくれなかったら、いったいどうなっていただろう。そう考えると背筋が寒くなる。間違いなく、ホールフーズ・マーケットは今この世に存在していなかったろう。ステークホルダーが私たちを愛し、大事に思ってくれなかったら、今日一一〇億ドル以上の売上を誇っているこの会社は一年目につぶれていただろう。そして、私たちが当時あのようなビジネスをしていなかったら、ステークホルダーから愛されることも、心配されることもなかったはずだ。いったいいくつの「まっとうな」企業が、必要な時に自ら支援を申し出てくれるほどにお客様やサプライヤーを引きつけられるだろう？　ああいう経験があったからこそ、私たちはステークホルダーの重要性とビジネスにおける愛情の力を十分に理解できた。ステークホルダーが会社の成功にとっていかに重要か。そのことを彼らが教えてくれたのだ。ホールフーズはステークホルダーの支えがなければ成功しなかった。いや、生き残ることさえできなかった。企業を支えているのはステークホルダーだということ。ステークホルダーこそが企業の愛情、魂、活力とは何かを具体化してくれる存在であること――この点については、以上の説明で十分おわかりいただけたのではないだろうか。

■さらなる目覚め

企業は、個人と組織が学び、成長するための素晴らしい器になれる。私は、ホールフーズがこの三〇年で成長し、進化してきた過程でもっと多くの目覚めも経験してきた。本書ではその一部を紹介したいと思う。何と言っても人生は短く、人々はその中を一定の速度で通り過ぎるほかはなく、立ち止まることはできないことを私は実感している。だからこそ、手遅れにならないうちに、自らの生きる目的を発見し、その実現に向かって努力することが必要で、その手助けをしてくれるような、信頼できる案内人を早く見つけ出すことが肝心なのだ。

私は二〇代のはじめに、あとから振り返ると「賢明だったな」と思える決断をした。それは、一生を自分の心に正直に生きる、ということだ。そして冒険や生きがい、創造性、成長、愛情に満ちた素晴らしい人生の旅を送ってきた。自分の経験を通じて、この世界を正直に、愛情に満ちた心で生きることは可能だと理解するようになった。

本書の皮切りを私自身が経験したいくつかの「目覚め」のエピソードで始めたのは、私の人生と仕事における意識の高まりをよく表しているからだ。この旅を経験したことで、それ以前にはまったく理解できなかったビジネスについての基本的な真実をいくらかは知ることができた。私は自分の会社やほかの会社でもこの英知の力を目撃してきた。そして経済学の教科書やビジネススクールの講義、多くの著名なビジネスリーダーたちの演説や著作からではとうてい学べない、ビジネスについてのもっと豊かで、総合的で、人間的な哲学や物語を世界が今こそ必要としていることに気づくようになった。

■本書を執筆した理由

ホールフーズ・マーケットが、自社の目的を深めながら社会的な影響力を高めていくのに合わせて、私自身の意識レベルも向上してきた。自社の経験を踏まえてこの世の中を見渡すと、長い間顧みられてこなかったビジネスや資本主義についての多くのことが、今や意識されるようになっていることを実感する。長い時間をかけて人間の社会が経験してきた最もワクワクするような、しかし思いがけない変化は、ビジネスと資本主義をこれまでよりも高い志で実践すると、とてつもない可能性が広がることに世の中が気づき始めているということかもしれない。

共著者のラジェンドラ・シソーディアは大学教授、執筆者、そして多くの企業のコンサルタントとして、二八年にわたってビジネスの真実を深く掘り下げ続けてきた。すべてのステークホルダーに愛され、富と幸福を作り出して大きな成功を収めた多くの企業（そこにはホールフーズ・マーケットも含まれている）を研究し、私と同じような発見をする。二〇〇七年に発行され世の中に大きな影響を与えた啓発の書『愛に満ちた企業：世界的な企業は情熱と志からいかにして利益を獲得しているか』（*Firms of Endearment: How World-Class Companies Profit from Passion and Purpose*）（未邦訳）では、こうした企業がなぜ特別な存在になれたかについての、シソーディアの研究成果がよく現れている。

この五年間、数多くの有力な企業経営者やオピニオンリーダーの協力も得ながら、シソーディアと私は意識の高い資本主義《コンシャス・キャピタリズム》運動を通じてビジネスに対する考え方、ビジネスの教え方、実践の仕方を変革するという、二人の共有する使命を探究してきた。二〇〇九年にシソーディアはコンシャス・キャピタリズム・インスティテュートを共同設立する。これは現在、我々が役員となっている非営利団体のコンシャス・キャピタリズム・インク（www.ConsciousCapitalism.org）に吸収された。意識の高い資本主義の持つ途方もない可能性に対する二人の熱い思いが、本書を書くという話に自然とつながったのだ。

本書執筆の主な目的は、意識の高い企業《コンシャス・カンパニー》の誕生を促すことだ。コンシャス・カンパニーとは、①主要ステークホルダー全員と同じ立場に立ち、全員の利益のために奉仕するという高い志に駆り立てられ、②自社の目的、関わる人々、そして地球に奉仕するために存在する意識の高いリーダー《コンシャス・リーダー》を頂き、③そこで働くことが大きな喜びや達成感の源となるような活発で思いやりのある文化の根ざしている会社のことだ。こういう企業が増えれば、だれにとっても素晴らしい世界が生み出されると我々は心の底から信じている。意識の高いビジネスリーダーが力を合わせれば、企業と資本主義の持つ途方もない力が解放され、あらゆる人々が目的、愛情、創造性に満ちた人生を生きられるような世界、思いやりと自由、そして繁栄の世界を創り出せるはずだ。これが、コンシャス・キャピタリズムに対する我々のビジョンである。

■本書の成り立ち

第一章では、自由競争資本主義を語る際にどうしても外せない歴史的な視点、つまり自由競争資本主義とはそもそも何なのか？　どうすれば私たちの世界が良い方向へ向かうのか、そして現在これが直面している課題は何かについて解説する。資本主義をめぐる物語を変革する試みに読者にも積極的に参加してもらいたいという「冒険への誘い」でもある。第二章では、資本主義と企業の進化形としてのコンシャス・キャピタリズムについてさらに詳しく説明し、私たちが現在直面している課題に対応し、劇的に素晴らしい未来を約束してくれる仕組みであることを説く。

そして第三章から第六章の各章では、コンシャス・キャピタリズムの四つの柱について一つずつ説明していく。第一部（第三章と第四章）のテーマは企業の存在目的だ。目的を持つことがなぜそれほど重要なのかを説明し、一般的な目的の種類を示したうえで、各社が自社の真の目的をどうすれば見つけられるのかを解説する。次に、ステークホルダーについて検討する。第二部（第三章から第一二章）では、ステークホルダーを一つずつ取り上げて、コンシャス・カンパニーがそれぞれをどう捉えているかを考察する。さらに、ステークホルダー間に存在している相互関係をどう利用できるかについて論じる。なぜならばこの相互関係こそが、コンシャス・キャピタリズムという哲学の中心に位置しているからだ。第三部（第一三章と第一四章）では、コンシャス・リーダーにまつわる重要問題、つまりその意味と育成方法に目を向ける第四部（第一五章と第一六章）では、四つ目の柱である意識の高い企業文化《コンシャス・カルチャー》と意識の高い経営《コンシャス・マネジメント》を論じる。第一五章と第一六章では、コンシャス・カルチャーを構成する重要な要素について、愛情と思いやりを中心に説明し、さらにはこの企業文化と一致し、その強さを活かせるマネジメント方法についても解説する。第一七章では、コンシャス・カンパニーをどう始めればよいかについてのいくつかのヒントと、既存企業はどのようにすれば意識を高められるのかについての指針を述べる。最終章では、どうすればコンシャス・キャピタリズムという思想をより広く、しかも速く広げられるのかについて論じるとともに、コンシャス・キャピタリズムの理念を提供する。

本書には付録が三つある。付録Aでは、長期的にはコンシャス・カンパニーのほうが従来型企業よりも優れた実績を上げられる理由とその仕組みについて解説する。付録Bは、コンシャス・キャピタリズムと、最近提案されている他のマネジメントスタイルを比較する。付録Cでは、コンシャス・キャピタリズムに関してよく尋ねられる疑問や誤解について触れる。

※本書の文体についての注：「はじめに」は私ジョン・マッキー自身が執筆したが、本書の残りの部分はラジェンドラ・シソーディアと私の共同作業であり、その意味では、ホールフーズについてのエピソードも含め、「我々」の文章だ。ただ、私（ジョン・マッキー）自身が経験したエピソードを語る場合には「私」の文体となっている箇所もある。

第一章　資本主義——かくも素晴らしく、誤解され、評判の悪いシステム

人類は長い歴史の中でさまざまなものを創り出してきたが、自由競争資本主義ほど、素晴らしい影響を人々の間に急速に広げてきた仕組みはほかにない。イノベーションと社会的協調をこれほどうまく促進できたシステムはかつてない。数十億人もの人々が互いのために価値を創造し、生活の糧を得て、人生の意味を見つけ出すという偉大な試みに参加できたのも、自由競争資本主義のおかげだ。わずか二〇〇年の間に、ビジネスと資本主義によって地球の表面は著しい変貌を遂げ、世界中の人々の生活様式は劇的に変化した。人類の歴史において、日常生活とは、ずっと昔から単調な作業の繰り返しだったが、資本主義のもたらしたとてつもないイノベーションのおかげで、多くの人々はその苦役から解放され、活気のある充実した生活を送れるようになった。驚くほどの技術革新は時間と距離を縮め、今や地球の最果ての地まで人間の手がくまなく伸びている。

資本主義は、一方で多くのこともやり残した。この素晴らしいシステムが保証している人間同士の協調は、意識の高い資本主義《コンシャス・キャピタリズム》が完全に達成された状態からほど遠い。自由競争資本主義の根本的な考え方は、この世界ではまだほとんど受容されていない。その結果、人類全体としては、現在よりもずっと豊かで充実した生活を送れるはずなのに、いまだ実現していない。

二〇世紀の大半の期間は、自由競争資本主義（市場経済と政治的に自由な人々）と共産主義（独裁制と政府による経済統制）という二つの正反対な社会・経済思想の間の知的戦争状態にあったと見ることができる。どのような基準を当てはめても、資本主義の側がこの闘争に勝ったことは明らかだ。アメリカは、敵対していた共産主義陣営のトップだったソビエト連邦よりもはるかに力強い経済とはるかに進んだ社会を作り上げた。西ドイツと東ドイツ、韓国と北朝鮮、台湾、香港、シンガポールと共産中国との間にも同じことが当てはまる。一九八九年にベルリンの壁が崩壊し、二〇世紀に行われたさまざまな社会主義実験が、経済的にも社会的にも悲惨な結果をもたらした事実が知れわたると、一九九〇年代と二〇〇〇年代には政治的、経済的自由を求めて資本主義に転換する国が相次いだ。自由への移行が定着するとともに、多くの国が急速な経済発展を経験し、貧しかった何億人もの人々が苛酷な貧困から脱出できた。

西側諸国の多くが、およそ二〇〇年におよんだ自由競争資本主義の果実を得てきたことは言うまでもない。ところが、数え切れないほどさまざまな側面で生活の質が改善したのは、このシステムの素晴らしい成果であるにもかかわらず、実はこの点は十分に理解されていない。人類の進歩のスピードがいかに速かったかは、次の事実を考えてみるとよくわかる。

□わずか二〇〇年前、世界の人口の八五%は極貧（一日当たり一ドル未満と定義される）の生活を送っていた。現在その割合は一六%にすぎない。[1] 自由競争資本主義は、ほんの数人を潤わせたのではなく、世界中の数十億人の人々に繁栄をもたらした。

□図1-1のように、世界の人口一人当たりの平均所得は、一八〇〇年以降で一〇〇〇%増加したが、[2] 先進諸国ではこれが一六〇〇%となっている。日本の一人当たり国民所得は一七〇〇年以降で三五〇〇%伸びた。人々が購入できる製品やサービスの質で比較すると、平均的なアメリカ人の生活水準は一八〇〇年以降で一万%向上した。[3] おそらく最も驚くべきは、韓国の国内総生産（GDP）が一九六〇年以降で二六〇倍になったという事実だろう。世界で最貧国の一つだったこの国は、今や世界で最も豊かで最も進んだ国の一つに数えられる。[4]

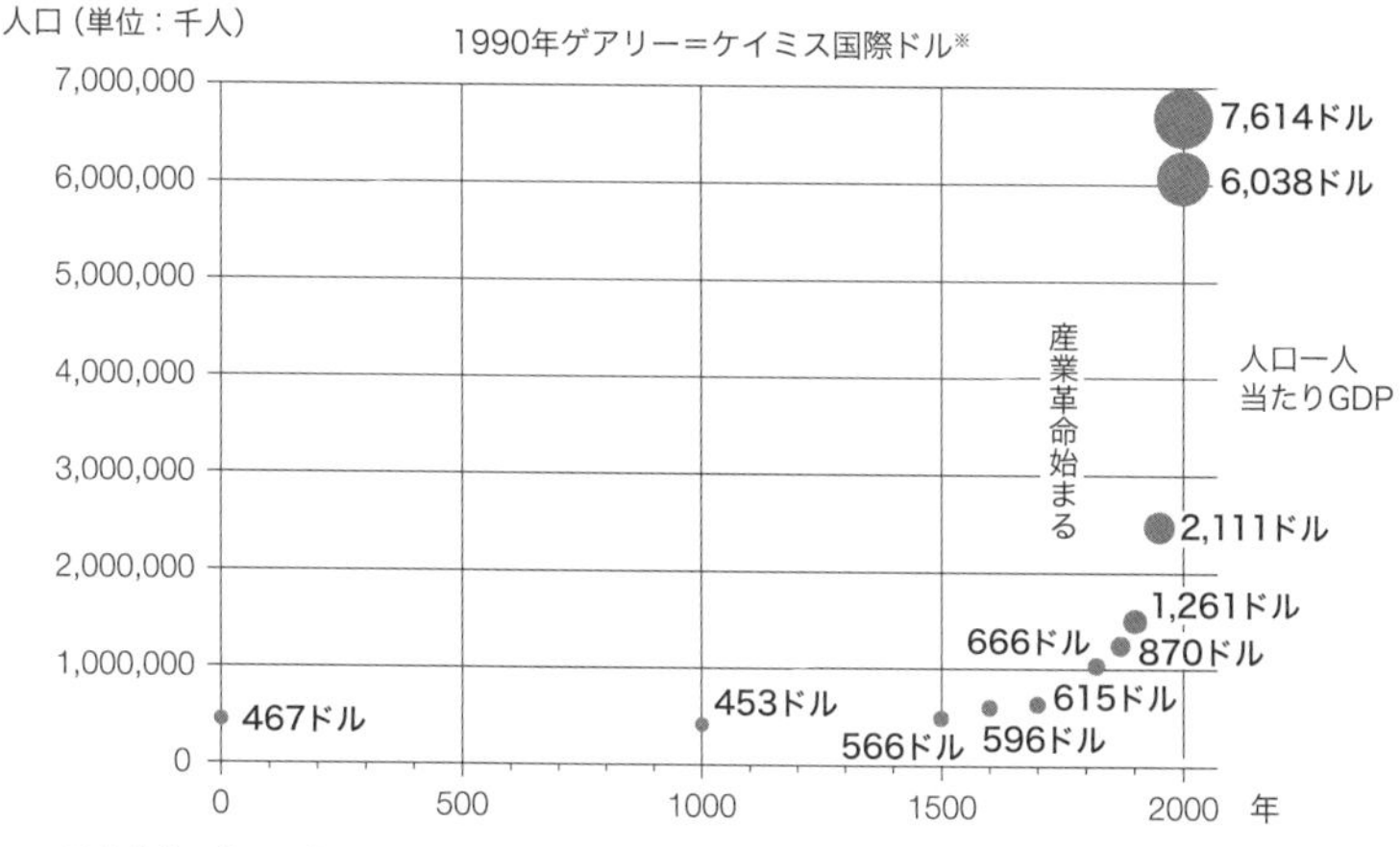

※ 各時代の各国通貨を購買力平価と物価変動率で1990年の共通の国際ドルに換算したもの

図1-1 世界の人口と人口一人当たりの国内総生産（GDP）

出所：アンガス・マディソン「世界の人口、GDP、人口一人当たりGDP：紀元1年〜2008年まで」、グローニンゲン大学成長と開発センターのウェブページ（2010年3月） http://www.ggdc.net/MADDISON/oriindex.htm

□人口は数万年をかけて極めてゆっくりと増加してきた。その間、一度に数百万人の命を奪うような伝染病やインフルエンザが大流行したことも何度もあった。人口が一〇億人を超えたのは一八〇四年頃で、その後は七〇億人まで一気に拡大するのだが、これには公衆衛生、医療、農業の生産性の向上が大きく寄与している。[5]

□世界の平均寿命は三〇歳に満たない状況が長く続いていたが、この二〇〇年間で六八歳まで伸びた。[6]

□最近のわずか四〇年間で、世界の栄養失調者の割合は二六%から一三%へと低下した。[7] この傾向が続くと、飢餓は二一世紀中に事実上この世からなくなるはずだ。

□ほんの数百年前まで識字率はほとんどゼロに等しかったが、現在は世界の成人の八四%が文章を読める。[8]

□経済的自由の広がりとともに、普通選挙を採用する民主主義の国に住んでいる人々の割合は五三%になった。わずか一二〇年前には、民主主義国家でさえ女性や少数民族には参政権がなかった。[9]

□裕福な国ほどかえって心は寂しくなると思われがちだが、実は人々の生活満足度はかなり高い。市場経済では自分で決定できるという事実が、繁栄の広がりともあいまって、高い幸福度に結びついているというわけだ。自由経済諸国の上位四分の一は生活満足度指数が10点満点の7.5であるのに対し、下位四分の一は4.7となっている。[10]

■企業家：自由競争資本主義の英雄

最新刊『ブルジョワの尊厳：なぜ、経済学では近代世界を説明できないのか』(*Bourgeois Dignity: Why Economics Can't Explain the Modern World*)（未邦訳）の中で、イリノイ大学（シカゴ）の経済学者、D・N・マクロスキーは、自由競争資本主義を成功に導いた最も重要な要素は、企業家精神とイノベーション、そして自由とビジネス関係者たちの尊厳であった、と説得力のある主張を展開している。[11] 自動車やガソリン、インターネット、抗生物質、コンピュータ、飛行機など、世界を大きく変貌させた発明は、いつの間にか生まれたものでも、政府の命令で作られたものでもない。どれもこれも膨大なイノベーションなしには不可能だった。あらゆる経済的進歩の根幹にあるのがヒトの創造力だ。これは、個人の努力もさることながら、多くは人々の長期間に及ぶ協力の積み重ねの賜物である。

企業家は、ビジネス、社会、そして世界の発展をけん引する自由主義経済の真の英雄だ。世界はどのようになれるのか、どうなるべきなのかについて、創造力を駆使しながら頭をめぐらし、問題を解決する。想像性と創造性、そして情熱とエネルギーで、世界を大きく変革させる最も偉大な創造者として新しい可能性を見つけ出し、それまでだれも見たことのないものを作り出して人々の生活を豊かにしてくれる。

米国のノーベル経済学賞受賞者、バーノン・スミス教授の妻で教育者のキャンダス・アレン女史は、社会には英雄的な企業家が必要であること、そして彼らが社会に及ぼしている大きな影響について感動的な話を書いている。「つまるところ、英雄とは、『新しいもの』の代表者だ。新しい時代、新しい宗教、新しい都市の創設者であり、新しい生活様式を真っ先に取り入れ、外敵から身を守る新しい方法を作り出し、地域社会《コミュニティ》や世界を住みやすくするプロセスや製品を最初に生み出す人のことなのだ。では現代社会における英雄とはだれか？　それは富の創造者、つまり企業家だ。企業家こそが、真に高潔な道を歩み、竜と闘い悪を懲らしめる正義のヒーローのごとく、大胆で愛すべき存在として君臨しているのだ。私が本稿で主張したいのはこの点である」[12]

■資本主義が非難されている理由《わけ》

広く世の中に繁栄をもたらしているにもかかわらず、自由主義的資本主義は知識階級の尊敬をほとんど勝ち得ていないし、一般大衆から愛されることはまずない。なぜこれほどまで多くの人々に嫌われているのだろう？　現状を変える必要はないのだろうか？　あるいは私たちの側がもっと別の捉え方をすべきなのか？

資本主義とビジネスは、これまでその本来の姿で、つまりは物語の英雄として見られたことはなく、ほとんどいつも悪者として非難の的になってきた。そしてポストモダン以降の評論家たちは、世の中で気にくわないことがあると、何でもかんでも資本主義やビジネスのせいにしてきた。資本主義とは、労働者を搾取し、消費者をだまし、金持ちばかりを優遇して貧乏人に冷たく当たっては不平等を作り出し、個性を認めず、コミュニティを分断し、環境を破壊する存在として描かれている。企業家や経営者は、利己心と欲得で動くものだと非難される。これに対し、資本主義の擁護者たちはたいてい難解な専門用語で反論するだけなので、だれの心にも響かないばかりか、資本主義者の頭の中は金と利益のことしかないとか、企業は「良い仕事」を通じて汚名をすすぐしかない、などといった倫理的な批評に力を与えるだけの、説得力のない物言いに終わってしまうことが多い。この発想は基本的に間違っている。

資本主義が非難され続けてきたのにはいくつかの理由があると思われる。

一、ビジネスに携わる人々は、自由主義的資本主義の倫理的基礎について、経済学者や評論家が頭だけで考えた一方的な見解、つまりはその本質に関する倫理的根拠の欠如した、偏狭で、ご都合主義的で、不正確な意味合いを押しつけられ、それを甘受してきた。資本主義は、本来そこに備わっている善と美を正確に反映する新たな物語と新たな倫理的基盤を必要としている。

二、自社の目指すべき真の目的や世の中に与える全般的な影響についての意識が低い企業がまだあまりにも多い。とかく企業は、「だれかが得をすると損をする者が必ずいる」というトレードオフ的な物の考え方をしがちで、知らず知らずのうちに人や社会、地球に有害な影響を与えてきた。その結果として反発を受けるのも無理からぬところがある。

三、ここ数年、ビジネスとは利益の最大化を目指すべきだという考え方が、学者ばかりかビジネスリーダーの間にも定着したため、人々との間で心からの信頼関係を築き、密接に関わろうという能力が大半の企業から奪われてしまった。

四、世の中にはさまざまな規制がはびこり、政府の規模と範囲が著しく拡大し、縁故資本主義《クローニー・キャピタリズム》が広がる土壌ができあがり、政治とコネのあるビジネスが有利となって競争が阻害されている。縁故資本主義は資本主義とは似て非なるものだ。しかしビジネスマンが関わっているためそのような誤解が広がっている。

以上はかなり深刻ではあるが、私たちが自由を広げ、この地球上でなお極貧の生活を送っている数十億人の人々に尊厳をもたらし、現代社会の果実を提供し続けようとすれば、克服しなければならない課題なのだ。

初期の知識人が陥った資本主義の一方的解釈

「資本主義とは何か」に関する古い学術論文では、人々はもっぱら個人の利益のみを追求してビジネスを始めるという理論で占められていたと言ってよい。経済学者、社会評論家、ビジネスリーダーたちは、自己利益の追求よりも強くなることの多い人間性の第二の側面——他の人々に手を差し伸べたいという気持ち、自己利益を超越した理想や大義を求める欲求や必要性——を無視しがちだ。現代資本主義の始祖、アダム・スミスは人間の本性がはらむこの二つのモチベーションをいずれも認識していた。『道徳感情論』は、あのあまりにも著名な『国富論』よりも一七年前に出版されている。同書の中で、スミスは他人に共感し、他人の意見を大切にするという人々の能力とそれに基づく道徳について説明した。私たちが他人の感情を理解し、他人の立場になったらどうなるかを想像できるのは、私たちに共感する能力が備わっているからだ。

アダム・スミスは、経済哲学の面でも、倫理体系の面でも同時代人よりもはるかに進んでいた。一九世紀の知識人が、スミスの経済哲学と倫理哲学を統合して理解できていれば、一九世紀と二〇世紀に起きた政治思想や経済思想をめぐる恐るべき紛争や惨劇を避けられたかもしれない。

しかし残念なことに、道徳に関するアダム・スミスの考え方はほぼ無視され、資本主義は歪んだ形で発展し、その人道的側面が欠落してしまった。したがって、資本主義の道徳的課題が次々と顕在化するまでにはさして時間はかからなかった。カール・マルクスは、資本主義とは本来労働者からの搾取だとしてこれを攻撃した。評論家は、市場を表現するために「適者生存」というダーウィンの考え方を用いて、市場をそもそも無慈悲で野蛮だと表現した。自然が「歯と爪で赤く染まっている＝弱肉強食」の世界として見られているのとまったく同様に、ビジネスは厳しく、非人間的で冷たいものとみなされた。また、自由競争資本主義とうまく両立するはずの、人間の高い志に基づく情熱や能力は無視された。

資本主義への不信感を助長したもう一つの要素は、重商主義の「限られたパイ」「ゼロサム」という概念と、自由競争資本主義の「拡大するパイ」という概念を区別しなかったことだ。資本主義に対する今日の敵対意識は、すべての限られた資源を公平かつ平等に分配する必要があるという誤った概念に由来している。しかし現実には、資源と労働にイノベーションをうまく組み合わせれば富は驚くほど拡大できる。貧しい人々は、裕福な人々に犠牲を強いなくても豊かになれる。パイそのものが成長すれば、だれもが多くを持てるようになる。この考え方が、富を生み出す資本主義の驚くべき、そしてユニークな能力の中心にある。

意識の低い企業《ロー・コンシャス・カンパニー》の意図していなかった結果

自社の存在目的や世の中への影響について経営者の意識が低いと、トレードオフ的な発想に傾いてしまい、意図していなかった数多くの有害な結果を招く。このような企業は利益の最大化を目的としているので、それに関わるすべての人々を目的達成のための手段とみなす。短期的には物質的な繁栄を謳歌できるかもしれないが、長期的には制度上の問題が顕在化し、それに対処するためのコストはとうてい支払えないほどにつり上がっていく。あまりにも多くの企業が、環境に対する影響はもとより、地球上に棲息する野生動物や家畜動物などの他の生物と社員や顧客の身体や精神への甚大な影響を認識しなくなる。そしてストレスに満ちあふれた、達成感の乏しい労働環境が生み出され、不健康な欲望や中毒症状を刺激する商品を顧客に押しつける。多くの企業はこれらを外部の出来事、つまり自社の懸念すべき範疇にないと思いがちである。

企業社会には機能不全と不満の兆候が充ち満ちている。アメリカ人が職場に抱いている満足度の平均は、過去一〇年間でほぼ三〇％か若干それを下回る水準が続いている。そしておよそ三〇％の人々が雇用主に対して不満を抱いている。[13] 多くの主要企業の経営者は、会社とステークホルダーを犠牲にして私腹を肥やしてきた。アメリカの従業員の賃金が数十年間も実質的にほとんど変わらなかったのに対し、経営者の報酬は途方もなくつり上がり、職場における連帯意識は粉々になってしまった。政策調査研究所によると、一九八〇年には、最高経営責任者（CEO）の報酬は従業員の平均賃金の四二倍だったが、これが一九九〇年になると一〇七倍、二〇〇〇年には五二五倍になった。その後は上下を繰り返し、二〇一〇年には三二五倍となっている。[14]

以上を総合して考えると、ビジネスの評判が悪くなっているのも不思議ではない。企業は欲深く、搾取的で、信用できない存在と世間には映っている。特に今日、大企業の評判は惨憺たるものがある。ギャラップ社の調査によると、大企業に対するアメリカ人の信頼感は、一九七五年には三四％だったが二〇〇九年には一六％と過去最低にまで落ち込み、二〇一一年の段階では一九％と戻したものの、長期的には着実な低下傾向を示している。[15]

「利益の最大化」という神話

「ビジネスの究極の目的は、常に投資家にとっての利益を最大化すること」というこれまで何度となく繰り返されてきた神話は、産業革命の黎明期に活躍した経済学者が言い出したのではないかと思われる。これはどこから始まったのだろう？　どうも、二つの源流があるらしい。一つは、人間の本性に関する偏狭な見方。もう一つは、ビジネスの成功原因に関する不適切な説明だ。

象牙の塔に鎮座まします経済学者たちは、経済システムに関する優雅な数学モデルを作ろうとするあまり、「我々人間は、他のだれよりもまず自己の経済的利益を最大化する存在だ」という偏狭な見方を編み出した。この理屈を頭の中で拡張し、企業もまた純粋に利益を最大化する存在とみなすようになる。そしてこの単純化した前提を、さらに経済にも適用してその仕組みをいかにも説明しているかのようなモデルを作り出した。

古典派の経済学者も、さまざまな企業の行動を観察し説明することを通じて、自分たちの理論を定式化した。まず、成功した企業は常に利益を出していること、そして、成功企業を自ら立ち上げて経営している企業家は、実際にいつも利益を出そうとしている事実を確認した。赤字企業は、競争の激しい市場では長く生き残れない。というのもあらゆる企業にとって、利益は長く生き残り、繁栄するうえで必要不可欠だからだ。利益がなければ、企業家たちは必要な投資を行って価値の劣化する建物や設備を入れ替えられず、常に進化していく競争の激しい市場に適合していくこともできない。健全な市場経済にあっては、どんな企業にとっても利益が必要だ――これは普遍的真理だ。ここまではよろしい。

残念なことに、古典派の経済学者たちは、企業家が重要目標の一つとして常に利益を追求していくさまを拡大解釈し、利益の最大化こそが唯一の重要目標であると結論づけてしまった。それだけではない。その後まもなく、企業家は利益の最大化を唯一の目的として追求すべきだと主張し始めた。つまり古典派経済学者たちは、成功した企業家がビジネスを運営しながらどのような行動をとったかを観察し説明することにとどまらず、それを企業家すべてが常にとるべき正しい姿だと断定するようになってしまった。しかし、どうしてこのような結論を得るようになったのだろう？

アメリカでは、新規ビジネスに投資するための莫大な資金を手に入れることはごく当然のことと見られがちだ。アメリカ経済は二五〇年以上にわたってこの資金プールを生み出し続けてきたのだから。しかし、産業革命の勃興期には、資本がまったく足りなかった。成功した企業は利益をかき集め、企業家と投資家は、その資本をそれまでになかったほどの勢いで有望な投資機会につぎ込んだ。したがって、当時、古典派経済学者たちが利益の重要性に夢中になったのもある意味で当然だった。何しろそれ以前まで、利益は長らく貴重で社会の継続的な発展にとって必要不可欠なものだったからだ。

利益を最大化するという基本原則は、「株主に対する受託者責任」の事実上の定義として会社法に組み込まれるまでに祭り上げられた。経済学者、そしてついには経営学者もこうした発想を自分たちの教科書に書き込んだので、その後に高等教育に進学したほぼすべての学生はこの考え方に完全に染まってしまった。こうして、資本主義を敵視する者たちは、企業の唯一の目的は利益の最大化だ、というこの誤った思想を資本主義の道徳面に対する強力な攻撃ポイントとして利用することになる。

しかし、ほとんど例外なく、成功した企業家は利益の最大化を目指してビジネスを始めたわけではない。もちろん、金を稼ぎたいことは事実だ。しかし成功者の多くをビジネスにかき立てているのは金儲けではない。社会から求められている何かを成し遂げようという意欲に支えられているのだ。自由競争資本主義は、自分の夢と情熱を糧として、顧客、社員、サプライヤー、社会、そして投資家に驚くほどの価値を生み出す企業家たちの英雄物語なのだ。

これは利益の最大化というレンズを通じて私たちが目にする歴史とはかなり異なって見えるはずだ。ビル・ゲイツがマイクロソフトを作ったのは、世界一の金持ちになるためではない。コンピュータが私たちの生活を変革する可能性を見通し、コンピュータが使いやすくなればいつか世界中の人々が保有する時代がやって来ると信じて、ソフトウェアづくりに没頭したのだ。自分の情熱に従って行動し、その過程で世界一裕福になった。そう、あくまでもそれは結果であって、ビル・ゲイツの目標でも目的でもなかった。

利益の最大化がビジネスの唯一の目的だという神話は、資本主義の評判と社会におけるビジネスの正当性にかなり大きなダメージを与えた。私たちは企業家の英雄物語をもう一度思い出す必要がある。そうしてビジネス、つまり営利企業の目的は私たちの生活を向上させ、ステークホルダーにとっての価値を創り出すことだ、という本来の意味を復活させなければならない。

「縁故資本主義」という癌

真の自由競争資本主義では、企業は厳しい説明責任と強力な内部統制を義務づけられる。一世紀以上にわたって、アメリカ経済は、自由競争資本主義が人類すべてに偉大な利益をもたらせることを世界中に示してきた。このシステムは膨大な数の裕福な中産階級を生み出し、「自由競争資本主義は、必然的に一部の特権階級に富を集中させ、他のすべての人々は犠牲になる」という不正確な批判が誤りであることを証明した。

ところが、政府の規模が大きくなってくると、資本主義の突然変異体も成長してくる。純粋な価値を生み出すことも、ステークホルダーからの愛情や忠誠心を獲得することもままならず、したがって市場で競争することのできない企業群だ。こうした企業は、政府の権力を利用して不当に利益を得ながら繁栄してきた。これが「縁故資本主義《クローニー・キャピタリズム》」だ。縁故資本主義者は政府と癒着し、多くの人々の幸福よりもほんの少数のためだけの、利己的な利益の拡大を優先させてきた。政府の強制力を活用して、他の人々には得られない有利な地位や、自分だけに都合がよく競争相手を邪魔するような規制、市場参入を阻む法律、そして政府に認められたカルテルを確保している。[16]

自由競争資本主義はもともと高潔なもので、民主主義と繁栄にとって絶対に必要だ。これに対し、縁故資本主義は本質的に非道徳的なもので、私たちの自由と幸福に大きな脅威を与える存在だ。残念なことに、現在のシステムには、良心に従ってビジネスに携わる人々が腐敗に手を染め、生き残るために嫌々ながら縁故資本主義者にならざるを得ない側面がある。

■さらなる高みへ

ビジネスは価値を生み出し、自発的な交換に立脚し、人々の存在意義を高め、人々を貧困から助け出し、繁栄へと導いてくれる。まさにビジネスとは「善」であり、道徳的で、気高く、英雄的な活動なのである。私たちはこれが正しいことをよく知っている。自由競争資本主義は、人類がかつて生み出したアイデアのうちで最も強力なものの一つだ。しかし私たちの望みはもっと大きい。さらなる高みへ上ることを恐れないことにしよう。

売上高が一六〇億ドルを超える世界的な産業用機器メーカー、イートン・コーポレーションの会長兼CEOであるサンディ・カトラーは、この点をよく表現している。

大企業についてこれほど多くの疑問や疑念が現れてきた現代にあって、ビジネスは自らについて何を語ってきたでしょうか？　資本を形成することの社会的意味合い、家族のために生活の手段を与えることの重要性、コミュニティ、学校や大学などの教育機関への貢献、そして多くの社会的な問題の解決に果たせる役割。決して誇大広告などではなく、こうした重要な役割をきちんと伝えてこなかったのではないでしょうか？　今日あまりに多くの人々はビジネスをそれとは逆の、社会問題の根源と考えています。世の中の大多数の会社は実に素晴らしい仕事をしています。会社で働くことを通じて人々はワクワクするような素晴らしいキャリアを積み、家族のために生活の糧を得て、コミュニティに大きな貢献を果たしています。それこそが語られるべき物語だと思うのです。[17]

自由競争資本主義は、よく描かれるような必要悪などでは決してなく、人間の知恵と努力を引き出し、向上させ、拡大し、他の人々のために価値を生み出す驚くほど強力なシステムだ。これが守られなければならないのは、単に利益を生み出すからではなく、そもそも基本的な道徳が備わっているからだ。自由競争資本主義は、すべてのステークホルダーに価値を生み出すという、道徳的な仕組みに根ざしていなければならない。貨幣は一つの価値基準だが、明らかに唯一の基準ではない。

センター・フォー・ワールド・スピリチュアリティの共同創設者兼ディレクター、マーク・ガフニは、資本主義とビジネスが人間の幸福に及ぼすとてつもなく大きな影響を讃えて、次のように述べている。

貧困からの脱出がビジネスの意識的な目標であったことはなく、十分に成功した場合の副産物でした。ビジネスは今や自らの価値に気づき、自己の存在目的を意識し始めています。莫大な権力と責任を備えた一つの力であることを認識しているのです。そして、意識が高まると何事もこれまで以上にうまくできるようになるものです。自らの事業にすべての人を関与させることで、強い連帯感、緻密な相互関係、そして逆説的ですが、多くの利益を作り出せるからです。[18]

■物語を修正する

ステークホルダー理論の創始者エド・フリーマンは次のように書いている。「ビジネスとはできるだけ多くの金を稼ぐことではない。ステークホルダーのために価値を生み出すことだ。この点を明言し、ビジネスに携わる人々がその物語を演じられるようになることが重要だ。私たちは、エンロンのようなとてつもない悪徳企業ではなく、ステークホルダーのために正しいことを行おうとしている大小さまざまな会社を、ビジネスの模範として支える必要がある」[19]

人類は歴史の中のどこを旅しているのか、そして今日の世界はどうなっているのかを踏まえ、私たちはなぜ、そしてどのようにビジネスに取り組んでいるのかを考え直すべきだ。疑り深い世間に対して、「自己利益」だとか「利益の最大化」といったくたびれた物言いをいつまでも繰り返すのではなく、自由競争資本主義の真、美、善、そして高潔さを示せるような、内容の豊かな、道徳的に説得力のある物語を示す必要がある。さもないと、政府が強制力をしだいに発揮しながら肥大化し、縁故資本主義による企業の腐敗が進む結果、私たちの自由と繁栄が失われるかもしれないのだ。自由競争資本主義の「人生を肯定する力」を認め、理解する人々は、その知的にも道徳的にも優位な立場を再び主張すべきだ。マーク・ガフニは、資本主義の新しい物語の必要性を雄弁に語っている。

「語る」ことは、自分の人生に意味を吹き込む行為です。地球上のほとんどの人々は何らかのビジネスに携わっています。しかし、ビジネスについて語られることと言えば、欲深く、搾取的、詐欺的で、汚れている、といった内容が圧倒的です。つまり、地球上にいる大半の人々が、自ら欲と搾取と、操作と腐敗を育て、支えていることになってしまいます。もしそのようなことを日常的に経験していれば、人格までも本当にそうなってしまうでしょう。しかし、真の物語によれば、人々がビジネスに取り組むのは、世の中に繁栄を作り出し、世の中から貧困をなくしたいからです。家族を育て、コミュニティを築いて学校を建て、人々が価値を交換できる場所を作り、人生の意義を見出し、人間関係を築き、信頼と親しみを生み出したいからなのです。自分は歴史の中で社会を前進させる大きな変革の力の一部だと認識した時、人々の自己認識は変化するのです。[20]

次章では、コンシャス・キャピタリズム――ビジネスについて考え、これを実践するためのアプローチの一つ――の骨格を成すいくつかの柱を紹介する。ビジネスには社会全体を繁栄させられるだけの計り知れない力がある。その力を十分に発揮させ、ビジネスの地位を正しく引き上げるマネジメントスタイル、それがコンシャス・キャピタリズムなのだ。

第二章　コンシャス・キャピタリズムとビジネスの気高い精神

個人、あるいは企業として「意識が高い《コンシャスである》」とはどういう意味なのだろう?

自然界に数多く観察される小さな奇跡の一つについて考えてみよう。芋虫は一見すると摩訶不思議なプロセスを経て蝶へと変化する。サナギになるまでの数週間、芋虫はひたすら食べ続ける。あたかもそれが唯一の生きる目的であるかのように。食べる量があまりに多いため、最初の大きさの一〇〇倍にまで成長するものもある。しかし、そのうちに驚くべき変化が始まる。やがて細胞が活性化してサナギになり、その後数週間たつと、いつの間にか、あのうっとりするような美しい生物へと形態を変える。成虫となった蝶は植物の受粉にとってなくてはならない貴重な役割を担う。こうして他の生物が生きていくための食物が生産されていく。

このたとえは人類にも、また人類が創意工夫の上創り出した機関、つまり企業にも当てはまる。人類は、世界からなるべく多くの物を取り込んで自分たちだけで消費し尽くし、ほとんど何も返さないという芋虫レベルの生き方を選ぶことができる。あるいは少しは進化して（とは言え芋虫ほど劇的に変化するわけではなく）、他者のために価値を作り出し、世界をもっと美しくするための貢献もできる。企業も同じであって、芋虫並みに存在することはできる。つまりは自社利益の最大化を唯一の目的として、自然や人類の資源を最大限利用しようと努力するのだ。あるいは、創造や協力を促す代理人になろうと自己変革することもできる。他のだれもができなかった方法で人間の可能性という「花粉」を相互に受粉させ、自社が関わるすべての人々に多様な価値を生み出せる素晴らしい企業へと進化するのだ。

人間と芋虫の違いは、「意思」だ。私たちは進化のタイミングを自然に任せておくわけにはいかない。周囲に配慮しながら自分が何のために存在しているのかを確認する努力を自らの意思で行い、個人レベル、組織レベルでの成長と発展を図るべく慎重に選択をしなければならないのだ。

■新しい歴史の始まり

ヒトの進化はホモ・サピエンス、つまり人類になった時に終わったわけではなく、その後も文化的、内面的な進化は続いた。最も著しい変化は、さまざまな知能の発達と人々の意識の向上となって現れた。

もっともこれは一見して明らかというわけではないようで、人類もまた、生物学上の一つの種として徐々に賢くなっているのだろう。フリンの研究によれば、ヒトの分析的知能、つまり知能指数（IQ）のスコアは、過去数十年にわたって一〇年ごとにおよそ四%ずつ上昇しているという。これは「フリン効果」として知られている。[1] 現在のＩＱが一〇〇（全体の中央値）の人は、六〇年前にＩＱテストを受ければ一三〇近くのスコアを得ていたはずだ。

また、人々の教育水準は世界中で目を見張るほど向上している。識字率の急上昇はもとより、注目すべきは高等教育を受ける人々の割合だ。一九一〇年に、アメリカで高卒の学歴を持つ人々の割合はわずか九％だったが、現在はおよそ八五％だ。そして二五歳以上のアメリカ人の四〇％以上が大卒の学歴を持っている。人類全体の知能が向上しただけでなく、以前よりもはるかに複雑な事柄を理解し、これに対応できる人々の数が多くなっているのだ。

意識の向上については後ほど論じるが、まずは人類の歴史において重大な転機となった最近の出来事に目を向けてみよう。

一九八九年：世界の大変革

一七七六年は歴史上驚くべき偶然が重なった。この年にアダム・スミスの『国富論』が発行され、アメリカの独立宣言が発表されたのだ。その後まもなく、世界は自由な人々と市場経済が一体となった時の驚くべき力を目の当たりにする。それが最もはっきりと現れたのがアメリカ合衆国だ。この国の誕生は人類の歴史において未曾有の出来事だった。史上初めて、普通の人が国の支配者となることが法的に認められ、やる気と努力しだいでは、だれでもが何もないところから物質的な繁栄と社会的な尊敬を得る存在にのし上がれるようになった。

最近、一七七六年に匹敵するほどの歴史的な年となったのが一九八九年で、社会面と技術面で画期的な変革がもたらされた。この年に起きた三つの重大事件を振り返ってみよう。

ベルリンの壁崩壊

六月に天安門で起きた中国民衆の劇的な反乱は失敗に終わったが、一一月九日にはベルリンの壁が崩壊し、これが引き金となってヨーロッパ中の共産主義体制が次々と倒れるという、ほんの数年前までは想像すらできなかった事態へと発展した。二〇世紀は、二つの社会体制が互いに競合した時代だったと特徴づけられる。その思想的対立が一発の銃声も発せられることなく突然終わった。資本主義と民主主義が、このすさまじい闘いに決定的な勝利を収め、そのあとに残ったのは、どのような種類の民主主義とどの程度の経済的自由が最も機能するのかという論争だった。

ウェブの誕生

スイスのＣＥＲＮ（欧州原子力研究機関）に勤務していたイギリス人の物理学者、ティム・バーナーズ＝リーがワールドワイドウェブを発明したのも一九八九年だ。[2] ウェブの誕生によって世界はありとあらゆる意味で急速に変貌する。バーナーズ＝リーは、チャーチル、ルーズベルト、ガンジー、アインシュタインなど、過去数百年に存在したどの偉大な人物よりも世界に大きな影響を与えた、と言っても過言ではないだろう。リーの発明は、五〇〇年以上前にグーテンベルグが発明した活版印刷と同じか、それ以上の劇的な影響を私たちの文化に及ぼした。驚くほど短期間のうちに、ウェブは大半の人々をつなぐ人類共有の神経系へと発展した。今や、情報に関しては平等主義がかつてないほどに広がっている。今日はどんな問題についても、普通の人々がいつでも、どこでも、ほとんど無料で事実上無限の情報に接することができる。[3] 二〇年前には世界一の金持ちでさえこれほどの情報を得ることはできなかった。そして現在は、とてつもない透明性の時代が始まっている。大半の企業・政府の活動や方針はすぐに人々の知るところとなってしまう。それが論争的な内容であればなおさらだ。人々はウェブ、特に、世界中での会員数が一〇億人をいつ超えてもおかしくないフェイスブックなどソーシャルメディアやモバイル技術を通じて、互いが急速につながっている。世界中の電話回線の数は、二〇〇一年には二〇億だったが、現在は七〇億以上と、今や人口よりも多い。[4]

「中年期」に入ったアメリカ合衆国

出生率の低下と平均寿命の上昇に伴って、ほとんどの国では成人年齢の中央値が急ピッチで上がっている。アメリカの場合、一九八九年が大きな転換点となった。史上初めて、四〇歳以上の年齢人口が四〇歳未満を上回ったのだ。[5] つまり、社会全体の「心理的重心」が中年期以上に移行したのである。[6] これは静かに、ゆっくりと進行しているのだが、極めて大きな意味を持つ転換だ。なぜならば時代精神そのものが、他人への施しや思いやり、意味と目的を求める気持ちの高まり、自分の生きているコミュニティや過去からの遺産といった、ヒトが中年期に尊重するような価値観を重視するようになるからだ。若い人々でさえこうした特徴を示すようになってきた。現在の「ミレニアム世代」と呼ばれるおおむね一九八〇年から二〇〇〇年の間に生まれた世代グループほど、社会や環境を強く意識する世代はかつてなかった。成人年齢の中央値は、事実上世界のありとあらゆる所で上昇を続けている。今のアメリカでおよそ四四歳、欧州全体が四〇代の後半、そして日本では五〇代だ。[7] 中年の価値観が優勢になりつつあって、そのうち世界中でこれが支配的な傾向になるだろう。

以上に紹介したさまざまな力が社会を劇的に変え、企業にとってこれまでとはまったく異質の条件を作り出した。私たちの価値体系は常に動いている。昔よりもはるかに多くの情報を持ち、それを処理できる知的な素養を十分に備え、似たような嗜好の人々と迅速に連絡を取り合って共通の行動を取ることができる――だからこそ私たちは数多くのさまざまな事柄を気にかけるようになっているのだ。

今日の人々は多くの事柄に関心を抱き、昔よりも多くのことを知り、高い教育を受け、周囲とも密接につながっているため、顧客として、従業員として、サプライヤーとして、投資家として、そして地域住民としてビジネスから期待するものも急速に変化している。残念なことに、大半の企業はこうした変化についていけず、今とは異なる、かつての世界で通用していた考え方や習慣に従ってビジネスを続けている。今やこれを変化させるべき時なのだ。

■意識の向上

おそらく、人類が経験している最も大きな変化は、意識の高まりだ。「意識が高い《コンシャスである》」とは――意識をしっかりと覚醒させて周りに気を配り、現実を明確に直視し、自分たちの行動が短期的、そして長期的にどのような結果をもたらすかを十分に理解することだ。自分の内面と外の現実、周りの世界に及ぼす影響を強く認識し、真実にとことんこだわり、自ら正しいと信じる考え方に従って責任ある行動をとることである。

私たちの意識が向上していることを示す一つの兆候として、過去には受け入れられていた多くの習慣が、今では考えられなくなっている点が挙げられる。たとえば、一五〇年前まで、奴隷制度は世界中の多くの人々に受け入れられ、法で認めている国も多かった。一〇〇年前には、女性を含む大多数の人々が、女性に選挙権が与えられないことを認めていた。七五年前に、植民地主義はまだ世界中にはびこり、当然のこととされていた。五〇年前には大多数の人々が人種隔離を一つの生活様式として受け入れていた。四〇年前に、環境問題の存在を知っていたり、それを気にかけたりする人などほとんどいなかった。二五年前には、私たちの経済生活や政治生活の基盤として、共産主義が多くの人々や国に支持されていた。[8]

意識向上の一つの兆候として、暴力の減少も挙げられる。アメリカの認知心理学者スティーブン・ピンカーが近著で指摘しているように、現代は人類史の中で最も「暴力が少なく、残酷な事件が少なく、平和的な」時代である。家庭内でも、コミュニティの中でも、国家間でも暴力は少なくなっている。戦争、テロリズム、動物からの攻撃、あるいは殺人によって死ぬ確率は、かつてのどの時代と比べても低い。人々はまた、以前ほど他人から残虐行為を受けることを心配しなくてよい。[9] 今日では、他人に配慮すること、人間関係を育てること、そして思いやり——こうした価値観が社会の隅々にまで広がってきた。

むろん、改善の余地はまだまだ多い。これから何十年も経ってから振り返ると、今は常識となっている多くの習慣（たとえば家畜に対する扱いなど）がまったく信じられないこととして否定されているだろう。このように人々の意識が常に向上し、進化していく過程では、意識の及ぶ範囲は広がりつつも、同時にやや単純にもなってくる。私たちは、しだいに他人を思いやる気持ちが強くなり、木よりも森を見て、長期的に物を考えるようになっている。多くの人々は、人類はもちろんのこと、生きとし生けるものすべてが本質的に相互依存している事実を目撃し、実感している。全員が同じボートに乗っていることが、かつてよりも明確に認識されている。だからこそ、ボートに空いたたくさんの穴を全員一丸となってふさがなければならないのだ。これは終わることのない旅である。

今とはまったく異なる時代環境の中で、アブラハム・リンカーンは次のように述べた。「静かだった過去の定説は、嵐のような現在には合いません。今は多くの困難が積み上がっています。私たちはこの困難とともに立ち上がらなければならないのです。課題が新しい以上、新しい考え方で、新たに行動を起こさなくてはなりません」[10]。こうした変化や困難の中には素晴らしいビジネスチャンスが転がっているのだが、過去と同じメンタルモデル（個人が仕事上の経験を重ねることによって自然に形成される現実世界に対する常識）を当てはめてもうまく対処できないはずだ。「いつものやり方」はもはや通用しない。私たちはビジネスのための新しいパラダイム、いわば新しい哲学を必要としている。

■想像してみよう……

ストレスと恐怖ではなく、愛情と思いやりに基づき、社員が情熱的で仕事に没頭しているような企業を思い描いてみよう。集中力、協力、仲間意識が響き合う中で日常があっという間に過ぎていく。しかし、社員は一日が終わっても疲労困憊で燃え尽きることはない。自分がこの仕事を始めた時の気持ち（日々の生活費を得ながらも、何かの一部として貢献でき、他とは違ったものを創り出し、生きがいのある人生を送れる機会を得られること）を忘れず、次の日の仕事に向けて新たなやる気をかき立てられている。

顧客の幸福を真剣に考え、彼らを単なる商売の対象ではなく血の通った人間、奉仕することに喜びを感じる相手として捉えている企業を考えてみよう。この会社は顧客を巧妙にあざむいたり、ぞんざいに扱ったり、無視したりしない。思いやりのある人なら、愛する家族を自分の利益のために利用することなどしないはずだ。それと同じである。そして社員は顧客に奉仕すること、つまり他人の生活を向上させることがいかに嬉しいことかを経験している。ほかにも、次のような企業を想像してみよう。

外部の人や会社を身内として受け入れ、サプライヤーを身内として招待し、自分の顧客や社員に対するのと同様の愛情と配慮をもって接する企業。地元の振興に真剣に取り組み、愛情を注ぐ企業市民として、市民生活の向上に力を尽くす企業。競合他社を叩きつぶすべき敵ではなく、優れた製品やサービスを共に追求する仲間、その過程でさまざまなことを教えてくれる師として見る企業。カーボンニュートラル〔二酸化炭素の増減に影響を与えない性質のこと〕以上のことに思いをいたし、生態系を育て持続的な生命力を取り戻す治癒力にならんとする企業。

従業員を大事にし、一度勤めたらほとんどだれも辞めることのない企業。人々の肩越しにきちんと仕事をしているか監視する人間を必要としない、管理職の少ない企業。進化を続ける生物のように、従業員一人一人が自ら管理し、自らを動機づけし、自ら組織化し、そして自ら問題点を直すような企業。

助言を与え、勇気づけることによって人々を導くリーダーを選び、もり立てていくような企業。リーダーは、自社の社員や会社の存在目的については情熱的に考えるが、権力や個人的財産の拡大にはほとんど関心がない企業。

自社が接するすべての人に社会面、知性面、情緒面、精神面、文化面、物質面、そして環境面からの富と幸福を提供しながら、何十年にもわたって毎年優れた業績を達成し続ける、まさに多面的な価値を次々と生み出すという好循環を実現している企業。地球上の資源が限られているのに対し、人類の創造性は無限大であることを認識し、人々がとてつもない、ほとんど奇跡的な可能性を発揮できるようになるための条件を常に促進し続けている企業。

以上のような、自社の存在目的の達成にこだわり、純粋な思いやりに満ちあふれ、人々に対する影響力がありながら押しつけがましいところがなく、平等主義が徹底し、高度なサービスや製品の提供に本格的に取り組み、信頼でき、透明性が高く、称賛され周りの手本となり、愛され、尊敬される。こうした企業は、架空の理想郷にある想像上の企業体ではなく、現実の世界に存在している。ザ・コンテナ・ストア、パタゴニア、イートン、タタ・グループ、グーグル、パネラ・ブレッド、サウスウエスト航空、ブライト・ホライズンズ、スターバックス、UPS、コストコ、ウェグマンズ、REI、ツイッター、ポスコ、そしてホールフーズ・マーケットなど、今は数十社かもしれないが、すぐに数百社、そして数千社になるだろう。今後数十年たつうちに、こうした企業が世界を変革し、人類を情緒的、精神的な幸福、身体的な活力、そして物質的な豊かさの新たな高みへと導いてくれるはずだ。

意識の高い資本主義、コンシャス・キャピタリズムの気高い世界へようこそ！

■コンシャス・キャピタリズムの柱

コンシャス・キャピタリズムとは、あらゆるステークホルダーにとっての幸福と、金銭、知性、物質、環境、社会、文化、情緒、道徳、あるいは精神的な意味でのあらゆる種類の価値を同時に創り出すような、進化を続けるビジネスパラダイムのことだ。この新しいマネジメントシステムは、他のどのようなシステムよりも今の時代精神、そして常に変化し続ける我々という存在の本質にはるかに調和している。

また、その目的は、善行を積んで道徳的に正しくあろうとすることではない。あくまでも自社の存在目的、世界への影響、そしてさまざまな顧客層やステークホルダーをより意識した、ビジネスに関する一つの考え方にすぎない。

コンシャス・キャピタリズムには四つの柱がある。存在目的、ステークホルダーの統合、コンシャス・リーダーシップ、コンシャス・カルチャー／マネジメントだ（図2-1）。この四つは互いに結びつき、相互に強化し合っている。戦術や戦略ではなく「柱」と呼ぶのは、これらが基本であり、統合された基本的な経営哲学を支えているからだ。したがって、これら四つは全体として理解される必要があり、そうなって初めて効果的に発揮される。

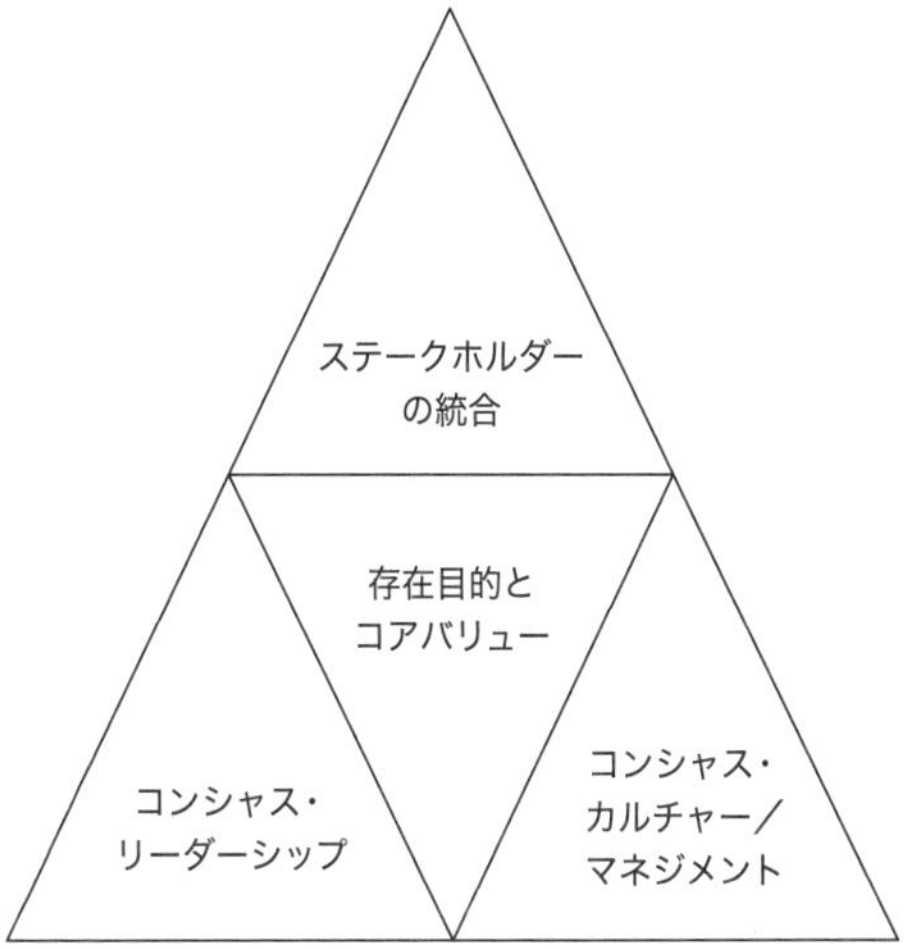

図2-1　コンシャス・キャピタリズムの4つの柱

自社の存在目的

ビジネス、あるいは営利企業は、単に利益を生み出し、株主価値を創造すること以外の目的で活動しているときのほうが、世界にはるかに幅広い好影響を及ぼすことができる。ここで「目的」とは、自社の存在する理由、存在目的を意味する。存在目的に説得力があれば、すべてのステークホルダーの間には驚くほどの相互作用が発生し、創造性やイノベーション、組織全体としての本格的な取り組みが促される。[11]

目的意識の高い企業は次のような疑問を常に考えている。

□自社はなぜ存在しているのか？　なぜ存在する必要があるのか？
□どのようなコアバリューが企業を活性化させ、すべてのステークホルダーを一体化するのか？

存在目的と共有されたコアバリューがあれば企業は一つになり、モチベーション、パフォーマンス、道徳的なコミットメントも高い水準へと押し上げられる。この図が示すように、存在目的とコアバリューはコンシャス・カンパニーの中核を成すもので、その他の柱はこの基本的な考え方と相互につながっている。

ステークホルダーの統合

ステークホルダーは、ビジネスに影響を及ぼし、あるいはビジネスから影響を受けるあらゆる関係者のことだ。意識の高い企業《コンシャス・カンパニー》は、ステークホルダーの一人一人が重要で互いにつながり、依存し合って、ステークホルダー全員の価値の最適化を目指すべきであることを認識している。コンシャス・カンパニーのステークホルダーは、全員が共有目的とコアバリューによって動機づけられている。主要ステークホルダーの間に紛争が起きて、だれかが得をするとだれかが損をするというトレードオフの関係ができそうになると、コンシャス・カンパニーは人間の創造性に関する無限の力を発揮してウィン-ウィン-ウィン-ウィン-ウィン-ウィン（これを「ウィンの六乗」と呼ぶ）の解決法を作り出して紛争を乗り越え、互いに依存し合うステークホルダー間の利害の調整を図る。

コンシャス・リーダーシップ

コンシャス・カンパニーはコンシャス・リーダーシップ、つまり意識の高いリーダーなしでは成立しない。コンシャス・リーダーを主に支えているのは、自社の存在目的を達成したい、そしてあらゆるステークホルダーのために価値を創造したいという気持ちだ。ゼロサムや、トレードオフに立脚したビジネスを拒絶し、さまざまな種類の価値を同時に高めるような、創造的で、相乗作用的な「ウィンの六乗」のアプローチを模索する。

コンシャス・リーダーには、高い分析的知能、情緒的知能、精神的知能に加え、高度に発達したシステム知能が備わっている。システム知能とは、互いに依存し合うすべてのステークホルダー同士の関係を理解できる能力のことだ。ビジネスについての彼らの思考方法は、違いや紛争、トレードオフばかりに注目する分析的な頭脳よりも、本質的な部分ではるかに高度で複雑である。

コンシャス・カルチャーとコンシャス・マネジメント

コンシャス・カンパニーの文化は企業にとって偉大な力と安定の源であり、その目的とコアバリューは時間が経過し、リーダーが変わっても生き続ける。意識の高い企業文化《コンシャス・カルチャー》は、存在目的、ステークホルダーの相互依存関係、そしてコンシャス・リーダーシップに対する企業の本格的な取り組みから自然と醸成されてくる。そのようなカルチャーは会社によって大きく異なろうが、たいていは信頼や説明責任、透明性、誠実さ、忠実さ、平等主義、公平さ、個人的な成長、愛と思いやりといった多くの特徴を共有している。

コンシャス・カンパニーは、自社のカルチャーを大切に守りつつ、機能の分散化、権限委譲、協力をベースとする手法で経営される。その結果、イノベーションを継続してステークホルダー全員のためにさまざまな種類の価値を創り出す組織力が拡大する。

企業はコンシャス・キャピタリズムを受け入れることで、社会全体の利益と密接に調和し、人類が経験してきた進化的変化に協調できる。コンシャス・キャピタリズムは、重要でありながらビジネスではほぼ無視されてきた道徳的基盤を提供する。ビジネスこそが、周りに気を配りながら自らの存在目的を問い続けるという姿勢、すなわち意識の向上を先導すべきだと我々は考えている。企業規模が大きくなればなるほど、その足跡も大きくなるので、世界に対する責任も重くなる。ザ・コンテナ・ストアの創業者兼CEOで、我々の友人でもあるキップ・ティンデルは、これを「航跡の力」[12]と呼んでいる。船が岸を離れる時に激しい水しぶきを残していくように、個人や会社も航跡を残している。しかし、私たちの大半は自分たちの目的地を見つめ続けるあまり、自分が世界にどのような影響を及ぼしたのかについて、来し方を振り返ってその全貌を見るだけの余裕がない。

■コンシャス・カンパニーの業績

ほかのあらゆるビジネスと同様、コンシャス・カンパニーも市場原理に従っており、優れた業績を上げる必要がある。財務実績については付録Aで詳しく触れるので、ここでは簡単に紹介しておく。コンシャス・カンパニーは、あらゆるステークホルダーのために、さまざまな価値を創造しているが、さらに長期にわたって驚くほどの高パフォーマンスも達成している。たとえば、代表的なコンシャス・カンパニー数社の株価は、過去一五年間で一六〇〇％以上のトータルリターンを上げている。同じ期間の株式市場全体のパフォーマンスは一五〇％を上回る程度なので、両者の比率は一〇・五対一ということになる。

私たちの時代で最も先端的なコンシャス・リーダーの一人でメドトロニックのCEOだったビル・ジョージはこう言っている。「『コンシャス・キャピタリズム』という言葉を聞いて柔《やわ》なイメージを抱く人がいるかもしれませんね。しかしそれはまったくの誤りです。コンシャス・キャピタリズムは実に厳しく、苦しいものなのです。素晴らしい業績を上げながら、自社の存在目的に向けて歩を進める――この二つを成し遂げなければならないからです。一種のチームスポーツのようなものですね。一つのチームとして互いに協力することに心を砕かなければならず、しかし最後には、それでも勝ちたいのですから」[13] コンシャス・カンパニーは勝利する。しかし、それはだれかが勝ってほかの者が負ける、という昔ながらの意味ではない。それよりもはるかに豊かでずっと多面的な方法で勝利をつかむということなのだ。

■「正しいことをすること」が正しい

コンシャス・カンパニーには、「正しい理由のために行われた正しい行動は、いつかは必ず優れた結果につながる」という単純だが強力な信念がある。もし私たちが、ブッダの言う「煩悩」を満たすことに固執しすぎると、短期的な満足感は得られるかもしれないが、長期的には有害となりかねない行動に手を染める可能性が高くなる。コンシャス・カンパニーが正しいことを行うのは、それを正しいと信じているからだ。[14] すべてのステークホルダーを大事にするのはそれが正しく、人間的で、理に適ったことで、さらにそうすることは賢明なビジネス手法でもあるからだ。存在目的を持って企業を経営するのは、社員が職場に向かうことに喜びを感じてくれるからだ。コンシャス・リーダーが他社や他人への奉仕に心を砕くのは、そのことが結局は充足感を得て価値を創り出すことにつながるからだ。

人生のすべての結果を完全にコントロールすることなどできるはずはないのだが、しかしビジネスでは、「それができるはず」という信念に基づく幻想を創り出してしまった。私たちにできるのは、自分たちの行動と反応をコントロールすることだけだ。従来のビジネスでは、市場シェア、利益率、一株当たり利益といった具体的な数値目標がマネジャーに与えられる。このような基準は原因と結果を混同する。単に抽象的な数値にすぎないこうした目標を達成するために、マネジャーはステークホルダーに有害な（ということは、結局株主の利益を損なうことになる）行動に手を染めてしまうことが多い。たとえば、社員を解雇したり、サプライヤーを絞り込んだり、といったことをしかねないのだ。こうした行為は、次の四半期には望ましい業績をもたらすかもしれない。しかし将来にはその利益よりもはるかに大きな問題の種が植え込まれることになる。これは数年前にトヨタに起きたことだ。同社は売上高と市場シェアに数値目標を設定した。全社のマネジャーはすぐにこの数値目標の達成に集中し、安全で信頼性の高い車の製造に気を配らなくなった。その結果はどうなったか。品質と安全性に関する問題が相次ぎ、同社がそれまで築き上げてきた名声が著しく損なわれたのだ。

ここで重要なことは、自分たちがコントロールできることに集中する、ということだ。それは自分の行動と反応だ。そして正しい行動は必然的に（もっとも、すぐにではないかもしれないが、いずれは）良い結果をもたらすと信じることだ。良い結果は、私たちが思い浮かべていたようには現れてこないかもしれない。私たちの行動の質や外部要因によって、もしかしたら思っていたよりもはるかに良い結果となる可能性もある。

■コンシャス・キャピタリズムは企業の社会的責任（CSR）とは違う

良いビジネスは、社会的責任を果たすために特別なことをする必要がない。主なステークホルダーのために価値を創り出すという行為は、すでに社会的な責任を果たすべく行動していることになるからだ。通常のビジネスでの財やサービスの交換は、全体としては世界全体の中で最も大きな価値を創り出している。この価値創造こそ、ビジネスの社会的責任の中で最も重要な側面である。

企業の社会的責任（CSR）とは、ビジネスはそもそも汚れているか、せいぜい道徳的に中立だ、という考え方に立脚している。これはそもそも間違っている。第一章で紹介したように、自由競争資本主義のおかげで世界はさまざまな進歩を遂げてきたのだから。

企業は善行を積むことで世間に対して汚名をそそぐ必要はないのだが、社会問題や環境問題に力を注ぐことは決して悪いことではない。コンシャス・カンパニーは、すべてのステークホルダーに価値を創り出すことこそがビジネス成功の本質であると考えている。そしてコミュニティも環境も重要なステークホルダーとみなしている。これらのステークホルダーに価値を創り出すことは、経営哲学の本質であると同時に、コンシャス・カンパニーの運営モデルなのだ。

一方、利益獲得を優先している企業は、社会プログラムや環境プログラムを従来型の利益最大化モデルと結びつけ、それを手掛けることで企業の評判を高めようと考え、あるいは社会からの批判を避ける防衛的な手段と捉えがちになる。そのような努力の多くは、広報活動に他ならず、「グリーンウォッシュ」、つまりうわべだけの環境活動とみなされてきたし、その見方は正しい。今こそ必要なのは、もっと大きな包括的な視点である。そしてその中には、経営哲学とビジネス戦略の中心的要素としての、ステークホルダーへの責任ある行動が含まれている。CSR的な物の考え方にとらわれるのではなく、市民であるという自覚と、社会に対する自分なりの姿勢がビジネスの根幹に構築されなければならないのだ。[15] 表2-1はコンシャス・キャピタリズムとCSRとの主な違いを要約したものである。

企業の社会的責任(CSR)	コンシャス・キャピタリズム
株主は社会のために自らを犠牲にしなければならない	すべてのステークホルダーの利益を統合する
企業の目的や文化からは独立している	存在目的と思いやりの文化を取り込む
ビジネス目標に道徳的な負荷を加える	思いやりと収益性を、両者のシナジー(相乗効果)を高めることで調整する
ビジネスを一つの機械的な仕組みとして見る	ビジネスを複雑で、適応可能なシステムと見る
通常は別の部門または広報部門の一部として、従来のビジネスモデルに組み込まれることが多い	社会的責任は、存在目的の一部としてビジネスの中心に位置し、コミュニティと環境を主要なステークホルダーと見ている
ビジネスと社会、ビジネスと地球との間にはそれほど重なりがあるとは考えない。	ビジネスは社会の一部であり、社会は地球の一部であると認識している
慈善的なポーズを示すために安易に集まる:しばしば「グリーンウォッシュ」(うわべだけの活動)とみなされる	「4つの柱」への本格的な取り組みを通じて純粋な変革を要求する
あらゆる善行が望ましいと想定している	善行は企業のコア(核)となる目的をも進歩させ、システム全体に価値を生み出すことを要求する
業績への意味合いが不明確	財務基準やその外の基準における従来のビジネスモデルに基づくパフォーマンスを大幅に上回る
伝統的なリーダーシップを前提としている	コンシャス・リーダーシップを要求する

表2-1　コンシャス・キャピタリズムと企業の社会的責任とはどう違うのか

■一歩先へ

どのような人間も未発達な部分を抱えて生まれてくるが、成長可能性は無限である。ビジネスと自由競争資本主義も同様で、世界に計り知れない好影響を及ぼせる気高い目的を持つ段階へと進化できる。コンシャス・キャピタリズムは、資本主義の本質を深く理解したうえで、急速に高まりつつある人々の意識を一つにまとめることができる。おかげで、私たちは自らの生活をより良い方向に変化させ、この地球上でまだ貧困と欠乏に苦しむ人々に機会と希望をもたらす方法で、社会的な協力という偉大なシステムを利用できる。

二一世紀の最初の数年間で、私たちは天然資源が限られていることを痛感した。しかし、同時に企業の創造性にも限界がないことにも気づき始めている。創造性を大規模に発揮する方法を学び、七〇億人以上の人々が創造のための活力と力を与えられれば、地球上には解決できない問題などなく、克服できない障害などないことを発見するだろう。

原子を分裂させると、一見取るに足らない粒子の中に隠されたすさまじい力が解き放たれる。コンシャス・キャピタリズムも同じだ。これまでどの会社もできなかった方法で人間の可能性の活用を約束してくれるのだ。企業は人々を「資源（リソース）」ではなく「源（ソース）」と見なければならない。[16]「資源」とは、ひとかたまりの石炭のようなもので、それを使うとなくなってしまう。「源」とは太陽のようなものだ。太陽は実質的に無尽蔵な存在で、常にエネルギー、光、暖かさを生み出し続ける。力を与えられ、やる気満々となった人間以上に力強い想像力の源泉はない。コンシャス・カンパニーは人々に活力と権限を与え、存在目的の達成に最高の貢献を果たす。そうすることによって、一つの企業は世界にとてつもなく大きな好影響を及ぼすのだ。

人類が前進する、とはビジネスの気高い精神と企業家集団の創造性を解放し、人類が直面している多くの困難な問題を自由に解決できることだ。この世界にはビジネス機会は欠乏していない。世界には基本的ニーズが適切に満たされていない人々が数十億人存在しているからだ。さらに、すでに裕福な人々のニーズをこれまで以上にサステナブルな（持続可能な）方法でどう満たしていけるかも考え直す必要がある。このことに気づき、諸問題に対処するために人が生まれながらに持っている創造的な精神を解き放ち、こうした機会を利用できる企業は、長期にわたって繁栄していくだろう。

この旅は、自社の存在目的を発見することから始まる。次の二章で「存在目的」を考察していく。

第一部

第一の柱 —— 存在目的

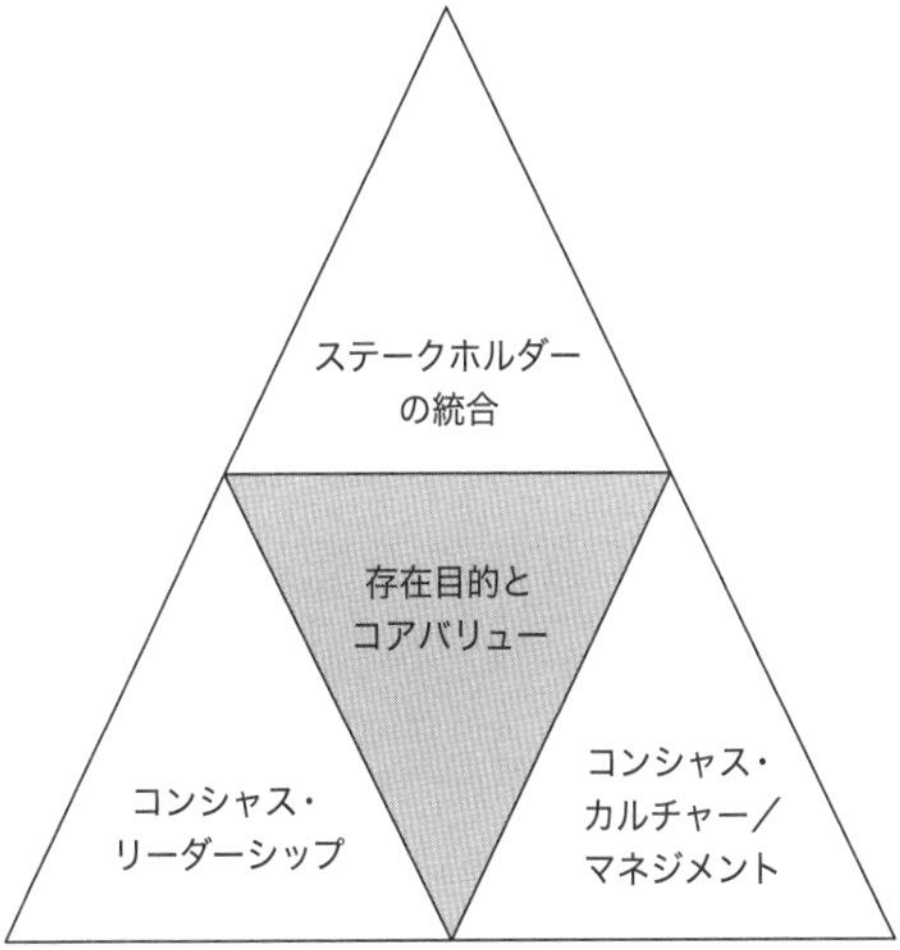

人生で最も重要な日を二つ挙げるとすれば、それはいつだろう？ 文筆家のリチャード・ライダーは講演のたびにこの質問を聴衆に投げかける。一つ目は明らかだ。誕生日である。しかし、二つ目はそれほど明らかではない。死ぬ日ではあるまい。それはまさに人生という物語の終幕であって、見せ場にはならないからだ。学校を卒業した日、結婚した日、あるいは最初の子どもの誕生日――これらはむろん記念すべき重要な日だが、しかしほとんどの人にとって人生を決定づけるほどの重みはない。リチャードの答えはこうだ。「自分が何のためにこの世に生を受けたかに気づいた日」だというのである。

だれもがそのような日を経験するとは限らない。そもそもこんな質問を思いつく人すらそれほど多くない。しかし経験した人にとってみると、その日は人生の大きな支えになる。真の目的、あるいは使命を発見してしまうと人生は一変する。日々の生活や仕事がそれまでとは違って見え、「自分の中にはこれほどのエネルギーとひらめきが隠れていたのか！」と感じるほどの力を引き出せるようになる。仕事が真の意味で充実し、満足と喜びの源泉になる。

これまでに出版された本のうち大ベストセラーとなった一冊が、『人生を導く5つの目的――自分らしく生きるための40章』（リック・ウォレン著、尾山清仁訳、パーパスドリブンジャパン、二〇〇四年）だ。二〇〇二年の出版以来、これまでの発行部数は数千万部に達している。これだけの大ヒットとなったのは、この本が人々の心の奥深くに潜んでいる、人生の意味と目的を求める純粋な憧れや渇望の気持ちに触れたからだろう。人生の意味と目的はだれにとっても重要だが、現代ではそれを目の前の深刻な問題として感じる人の割合が増えてきた。これからも社会の高齢化が進み、集団としての人々の意識が高まるにつれ重要性も増していくだろう。

企業にとって存在目的は重要だ。目的があればこそ会社は活気づき、個別のステークホルダーの自分勝手な懸念を克服する余裕ができるからだ。すべてのステークホルダーが共通の目的の下にまとまれば、自分たちの身近なこと、狭い意味での自己利益のことだけを考えないようになるだろう。存在目的を持つことは、コンシャス・カンパニーになるための最初の一歩だ。譲れない目的を持つことも、企業を偉大な方向に駆り立てる場合がある。アマゾンの創業者兼CEOのジェフ・ベゾスは、「会社よりも大きなミッションを選択せよ」と言った。ソニーの創業者は、品質で日本を世界に知らしめることを同社のミッションと設定している。[1]

ホールフーズ・マーケットの共同CEOであるウォルター・ロブは、自社の存在目的を見事に表現している。「私たちは、ある使命を持った小売業者というよりも、小売業を営んでいる使命の伝道者です。世界に自然食品と健康増進をもたらすという私たちの深い目的、これを描くためのキャンバスが店舗なのです」

コアバリューは、企業がその存在目的を実現するための基本理念だ。ホールフーズのコアバリューはビジネスの目的を簡潔に表現している。存在目的には利益を上げることだけでなく、主な関係者全員のために価値を生み出すことも含まれている。会社はいつも自分たちのコアバリューについて語り、コアバリューに基づいて行動する。ステークホルダーとコアバリューを共有し、対話を通じたフィードバックを歓迎しているホールフーズのコアバリューは、次のとおりだ。手に入るあらゆる製品の中で最も質の高い自然／有機食品を販売する。お客様に満足と喜びを提供する。社員の幸せと向上心をサポートする。利益と成長を通じて富を生み出す。コミュニティと環境に配慮する。サプライヤーとウィン‐ウィンの関係を構築し、これを継続する。健康的な食の教育を通じてステークホルダーの健康増進を図る。

第三章　存在目的――企業にとっての意味を追求する

互いの利益のために自発的な交換をすることが、ビジネス、つまり営利企業の道徳的基盤を作るのであり、だからこそビジネスは、最終的には社会の中で正しく存在していると認められている。ところで、企業の存在目的とは何だろう？　医療機器メーカー、メドトロニックの共同創業者、アール・ベッケンは、ずっと以前から企業の存在理由がいかに重要かを飽くことなく説き続けてきた伝道師だ。「メドトロニックの物語は、自分の人生とキャリアを賭けて、現実の人々が痛みや障害を克服し、まっとうで幸せな生活を送るためのお手伝いをする社員一人一人の物語、いくら聞いても、いくら話しても飽きることのない物語なのです」。ビル・ジョージがメドトロニックのCEOを務めた一〇年間で、同社の時価総額は一一億ドルから六〇〇億ドルへと拡大した。社長になって最初にしたこと。それは、社員に勇気と希望を与える共同創業者を会社に呼び戻すことだった。我々との会話の中で、ジョージは会社の目的を再発見することの力について語ってくれた。

創業者のアール・ベッケンが行っていた従業員向けのミッションイベントは「素晴らしい」の一言でした。一時間のスピーチのあとで、従業員たちにブロンズのメダルを渡したのです。そこには会社のシンボルが描かれていました。一人の人が手術台から起き上がって、健康な生活に向かって歩いて行くという図柄でした。アールがいた当時のメドトロニックの哲学は、どんな時でも「私たちは人々の身体に心臓ペースメーカーを入れているのではない。人々に充実した生活と健康を取り戻しているのだ」というものでした。メダルを渡したあと、こう言っていました。「皆さんの仕事は会社のためにお金を稼ぐことではありません。人々に充実した生活と健康を取り戻してあげることなのです」休日に開くパーティーのたびに、六名の患者さんを招き、当社の装置を使った脊髄手術で皆さんの人生がどう変わったかをお聞きしたものです。これこそが当社の背骨、心臓、つまりは存在意義だったのです。[1]

■存在目的とは何か?

どのコンシャス・カンパニーも、必ず存在目的を持っている。そしてそれは「なぜ我々は存在しているのか?　なぜ我々は存在する必要があるのか?」といった根本的な疑問に対する答えなのだ。どのような貢献をしたいのか?　自社が存在していることで世界はどうして良くなるのか?　なくなると世の中の人々は惜しんでくれるのか?　ある企業の存在目的は、組織を一つに結びつける接着剤であり、組織の生命力を育ててくれる羊水だ。高い志を持った正しい人々（従業員、顧客、サプライヤー、投資家）をビジネスに引き寄せ、同じ方向に足並みを揃えさせてくれる磁石のようなもの、と考えてもよいだろう。どうしても譲れない存在目的があると、それが何であれ（コラム「存在目的の例」を参照のこと）組織や組織の生態系の中の軋轢は少なくなる。そこで働くだれも彼もが同じ方向を向き、協調し合いながら物事を進めているからだ。

自社の存在目的を発見、あるいは再発見するための優れた指針となるのは、パーパス・インスティテュートの共同創業者であるロイ・スペンスとヘイリー・ラッシングの共著『何を売るのかではない、何を伝えたいか』(*It's Not What You Sell, It's What You Stand For*)（未邦訳）だ。「目的とは何か？　単純に言えば、それは自分がどうやって世の中を良くしようとしているのか、についての明確な意思表示である。自社の目的を持ち、それをはっきりと、情熱をもって説明できれば、すべてが理に適い、すべてがよどみなく進むようになる。自分のしていることが心地よく、達成までの道のりがはっきりと見える。関係者が多ければ多いほど、だれもが説明できる単純で明確に定義された目的と、人々の積極的な相互作用を促す一連のコアバリューを持つことの重要性が高くなる」[2]

目的は、それが「普遍的な人類の真実」に触れる時に最も強力になる。別の言葉で言うと、人が人であることの高潔な意味合い（あるいはアブラハム・リンカーンが見事に表現したように、「本来私たちの中に住んでいる優れた天使たち」）と完全に同調する。そのような目的には道徳的な品性を高める要素があり、人々の最も高い理想やモチベーションに訴え、視野の狭い個人的な関心事を横に追いやってしまう。[3]

目的は戦略を策定する時にすでに存在していなければならない。これは今日では当たり前のことのように思われるが、昔から必ずしもそうだったわけではない。かつては、「あらゆるビジネスの目的は利益と株主価値の最大化にある」という考え方に異を唱える経営学者や経営者はほとんどいなかった。実際、ビジネススクールの戦略論の授業では、「目的」という言葉をこれ以外の文脈で耳にすることはほとんどない。

目的、使命《ミッション》、ビジョンはしばしば同じような意味で使われる。しかし、この三つを区別し続けることは重要だ。目的とは自分が世界をどう良くしたいのかを語ることだ。使命とはその目的を実現するために実行されるべき中核的な戦略のことで、ビジョンとは、自分たちの目的があらかた実現した暁に世界がどのように見えているのか、という生き生きとした想像上の概念または光景である。[4]

存在目的の例

- □ディズニー：想像力を駆使して数百万の人々に幸福をもたらす。
- □ジョンソン・エンド・ジョンソン：痛みと苦しみを和らげる。
- □サウスウエスト航空：だれもが自由に空を飛べる機会を提供する。
- □ピボット・リーダーシップ：素晴らしいリーダー＝素晴らしい世界。
- □チャールズ・シュワブ：いつも、いつまでも個人投資家の側に立つ。
- □BMW：車を運転する人々すべてに喜びを提供する。
- □米国動物愛護協会（HSUS）：動物を讃え、残虐行為に立ち向かう。
- □アメリカ赤十字社：非常事態に直面した時にアメリカ人が崇高な行為を行えるよう支援する。

■存在目的がなぜ重要なのか？

企業やブランドは存在目的を持つと活力を得て、社会を良くする役割を担うようになる。グーグルの設立当初の目的は、世界中の情報を整理して、どこのだれもが情報に簡単に閲覧し使えるようにすることだった。創業者のラリー・ペイジとサーゲイ・ブリンは、「これはすごいことだと思いませんか？」と言っている。[5] アメリカ最大のアウトドア用品販売店ＲＥＩの存在目的は、人々と自然を「再びつなぐ」ことだ。ザ・コンテナ・ストアは人々の整理整頓を手伝って幸せな気分にさせる。

サウスウエスト航空は、おそらく世界中で史上最も成功した航空会社だ。創業当初から経営者と社員を引っ張ってきた同社の目的は、「空を民主化すること」、つまり空の旅行をだれにでも利用できるようにすることだった。サウスウエスト航空が設立された一九七〇年代前半に飛行機を利用していたアメリカ人の割合はわずか一五％だ。今日、八五％以上の人々が空の旅を楽しんでいるのは、低料金を提供し、航空サービスを中小都市にももたらし、しかも楽しい方法でマーケティングするという同社のパイオニア的な努力によるところが大きい。サウスウエスト航空は創業以来赤字を計上したことがなく、顧客に素晴らしい経験を提供し、社員はこの会社で働くことに喜びを感じている。ビジネスを「楽しみ」（ＦＵＮ）の上に作り上げ、「愛」（ＬＯＶＥ）を発しているのだ（同社の銘柄コードはＬＵＶである）。

ホールフーズ・マーケットは、だれもが体に良い物を適量に食べ、生活の質を向上させ、長生きできるよう後押しをすることに情熱を傾けている。身体に何を取り込むかによって、自分の健康ばかりか、食品を提供している人々の健康、そしてこの地球全体の健康も良くなるのだ、ということを多くの人々に学んでもらうこと――それが私たちの存在目的だ。一九七八年にセイファー・ウェイとして創業以来、ホールフーズは、有機食品と有機農業システムを推進してきた。市場を育て、顧客を増やし、物流システムから有機食品の国の表示基準に至るまでを発展させることによって、環境の向上を図り、有機農場や有機酪農、有機牧場、持続可能な農法の数を増やす努力を続けてきた。たとえば、有機農場は合成肥料や合成殺虫剤を使わないので、石油や石炭の使用量も少なく、食物連鎖や給水システムが化学汚染に冒されにくい。

会社の存在目的と存在意義がいかに大切かは、今やユニリーバ、ペプシコ、プロクター・アンド・ギャンブル（P&G）など、数十億人の生活に関わっている大企業にも共有されている。ペプシコのCEO、インドラ・ヌーイは、顧客の健康に資する飲み物や食品に重点的に投資することで「目的を達成しながらの業績向上」の重要性を強調してきた。P&GのCEO兼会長のロバート・マクドナルドは「目的を達成するための成長」を追い求め、同社の目的を「世界中のなるべく多くの地域で、なるべく多くの人々の生活に触れてできる限りそれを改善していくこと」と説明している。[6] ユニリーバのCEO、ポール・ポールマンは、利益と成長を超えた目的に向かうことがいかに重要かを認識している。「普段していることに深い目的を持つと、私たちの生活は充実します。これはとてつもない力と動機づけになるものです。人はだれしも認められたい、成長したい、世の中を良くしたいと願っています。だれかに触れたり、他の人に手を差し伸べたり、それまでなかった物を創り出すなど、方法はいくらでもあるはずです。これを利用でき、世の中を変えていることを認めてもらえる組織に勤められれば、やりがいがあろうというものです」[7]

存在目的をあって当たり前のものと捉えてはならない。そう考えた瞬間から忘れられ、そのうち消えてしまうものなのだ。だからこそ、文字どおりどんな時でも意識（すなわち意思決定）の前面に据えられるべきだ。企業の存在目的が明らかだと、経営陣は優れた判断を迅速に下すことができる。しかも、思い切った決断もできる。目的に導かれる企業は、世論の風向きや競争環境の変化を考慮に入れつつも、それらに振り回されることなく、もっと魂のこもった揺るぎない信念に基づいて事を決めていく。それが結局は優れたパフォーマンスにつながる。存在目的を十分に意識して下す判断は、財務面から見ても、あるいはその他の基準に照らしても優れたパフォーマンスを達成するための最短距離なのだ。[8]

■目的意識の喪失

専門職にも、それぞれの存在理由となる気高い目的がある。医学の目的は病気やケガを治すことだ。教育や建築、エンジニアリング、法律などにも同じことが言える。どのような職業にも、社会のニーズに十分に応え、他の人々の目から見てその職業に正当性と価値を与える存在目的が備わっており、その達成への活動を通して進歩が促される。むろん、どの職業にも利益を上げて生活費を獲得するという側面はある。しかし、金儲けが関心の中心になると、職業は本来の存在意義を見失い、何が社会全体にとって良いのかという発想から離れ始める。「手段は完璧で、目的が混乱している、というのが私たちの時代を特徴づけている」アインシュタインが言ったように、こうした形での目的の喪失は、今日それほど珍しいことではない。

最近注目を集めた二つの産業について考えてみよう。医薬品業界は、かつては存在目的を明確に意識し、人々の称賛と尊敬を集めていた。医薬品会社は人命を救い、病気を治し、寿命を引き延ばす奇跡の薬の開発に大金を投じ、天然痘やコレラなどの悲惨な病気を防ごうとワクチンを開発していたからだ。ところがここに来て世間の評判を急激に落としている。つい一九九七年にはアメリカ人の八〇%がこの業界を好ましいと見ていたのだが、二〇〇四年頃にはその割合は四〇%を下回るまで低下した。[2] 医薬品業界は長い間とてつもなく高い収益性を誇ってきたが、売上高と利益に対する執着が強すぎたため、病気を防ぎ、治癒し、抑えるという本来の目的が曖昧になってしまった。業界全体が存在目的を喪失するとともに、業界への評判も落ち込んで道徳的退廃が進んだ。ここ数年、積極的な、時に誇大な広告への出費が増大し、人類を苦しめる深刻な病気を撲滅するための研究開発費が減少している。

金融業界も、本来は明確な存在目的――人々に魅力的な貯蓄手段を提供してお金を預かり、社会に大きな貢献を果たせる投資対象に投資して人々の資産を成長させる――を持っている。資金調達の種類にはそれぞれ役割と目的がある。リスクの高い設立直後の企業に資金を投じるのがベンチャーキャピタル。運転資本のニーズに応えながら所有権の希薄化を防ぐのが負債資本、つまり借金だ。そして事業の成長と拡大のための長期的な資金を提供するのが株式、といった具合である。しかし近年、金融業界はしだいに利益獲得に夢中になるあまり、短期志向になってしまった。金銭的なインセンティブのおかげで目先の利益を重視する経営に一層拍車がかかり、報酬が馬鹿馬鹿しいほどの金額にまで跳ね上がって真の価値創造への努力がおろそかになった。どの銀行も、利益をさらに増やそうと自己勘定で取引を始めた。その結果、過去の事例に照らせば明らかに危険な多くのベンチャー企業に資金を投じたり、ファイナンシャルアドバイザーとしての倫理に反する行動をとるようになった。

金融業界の評判が地に落ちたのも不思議ではない。

金融業界は、社会を良くしようといった高潔な目標（存在目的）を掲げさえすれば、ステークホルダーすべての創造性や協力、勤勉さ、忠実性、情熱を高められるはずだが、自らの主な、いや唯一と言ってさえよい目的が金を稼ぐことという発想を受け入れてしまい、その偉大な力をむざむざ犠牲にしているのだ。

■幸福は追い求めるものではない

オーストリアの偉大な心理学者ヴィクトール・フランクルは六〇年以上前に金銭には換えられないほどの貴重な金言を残し、それは現在も十分に光彩を放っている。第二次世界大戦前には、ウィーンの精神科医として、二〇年近くにわたって絶望にうちひしがれ自殺を図ろうとした数千人もの人々の治療に当たっていた。フランクルは、人々を絶望から救うだけでなく、彼らが本当に幸せな生活を送ることを望んでいた。そして、自らの診療体験に基づいて幸福に関する包括的な理論を開発した。古典的名著『夜と霧』（アメリカ国会図書館の調査で「私の人生に最も影響を与えた本」のベストテンに挙げられた）の中で、フランクルは幸福とは追い求めるものではなく、意味と目的のある人生を送った結果として得られるものだと書いた。[10] 幸福を直接追い求めれば追い求めるほど、それを達成する可能性は低くなる。短期的な快楽はともかく、心の底から満足を得られるような真の幸福は得られない。幸福は、意味と目的のある人生を送って初めて手にできるものなのだ。

フランクルの教えによると、人々は重要な仕事をすること、他の人々を無条件に愛すること、そして自らの苦しみに意味を見出すこと、という三つの方法で人生の意味と目的を発見できるという。三つ目の方法は、フランクルの教えの中で最も深遠なものかもしれない。私たちは、人生の中で必ず喪失や悲しみの経験をする。しかし、苦しみに出会った時にどう対応するかは選ぶことができる。フランクルが指摘しているとおり、最も困難な状況に置かれた時に私たちに残された最後の自由は、それにどう対応するかを選べる、ということだ。[11]

これを示す単純な等式は：**絶望＝苦しみ－意味**

苦しみから何の意味も引き出せないとしたら、つまり苦しみとは単なる偶然の産物、あるいは不運の結果だと考えてしまうと、計りしれない絶望を感じる。極端な場合、人は自ら命を落とすかもしれない。しかし、そこに何か意味を見出せば、絶望の程度は低下する。苦しみに大きな意味を見つけることができれば、絶望が完全に消えることもあり得よう。[12]

一九四二年にナチスの強制収容所に収容されると、フランクルはホロコーストという厳しい試練の中で自らの理論（ギリシャ語で「意味」を意味する「ロゴ」から「ロゴセラピー」と呼ばれている）を試すことを強要される。およそ三年間をアウシュビッツやさまざまな強制収容所で過ごしたのだ。[13] 収容所に送られた人々の九五％以上がそこで死亡した。フランクルはこの厳しい試練に生き残っただけでなく、彼の励ましによって多くの人々も生き残ることができた。なぜならばフランクルは自分の人生には目的があると信じていたからだ。それは他の人々が自らの生きがいを見つけ出し、幸福を見出せるよう、その手伝いをすることだった。最初の著作の唯一の原稿はフランクルが最初に逮捕された時に燃やされてしまったが、その後は一九九七年に九二歳で没するまでに三九冊の書籍を著し、二九もの名誉博士号を授与された。[14] その著作は世界中の数百万人の人生に大きな影響を及ぼした。

■……そして利益も

利益はビジネスにとって欠くことのできない望ましい結果だ。実際、いつまでも利益を生み出せないままで企業を経営することは社会的に無責任な行為だ。黒字の会社は成長し、自らの存在目的を実現し続けることができる。そして自社の利益が社会の成長と発展に貢献する。企業利益は、税金を通じて政府や、人々の依存する多くの公的サービスの財政を潤す。

最高の幸福を得ようと思えば、それを直接追い求めるべきではない。同様に、最高の利益を得るには、それをビジネスの第一目標にしないことだ。最高の利益を獲得するには、まずは存在目的を意識すること。恐怖とストレスではなく、愛と思いやりでビジネスを構築すること。そして逆境を経験し、そこから成長すべきなのだ。まさにフランクルの理論をビジネス向けに解釈し直すというわけだ。利益も幸福と似たようなパラドクスをはらんでいる。それを直接の目標としないことで最高の結果が得られるのだ。

もしある企業が株主価値を高めるために利益の最大化だけを目指し、システム全体の繁栄に関心を持たなければ、競合他社の業績しだいでは、短期間、あるいはおそらく長年にわたって利益を上げられるかもしれない。しかし、相互依存のシステムの中で、他の関係者を無視したり、あざむいたりすれば、最終的にはいわゆる「ネガティブ・フィードバック・ループ（悪循環）」ができあがり、投資家や株主の長期的な利益は損なわれ、システム全体が部分最適に陥ってしまう。顧客満足度が常に高く、従業員が幸福な気持ちで業務に真剣に取り組み、そしてコミュニティの支援を得られる、という状況がないと短期的な利益は長く保たない。

ステークホルダーの価値を最適化するために積極的に取り組んでいなくても、いやむしろ、何を置いても株主の利益を最優先していながら極めて高い利益を上げているビジネスは世間にたくさんあるではないか——上記の議論に対する最も一般的な反論はこれだ。この意見は我々の議論の反証になっているのだろうか？　いや、なっていない。大半の企業は、自社と似たような価値と目標を持って組織化、経営されている競合他社と競争しているにすぎない。その価値と目標とはつまり、利益の最大化だ。問題は、利益第一主義を掲げる従来型のビジネスが、ステークホルダー中心型のビジネスと競争するとどこまで対抗できるか、ということだ。付録Aで詳細に述べているように、コンシャス・カンパニーの実績は、長期的には従来型のビジネスを圧倒的に上回るという有力な証拠がある。

ビジネスは機械仕掛けとは異なり、さまざまな関係者が複雑に絡み合い、相互依存的で、絶えず進化を続けるシステムの一部だということをビジネスリーダーたちが理解するようになると、利益はビジネスの重要な目的ではあっても、唯一の目的ではないことに気づく。そして、長期的な利益を最大化する最もよい方法は、相互に依存するビジネスのシステム全体に価値を作り出すことだ、ということもわかり始めるだろう。

■仕事と目的

だれもが人生に意味と目的を見出したいと強く望んでいるが、仕事でそれを実現できる人はほとんどいない。口述歴史家のスタッズ・ターケルは、生計を立て、老後の生活と子や孫のために資産を残そうと汗水たらして働くアメリカの労働者について感動的な話を書いている。「労働とは、日々のパンを稼ぐだけでなく生きる意味を探し、現金だけでなく他人からの評価を、無気力よりも驚きを求める探索のことだ。要するに、月曜日から金曜日まで働いてクタクタになるものなのではなく、生きるための手段だ、ということである」[15]

ジョージ・バーナード・ショーは、有名な一節の中でやりがいのある仕事に就く喜びについて書いている。「自分が偉大だと思える目的のために費やされる人生。お払い箱になる前に完全に燃焼し尽くす人生。世間が自分を幸福にしてくれないと、不平不満を抱えて大騒ぎをする利己的な小心者になるのではなく、自然の力の一部として生きる人生。これが人生における真の喜びだ」[16]

残念なことに、人々の賃金労働に対する個人的な思い入れは今日とてつもなく弱い。目的のない仕事に意味を見出せず、本来高いはずの能力が生かされていない。従業員たちの心は互いにバラバラで、仕事に対する関心も低下していく。ギャラップ社は毎年従業員向けの会社への愛着心《エンゲージメント》調査を実施しており、賃金労働へのエンゲージメントの水準が過去一〇年間で驚くほど低下したことを発見した。二〇一〇年には、仕事に愛着を（または心情的につながりがあると）感じている従業員の割合はわずか二八％だった。およそ五三％は無関心で、一九％は実は敵意を抱いていた。[17] これは、人材の能力が、ほとんど悲劇的と言えるほどに無駄使いされている実態を示している。やる気があり、情熱的で、責任感にあふれた従業員と、ただ給料をもらうために職場に来ている従業員との間では、会社の業績に与える影響は天と地ほどの違いがあるし、個人的な幸福感にもむろん大きな隔たりがある。ただし悪いのは「怠け者でやる気のない」労働者ではない。従業員が会社の価値ある仕事に貢献することで意味や目的や幸福感を見つけられるような目的意識の高い職場を提供していない会社のほうだ。ピーター・ドラッカーは消費者運動の勃興をマーケティングの恥と喝破した。我々からすればこうした状況は「経営の恥」に他ならない。

利益第一主義の会社では、賃金労働へのエンゲージメントは情けないほどに低いのだが、これに対し、ボランティアや非営利団体での賃金労働への関与は近年劇的に高まっている。『祝福を受けた不安』(*Blessed Unrest*)(未邦訳)の中で、ポール・ホーケンは、世界には非政府団体(NGO)が二〇〇万ほどあって、その数は今も急速に増え続けていると述べた。[18] 人々は、狭い意味での自己利益とは無関係の何らかの主義、主張、あるいは大義のために大変な時間と、努力と、お金をつぎ込んでいる。会社で働くことからは得られない喜びや学びを経験できるからだ。

人のモチベーションは深い水源のようなもので、掘り起こす努力をしないと顕在化しない。企業は利益の最大化から存在目的の最大化へと重点を移す必要がある。[19] 意味への渇望は人間が生きるうえでなくてはならない欲求だ。企業はこれを認識し、応えることで、従業員やその他のステークホルダーの中にほとんど埋もれている、仕事への情熱や真剣な取り組み姿勢、創造性、活力の源泉を大量に解き放つことができるのだ。

存在目的に基づくモチベーションは自分の内側から湧き出てくるもので、外から与えられる金銭的報酬よりもはるかに効果的でしかも強力だ。従業員の主な動機づけを金銭的報酬に置いている会社は、すぐにそれが両刃の剣であることを発見する。この仕組みは会社の財務実績が素晴らしい間はそこそこ機能する。しかし景気が悪くなると、当然のことながらモラル低下の危機に陥る。上場企業の場合は、株価が従業員や経営幹部のモラルの指標になる。こうした企業はスランプから抜け出すのに大変苦労する。一方、存在目的を重視する会社の回復は早い。景気が悪い時でも自社の存在目的に対しては忠実で、特に最も優秀な社員ほどその達成に積極的になる。[20]

■個人の情熱とビジネスの目的を合致させる

人々は、仕事が自分の内なる情熱と一致している時に最も充実感と幸福感を得る。個人的な情熱、企業の存在目的、そしてビジネスの業績はすべて調和する。ウェグマンズやトレーダー・ジョーズ、ホールフーズ・マーケットで働きたいと思うグルメは多いだろう。アウトドアスポーツに目がない人にとっては、パンタゴニア、REI、エル・エル・ビーン（L・L・BEAN）は素晴らしい職場のはずだ。こういう人々にとっては、仕事は単に生活の糧を得る手段ではない。満足のゆくキャリアを得たという以上の、いわば天職、つまり自分はそのために生まれてきたという職業になる。

したがって、存在目的を最も重視する会社にとっては、地位や職務にかかわらず自社の目的と強く調和する人々を雇うことが極めて重要だ。もし会社の目的を「くだらない」とか「自分には関係ない」と考える人を雇ってしまうと、存在目的と調和しないどころか、逆の行動に走ってしまうだろう。だが組織が力強い存在目的を持ち、それを明確に何度も訴えれば、それに合致する社員を自然と引きつけられるようになるはずだ。

従業員が目的意識を持ち、仕事から喜びを得られれば、企業は目の前に立ちはだかる障害や、自社を批判する人々の反対を克服できるだろう。ツイッターの共同創業者、ビズ・ストーンは、次のように回想している。「ツイッターが始まったばかりのころ、私たちの最大の課題は『役に立たないよ』という友人や同僚たちの声でした。これを克服できたのは、私たちがこの仕事に喜びを発見したからです。自分のしていることを愛せれば、あるいは心情的に自分の仕事に没入できれば、たいていのことは簡単に突破できると思います」[21]

企業はまた、だれかを指導的なポジションに昇進させる場合には、社員の情熱と会社の目的が一致しているかどうかについてもよく考慮すべきだ。外部から経営幹部を引っ張ってくる企業は、無関心か反感によって存在目的を転覆させるリスクを冒していることになる。近年は、自社の目的や価値観とは一致しないのに高給を支払って、著名なリーダーを外部から雇って失敗するケースが多い。端的な事例はホーム・デポだ。同社はゼネラル・エレクトリックの経営幹部（ロバート・ナルデリ）を招いたが、同社の存在目的やカルチャーとは合わなかった。最終的には、ホーム・デポの文化的な「免疫システム」により、同氏のリーダーシップのスタイルは拒絶された。ナルデリのリーダーシップの下でホーム・デポの企業価値は低下し、ついには追われるように辞任。同社の存在目的とカルチャーに合致する別の人間に取って代わられた。

次章では、企業はどうすれば独自の存在目的を発見し、これを育てることができるのかを見ていこう。

第四章　存在目的を発見し、育てる

世の中には、目的意識をもって生まれる会社がある。その一方で、儲けの機会を見つけた創業者らに設立される会社も少なくない。人は熟年期に達すると人生の意味と目的について自問し始める。同じように、一定の規模に達するとある種の「存在の危機」に陥っていることに気づく会社も少なくない。

■存在目的の発見：ゴミに関する心温まる物語

創業者がこれまでになかった市場を見つけ、利益目的で設立された会社に、ウェイスト・マネジメントがある。同社は世の中にどこにでもある、しかしなくてはならないビジネス、ゴミ処理業界のリーダーだ。一九六八年に設立され、国内各地のゴミ運搬業者を買収して、小さく分断していたゴミ回収ビジネスを「一つにまとめる」という戦略で成長してきた。「世界が抱える問題回収のお手伝い」――これが数年前までの、いかにも実用的だが面白みに欠けるキャッチフレーズだった。証券アナリストによると、ウェイストの最も価値の高い資産は二七一箇所のゴミ廃棄場で、これらを合わせると、現在の回収ペースを続けても優に四〇年分のゴミを埋め立てられるほどの規模だった。

同社の前に大きく立ちはだかったのが、当時勢力を拡大してきたサステナビリティ運動（環境維持活動など、人間の持続可能性を追求する運動）だ。人々や企業は以前ほどゴミを投げ捨てないようになった。たとえば、ウォルマートは、廃棄場へ送るゴミの量を最終的にはゼロにする運動に本格的に取り組み始め、ウェイスト・マネジメントの主な収益源を脅かすようになっていた。

しかし、CEOのデイビッド・シュタイナーの下、ウェイストはこの課題をビジネス機会と捉え、自社の存在目的を発見した。それは、廃棄物から（エネルギーと資源という）価値を引き出す革新的な方法を模索する会社になる、というものだった。そして、アルコアやキャタピラーなど、ゴミを減らしたいと考える顧客向けにコンサルティング部門を設立し、自社のゴミ処理ビジネスの売上に事実上マイナスとなるビジネスに取り組み始めた。設備投資資金をゴミ廃棄場から資源回収施設に振り向け、リサイクル可能な材料を分別する高度技術を備えた施設に作りかえたのだ。「廃棄物をエネルギーに変える」プロジェクトの数は一〇〇を超え、今やクリーンエネルギー（太陽光発電システム、太陽熱温水器、水力発電、風力発電、地熱発電など、電気、熱などに変えても二酸化炭素、窒素酸化物などの有害物質を排出しない（または少ない）エネルギー）を一一〇万世帯に供給している。同社は、廃棄物を将来世代に解決を任せるべき問題として先送りするのではなく、有益な資産として取り扱うことにとてつもなく大きな可能性を見出している。年間売上高はおよそ一三〇億ドルだが、取り扱う廃棄物には一〇〇億ドル相当の価値が含まれているとのこと。しかもその大半がまだ抽出されていないのだ。ある種の廃棄物（有機性廃棄物など）については、競合他社は料金を取って処分しているのだが、同社が顧客に対価を払い始める日もまもなくやってくるかもしれない。ウェイストの将来はサステナビリティ運動に参加し、これを先導できるかどうかにかかっている、とシュタイナーは言う。[1]

予想どおり、証券アナリストは従来のゴミ処理のビジネスモデルにとらわれ、この見解を「戦力の散漫化」と見て切り捨てた。クレディ・スイス・ファースト・ボストンのアナリストは二〇〇九年にウェイスト・マネジメントへの投資評価を引き下げて、同社は「ゴミ処理業者ではなく、環境維持サービスのワンストップ・ショップという〝グリーンな〟（未熟な）ビジネスを手掛けたいと考えているが、その転換には相当の忍耐と資本が必要だ」と指摘した。[2] キャッチフレーズは「グリーン（環境）を考える」に変わり、自社を「北米における統合環境ソリューション分野のトッププロバイダー」と説明するようになった。これは、単にゴミを運んで「臭い物にふたをする」という考え方からは大きく隔たっている。毎朝職場に行くのが以前よりもずっと楽しい――同社の社員がそう感じていることは間違いない。

■素晴らしい会社は素晴らしい目的を持っている

どのようなビジネスにも「正しい」目的は存在しない。企業や組織の数と同じだけの目的があってもまったく不思議ではないのだ。それぞれの会社が、組織全体のＤＮＡの中に埋め込まれている自社の目的を見つけ、それを達成すべく努力しなければならない。人にはそれぞれ個性と存在価値がある。ビジネスも同じだ。存在目的は、たいていは創業者によって発見されるか考え出され、その会社の経営哲学の中心に生き続ける。偉大な目的は普遍的なもので、相互に依存し合うステークホルダー全員に力と勇気を与える。[3]

どの企業も独自の表現を使って偉大な目的を表明しているが、それらをよく知られた普遍的な項目に分類するとわかりやすいだろう（表4-1）。ビジネスが人間の他の営みと異なる理由は本質的には何もない。永遠不変の理想は芸術や科学、教育、多くの非営利団体に活気を与える。ビジネスも同じはずだ。プラトンは「真・善・美」という言葉であらゆる可能な経験を超越する理想（超越論的イデア）を表現した。人類は、過去数千年にもわたってこの理想を創り出し、発見し、表現しようと努めてきた。

プラトンは真、善、美を究極の目的と捉え、より一層高い目的を目指すための手段とは考えていなかった。人が知識や真実を求めるのは、何かの役に立つからはなく、それ自体が喜びだからだ。善を求める人が他の人々に奉仕しようとするのは、そうすることで自分が報いを受けていると感じるからであって、何か好ましい結果を予想してのことではない。美の創造は、強烈に魂を満足させる、実に人間的な経験である。人が美を創造するのは、そうしたいという欲求が体内の奥深いところから沸き起こるからだ。創造した作品はだれか他の人

目的	説明
真	知識の発見と増進
善	他の人々への奉仕（健康、教育、意思伝達、教育の質の向上）
美	卓越さと美の創造
高潔さ（heroic）	世界を変え、改善するために正しいことをする勇気

表4-1　偉大な目的の4分類

が見たり、触ったりして価値を実感してもらう必要もない。ただそれを創り出ことで喜びを感じられればよいのだ。

我々は、これらの三つに高潔さを加えて存在目的という一つの枠組みを完成させた。最も偉大な企業は何らかの形でこの四つを追い求めていることがわかったからだ。今日の世界で傑出した業績を上げている企業が、これら永遠の目的をどう表現しているかを具体的な事例で見ていこう。

真

多くの偉大な企業を活気づける最初の普遍的な目的は、「真」だ。我々はこれを「真実の探求と知識の追求」と定義している。これまでだれも知らなかったことを発見して学び、人類全体の知識を発展させることがいかに刺激的なことかを考えてみよう。知識が増えれば生活の質は向上し、コストは低下し、以前よりも健康的で充実した生活を送ることができる。知識を追求した結果として人類全体が幸福に一歩近づくというわけだ。

今日の世界で最も創造的で、しかも最も活力に満ちた会社には、偉大な目的を中心に置いている。グーグルはこの種の目的を持つ優れた会社の一つで、設立直後には「世界中の情報を整理し、だれもがどこからでも簡単に閲覧して使えるようにすること」を目的としていた。フレーズ自体は明確で単純だが、意味するところは深い。これはグーグルがなぜ存在しているのか、どのように価値を生み出すかを明確に説明している。さらに、管理職に対しても戦略の目指すべき方向性をはっきりと示している。グーグルは、ウェブに索引を付けて、テキスト情報を素早く検索できるサービスを提供する会社として出発し、時間が経つうちに、書籍、オーディオ情報、ビデオのコンテンツ、静止画、個人の写真コレクション、地図（最近はショッピングモールや空港の構内地図も加わった）、空、海底、診療記録、個人のパソコン、企業のウェブサイトなどへとサービスの対象を広げている。そしてどのサービスも当初の目的に忠実だ。今や、ほとんどの人が一日に少なくとも一度はグーグルを利用し、たいていは何度も使う。グーグルを利用すれば、世界のどこにいても、必要な時はいつでも、簡単なクリック操作で世界中のすべての情報が手に入ると実感できる。

ウィキペディアも、人々が知識を素早く効率的に獲得することを可能にした。インテルやジェネンティックのような会社は、マイクロプロセッサーやバイオテクノロジーといった驚くべき技術を生み出し、人類の可能性をさまざまな方法で拡大した。実際、バイオやコンピュータのハードウェア、ソフトウェアを手掛ける企業の多くは、私たちの生活の質を高めたり、広げたり、改善するような新しい知識を発見することを最も重要な目的としている。アムジェン（カリフォルニア州ロサンゼルスに本社を置く世界的なバイオ医薬品メーカー）とメドトロニックは、知識の追求や発見に伴う興奮を求めて活動し、「真」という素晴らしい目的の追求に成功して人類に大きな貢献をしてきた。

善

偉大な企業がよく表現する二つ目の目的は「善」だ。これがビジネスの中で最も明白に現れる局面は、他人への奉仕（サービス）である。「善」とは、これを本当に受け入れられる人であれば、身体の内側からやる気が湧き上がり、高い達成感を得られる目的である。真の奉仕は、ほかの人々の願望と欲求に対する心からの共感がもとになっている。心から共感すれば発展、成長、そして愛、思いやり、同情を表す表現へとつながる。ほかの人々へのサービスという目的の達成に邁進する企業は、会社全体の情緒的知能をいかに育てるかを追い求めて、顧客や社員、コミュニティへの愛情、思いやり、同情の気持ちをはぐくみ、高めようと努力している。

業種にかかわらず、どのような企業もほかの人々に奉仕する気持ちを原動力にできるのだが、顧客の満足度に大きく依存するサービス業や小売業は、「奉仕」を会社の目的として掲げ、心の底からこれに全力投球しやすい。ザ・コンテナ・ストアはまさに格好の例だ。同社は、優れたサービスと高品質の製品を通じて人々が自分の生活をよりよく整理できるよう手伝うことで顧客に価値を創り出している。人々になるべく質の高い生活を送ってもらえるよう支援をしたいという同社の思いは、「片付けて、幸せになろう！」という声明で表現されている。

アメリカで靴のオンライン小売を手掛けるザッポスは、目的を「幸せの配達」と定義し、圧倒的な顧客サービス、高品質の製品、競争的な価格、迅速な配送でこれを達成している。ある意味で、幸せの配達を探求することは、善の追求とほぼ同義であると言ってよい。サービス中心のビジネスで「善」という目的を追求している企業には、アマゾン、ノードストローム、ジェットブルー航空、ウェグマンズ〔ニューヨーク州ロチェスターを本拠とするスーパーマーケットチェーン〕、ブライト・ホライゾンズ、スターバックス、モトリーフール〔投資情報サービスの提供〕、トレーダー・ジョーズなどが挙げられる。

美

偉大な企業の中心に位置する三つ目の普遍的な目的は「美」だ。ビジネスの場では「美と卓越さの追求、そして完璧さの探求」といった形で表現できる。世界で「美」を表現する会社はさまざまな方法で私たちの生活を豊かにしてくれる。「美」はたいていの場合、音楽家や画家、映画監督、工芸品の職人など芸術家の作品を通じて経験するものだが、特定の分野を選んでパフォーマンスの完璧さを追求する企業にこの強烈な目的が見出せる場合もある。本当に優れたものは、私たちの生活をとても楽しくしてくれるユニークで感動的な方法の中で美を発揮する。

その好例がアップルだ。同社は「とんでもなく偉大な技術」を創り出すことだけをひたすら目指した。人々はｉＭａｃやｉＰｏｄ、ｉＰｈｏｎｅといったアップル製品の美しさを愛している。それは、製品の外見や価値もさることながら、利便性の高さや使うことの楽しさの中にも見出すことができる。

フォー・シーズンズ・ホテルやＢＭＷは、美しい製品やサービスを、なるべく完璧に近い形で創り出したいという、卓越さに対する強い気持ちが動機となったビジネスの事例だ。

高潔さ（heroic）

目的の四つ目のタイプは高潔さだ。これは世界を変えたいという願望を動機とするビジネスに見られるが、その様式は他者へのサービス、真実の発見や追求、完璧さの探求とは限らない。本当に世界を良くしたい、未解決の問題を解決したい、どんなにリスクが高くても本当に勇気の必要なことに取り組みたい、だれもが不可能だということを達成したい、といった、プロメテウス〔ゼウスの命令に背きながらも、人類が幸せになると信じて火を与えたと言われるギリシャ神話上の神〕的な強い願望が出発点になることもある。ヘンリー・フォードがフォード・モーター・カンパニーを設立した時、その高潔な目的は「ハイウェイを全人類に開放すること」だった。裕福な人々しか自動車を買えず、移動の自由を享受できなかった二〇世紀初期に、フォードは世界を本当の意味で変革した。

高潔な人、あるいは英雄とは、「勇敢な行いと気高い人格で称賛される、卓越した勇気や能力を持った人物」と定義される。高潔な会社は、リスクを取って、一見不可能と思われる事業に向き合っても、これを成し遂げようと努力を続ける。世界を目に見える形で良くしようとするサービス全体を通じて、社員の質を高めることができる。

本当の意味で高潔な企業の例として、ムハメド・ユヌスがバングラディシュに創設したグラミン銀行がある。ユヌスは、最も貧困な層に力を与えて貧困の撲滅に寄与し、世界を変革したい、という美しく素晴らしいビジョンを持っている。第一章で触れたとおり、世界は自由競争資本主義を通じた貧困の撲滅で目覚ましい進歩を遂げてきた。「貧困が博物館の中でしか見られない、いつかそういう時が来るでしょう」――ユヌスはよくこういう言い方をする。バングラディシュ、そして世界中で貧困をなくそうという高潔な取り組みによって、ユヌスは二〇〇六年にノーベル平和賞を受賞した。その著書『ムハマド・ユヌス自伝：貧困なき世界を目指す銀行家』は、高潔な企業についての感動的な物語である。[4]

ホールフーズ・マーケットの存在目的は、長い間をかけて「高潔さ」のカテゴリーに向けて変化してきた。会社の成長とともに存在目的も意味が深まり複雑になってきたのである。三年に一度、ホールフーズでは全社およそ八〇〇店舗のチームリーダー、コーディネーター、そして成績優秀者が一堂に会して「トリバル・ギャザリング（部族集会）」と呼ばれる祭典を開催し、ネットワークづくり、教育、そして刺激を得ようと長い週末を過ごす。二〇一一年には、経営陣から今後実現したい私たちの存在目的がいくつか示された。

一、私たちは、世界の農業システムの効率性と持続性の向上に貢献したい。たとえば、家畜動物のアニマル・ウェルフェア（快適性に配慮した家畜の飼養管理。第一〇章参照）や海産食物の持続可能性を大幅に改善し、有機農業の効率性と生産性を高める努力を続けていく。

二、私たちは、自然食品を中心に据え、植物を重視し、栄養分は高く、主に健康に良い脂肪を含む（動物性脂肪を極力控え、植物油を中心とする）食物を摂る、という健康的な食生活の原則について、広く一般の人々の意識を高めていきたい。この食生活は、数百万人の健康を劇的に改善し、心臓病、脳卒中、癌、糖尿病、肥満といった多くの人々を死に追いやっている生活習慣病の防止や改善に役立つはずだ。[5]

三、私たちは、ホール・プラネット・ファウンデーションを通じて小額の運転資金を貸し出し、数百万人の貧困な人々がビジネスを興し、発展させるための支援を行うことで、世界中の貧困の撲滅に貢献したい。

四、私たちは、コンシャス・キャピタリズムが世界中の支配的な経済とビジネスの枠組みになるよう努力を続け、人類のさらなる繁栄に寄与したい。

企業の存在目的は上の四つのどれか一つだけに限定されるわけではなく、複数のタイプにまたがっている企業も多い。結局のところ、これら四つの理想は互いにつながっている。何かが善である時には、その具体的な内容を見ると、真でも、美でも、高潔でもあることがわかる。また何かが美しいと、それは善で、真で、高潔にも見える。私たちの心がその融合した様子を見ることができれば、常に「多様性の中の融和」は成立するのだ。

■存在目的の探索

会社が成長してくると、創業者たちは時にその目的を明確に打ち出して、コアバリューを説明するようになる。これは、コンシャス・カンパニーに近づく、つまりしだいにその存在目的を意識する企業に向かうプロセスの一環なのだ。

REIは数年前に存在目的の探索を経験した。CEOのサリー・ジュエルはそのプロセスを次のように説明している。

私たちは社内で指導的立場にあった一五〇人に「REIはなぜ存在しているのか?」と質問しました。次に「なぜそれほど重要なのか?」と五回自問したのです。さらに「REIがなくなったらどうなるのか?」「私が自分の創造的なエネルギーをこの組織につぎ込んでいるのはなぜなのか?」という二つの質問を投げかけました。私たちは答えが書かれた数百枚のシートを集め、本当に目指すべき目的に到達しました。それは、「人の一生涯にわたってアウトドアでの冒険と責任ある行動(スチュワードシップ)を促し、教育し、装備を調えること」です。当社は、ビジネスとしてアウトドア用品を取り扱っています。しかし実際には、人々が心の底から「やってみたい!」と思っていること、それを実現できるためのお手伝いをしているのです。それはお客様が以前にはうまくいかなかったことにもう一度チャレンジし、成功できる方法を教えて差し上げることに他なりません。そして、私たちがそれをうまくやり遂げれば、アウトドアの活動が人々の日常生活の中にうまく溶け込み、そうなると今度はお客様の側がお返しをしてくれます。それが責任ある行動、すなわち「スチュワードシップ」です。[6]

残念なことに、多くの企業は、時間の経過とともに、生き残り、成長、市場環境の変化への対応、あるいは単に金儲けに心を奪われ、会社を設立した時の目的を忘れてしまう。比較的古い企業を率いる人々は、考古学者が都市や文明がどのように発展してきたかを発見しようとするのと同様、一度自社の歴史を振り返って会社の目的を再発見する必要があるかもしれない。

そもそもは金儲けを狙って設立された企業であっても、自社の持つ一〇〇%の能力を発揮するために、進化のどこかのポイントで、利益の最大化以外に自社の存在目的を発見するか創り出す必要がある。我々が「目的の探索」と呼ぶプロセスをたどればそれは可能である。このプロセスには、会社の経営幹部と取締役、社員、顧客、投資家、サプライヤー、コミュニティのメンバーなど、あらゆるステークホルダー集団の代表が関わることになる。そのだれもが会社の発展に利害関係があり、どのような目的があるのかについて何らかの意見を持っている。企業の存在目的を発見するか創り出すために、主要ステークホルダーが一堂に会すると、驚くべき成果が生まれるかもしれない。会社に関する情報や価値、そしてユニークな見方を交換すれば、さほど時間をかけずに、存在目的の再発見や創造に至る可能性がある。通常は数日以内で、あるいは参加者全員が熱心に取り組み、熟練したコンサルタントの指導があれば一日でできることもあるだろう。

会社の存在目的が明確になると、それは組織の中に生き続け、呼吸し続けなければならない。ただし自動的にそうなるはずはなく、経営幹部、特にCEOの強い決断が求められる。コンシャス・リーダーは日常生活の中に存在目的を具体化し、実例を示して会社を導かなければならない。そして、社員、投資家、顧客などさまざまなステークホルダー集団と接するたびにそれを語り続けるのだ。

もう一つの鍵は粘り強さだ。ステークホルダーの中にはそもそも疑り深い人もいる。たとえば存在目的探しを単に経営陣の気まぐれと見ているかもしれない。成功したければその導入に向けた継続的努力を怠ってはならない。この作業は組織の全階層が関わる必要がある。そうすれば会社全体がビジネスに精力をつぎ込み、活性化していると実感できる。存在目的は入社オリエンテーションや新入社員教育プログラムに組み込まれるべきだ。顧客やマスメディアにも説明する必要がある。経営トップはあらゆる重要な意思決定で自社の存在目的を念頭に置き、たとえば、業績評価やR＆D、戦略策定の中にも組み入れなければならない。

■高潔な旅

ある意味で、すべてのコンシャス・カンパニーが最終的に目指すべきは高潔な（heroic）目的だ。ある企業が、真、善、美になるべく沿った目標を達成して成功すると、世界に及ぼす影響がしだいに大きくなり、ついには世の中を変えてしまう。サウスウエスト航空は、最高級のサービスを手頃な価格で提供することを追求した。その過程で航空ビジネスそのものを変革し、地球上で数億人の人々が空の旅を楽しめるようになった。グーグルは世界中の情報を整理し、だれもがどこからでも簡単に閲覧して使えるようにすること、つまり「真実の追求」を脇目も振らずに追い求めて大成功を収め、人々の日常生活を変革し、豊かなものにした。アップルは、見た目に美しい芸術作品であると同時に、驚くほど便利で機能性の高い製品を生み出した。その過程で、数億人の人々の生活はもちろんのこと、コンピュータ産業にとどまらず、音楽、電話、小売、出版、娯楽も含む六つの産業をいずれも変革させるほどの影響を与えた。

企業が成長し進化すると、存在目的も深まり、拡大する。立派な目的は、最終的には高潔な性格を帯びるようになる。というのもどこかの時点で、ビジョンが規模と結びついて世界を変えてしまうからだ。多くの場合、企業の目的もまたはっきりと高潔になり、会社の創業時点では想像できなかったほどに幅広く、志もはるかに高くなる。

第二部からは、コンシャス・カンパニーの中心部に目を向ける。コンシャス・カンパニーとは、すべてのステークホルダーに配慮しながら、ステークホルダーを、固定的な価値観とらわれて個別にあれこれ要求してくるクレイマーとしてではなく、全員を引っくるめた一つの仲間として捉えるような会社のことである。

第二部

第二の柱 —— ステークホルダーの統合

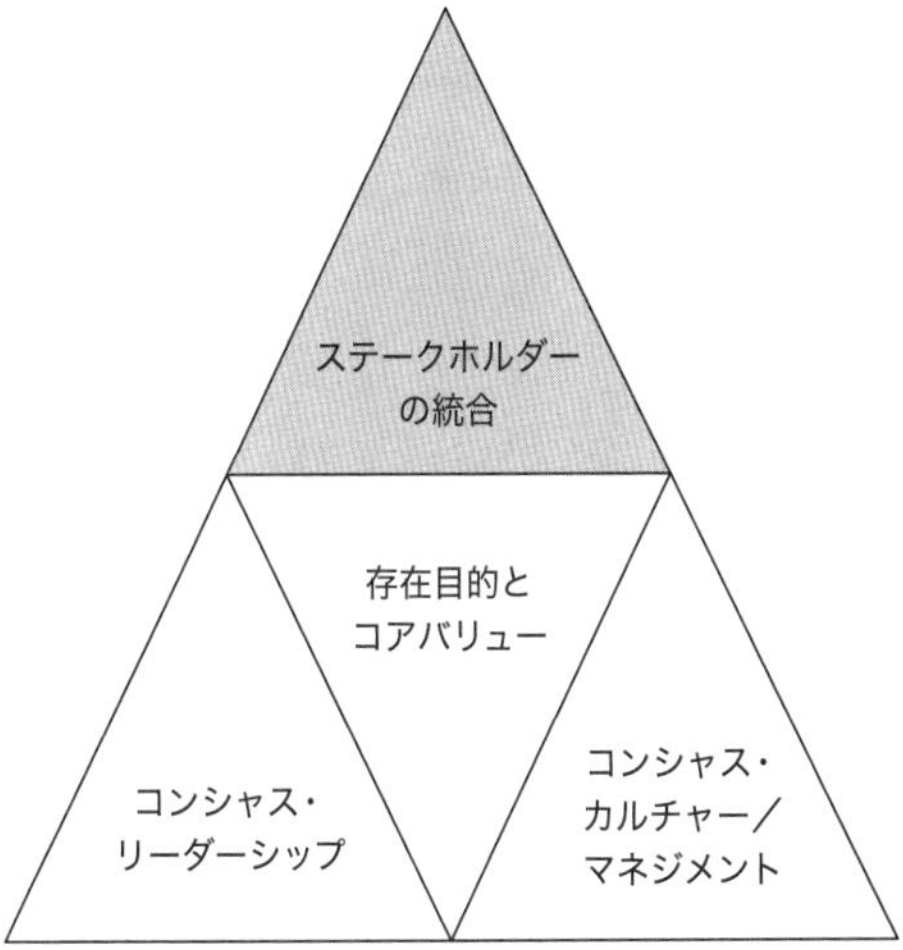

どんな企業にもステークホルダーが存在する（もっとも、当の企業がステークホルダーをそうだと認識しているかどうかは別である）。意識の高い企業《コンシャス・カンパニー》はこのことを十分にわかっているので、主要ステークホルダーすべてのニーズを満足させたいと考え、これを目標としている。一方、昔ながらの企業は投資家以外のステークホルダーを、利益最大化という最終目標を達成するための手段とみなしがちだ。

■コンシャス・カンパニーとトレードオフ

従来型の企業とコンシャス・カンパニーとの大きな違いは何か？　それは前者が、自社とさまざまなステークホルダーとの間に、そしてステークホルダー同士にもトレードオフの関係を日常的に作り出しているという点だ。あらゆるステークホルダーの中で、投資家が最も有利になるようなトレードオフ関係を作り出すマネジャーが優秀とされる。一方、コンシャス・カンパニーは、トレードオフ関係というものは、わざわざ作り出さなくても探せば必ず見つかるものだということをよくわかっている。**同時に、ステークホルダー全体のシナジー（相乗効果）もたいていは見つかるということも。**

ステークホルダー理論の創始者エド・フリーマンは次のように書いている。「ステークホルダーのための経営とはトレードオフ的な思考をすることではない。イノベーションと企業家精神を働かせて、主要ステークホルダーの全員に利益をもたらし、ステークホルダーが皆同じ方向に進むよう仕向けることなのだ[1]」

トレードオフとは「ゼロサム」的思考と言い換えることもできる。これはだれかが勝つと、別のだれかが負けるという発想だ。意識の高い資本主義《コンシャス・キャピタリズム》は、ビジネスを最終的には「ポジティブサム」ゲーム、つまりビジネスに関わるすべてのステークホルダーにとって「ウィンの六乗」の状況を作り出すことが可能だと考えている。だれも、そう競争相手でさえ負ける必要はない。競合他社がお互いを高め合う教師であり同志だとみなしてしまえば、すべての企業の業績が向上し、互いに敵対することも、互いに関心を持たないこともなくなるかもしれない。

アダム・スミスの「見えざる手」は市場レベルでは見事に機能しており、企業がしていることと人々が望んでいることをうまく合致させてくれる。ところが企業レベルでは、経営陣が自らの「コンシャス・マインド」（自社の存在目的に対する意識）を働かせて、すべての主要ステークホルダーが組織およびお互いの存在目的と足並みを揃えることがどうしても必要になる。ステークホルダー全員が身体の器官として機能し（実際のところ、企業 corporate という単語は corpus、つまり「身体」という語に由来している）、全員が尊敬され、高く評価され、企業の各機能に統合されなければならない。あるステークホルダーが他のステークホルダーとは異なる地位に持ち上げられると（つまり、あるグループの利益を図ることが目的となり、他のグループが目的を達成するための手段とみなされるようになると）、ステークホルダー間の協調と一体感が崩れ始める。お互いのため、ひいてはシステム全体のために価値を生み出すのではなく「自分優先」モードに引きこもる。そして、目先の損得勘定に基づいて行動し、他の人々や社会全体の利益よりもまず、目先の自己利益を優先し始める。その結果、会社は一種の「ステークホルダーの癌」に罹患し、放置しておくと自壊しかねない事態に陥る。

組織は、人々の献身と創造性で成長する。存在目的に支えられ、前述のようなステークホルダー・モデルの機能しているコンシャス・カンパニーは、創造的な人的エネルギーを驚くほど大量に発生させる。なぜならばこのような会社に働く人々は情熱的に仕事に取り組み、顧客は製品やサービスの熱烈なファンとなり、サプライヤーは家族の一員として処遇されるからだ。どのステークホルダーも同じ方向を向き、互いに協力しながら動いているので、システム内の軋轢はほとんどない。このような創造性と献身が共通の目的に向けられると、すべてのステークホルダーにとって偉大な価値が生み出される。

パタゴニアのCEO、ケイシー・シーハンは同社のステークホルダー同士の間にはほとんど区別がないと考えている。「私たちは、すべてのステークホルダーが同じ種族の一員と感じられるような環境作りを心がけています。透明性、優れた顧客サービス、最高の品質、環境改善に向けた取り組み――すべては社員やお客様だけでなく、すべてのステークホルダーにとってとても重要です。どのステークホルダーにもまったく差がありません。ステークホルダー全員が同じ仲間として平等に扱われているのです」[2]

時に、個人が文字どおり複数の役割を担うことがある。ホールフーズ・マーケットの大半の社員は常連客でもある。社員には二〇~三〇%という大幅な値引きを提供し、常連客になるよう促してもいる。他のコンシャス・カンパニーと同様、ホールフーズの社員の多くが働き始めたきっかけも、彼ら自身が顧客として満足し、店舗を訪れるのが楽しくて仕方がなかったからだ。また大半がストックオプション制度を利用しており、自社株を自ら進んで購入している社員も多い。だれもが店舗の立地しているコミュニティの一員だ。

その意味で、社員は最も重層的なステークホルダーと言えるだろう。どのステークホルダーよりも多面的な観点から会社と関わり、重要な役割をビジネスの成功に果たしてくれている。

■ホールフーズ・マーケットのステークホルダー相互依存モデル

次に示す図（94ページ）は、ホールフーズの主要ステークホルダーについて、私たちが互いのつながりや自社との関係をどう捉えているかを見やすい形で表現したものである。中心にあるのは存在目的とコアバリューだ。それを取り囲んでいるのがさまざまなステークホルダー、つまりお客様、働く人々やサプライヤー、投資家、コミュニティ、そして環境である。それぞれがすべて相互に依存しながら結びついている。経営者の責任は、会社に合った人々を採用して十分に教育し、社員が豊かになり、生き生きと働ける環境を整えることだ。社員の仕事はお客様を満足させ、喜ばせることだ。お客様が満足すれば、ビジネスは成功し投資家は幸せになれる。経営陣の仕事は、社員が幸せな気分で仕事をし、それがお客様に伝染して顧客満足度が高まり、投資家にとって望ましい業績が達成され、投資家がそこで得た利益の一部を再投資して会社が成長する、という好循環を作り出すことだ。この単純な、しかし力強い結びつきをなぜほとんどの経営者が理解しないのだろう？　我々は常々この点が本当に不思議でならない。

しかし、この図は現実をある程度しか表現していない。ステークホルダー同士をさまざまに結びつける関係の網は、実際にはこの単純な絵よりもずっと太く、複雑だからだ。

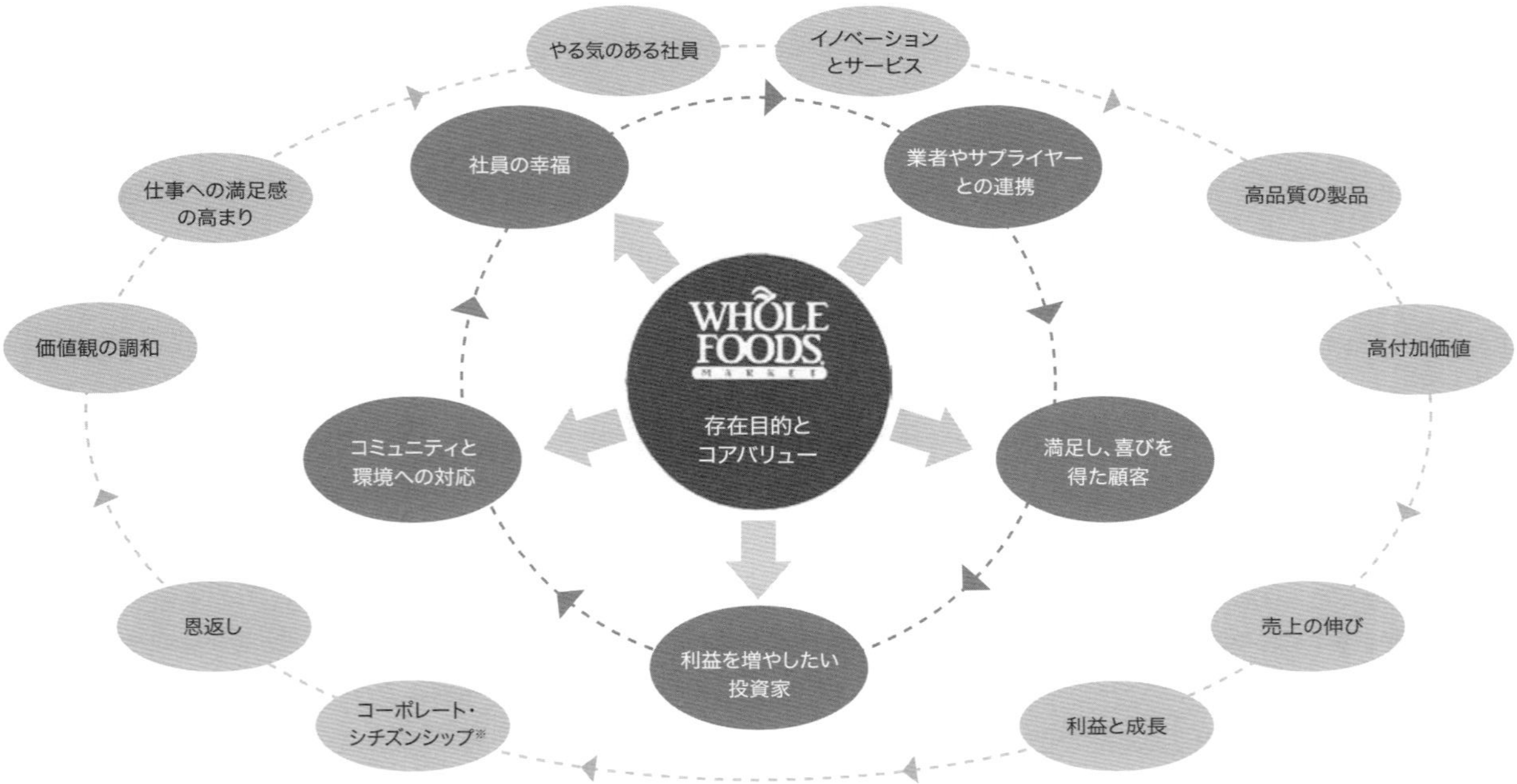
WHOLE FOODS MARKET
存在目的と
コアバリュー
社員の幸福
業者やサプライヤー
との連携
満足し、喜びを
得た顧客
利益を増やしたい
投資家
コミュニティと
環境への対応
やる気のある社員
イノベーション
とサービス
高品質の製品
高付加価値
売上の伸び
利益と成長
コーポレート・
シチズンシップ※
恩返し
価値観の調和
仕事への満足感
の高まり

※ コミュニティの一員としての企業

■ステークホルダーは会社そのもの

　さまざまなステークホルダーが集まって会社を形づくる。彼らはまず人として尊敬されなければならない。ビジネスにおいて各自が果たす役割は二の次だ。ステークホルダーは全員が価値の創造に貢献しているので、価値の分配では公平に扱われなければならない。

　第五章から第一〇章までは、自社と直接的な取引関係を持つ主要ステークホルダーを取り上げ、企業がそれぞれに対し価値をどのように創り出しているかを見ることにする。第一一章では、企業が主要ステークホルダーの外側にいる二次的なステークホルダーとどう関わるかを考察する。そして第二部（第二の柱）を締めくくる第一二章では、ステークホルダー同士の相互依存関係と、企業がその関係をどう生かせば価値を高められるかを考察する。

第五章　忠誠心が高く、信頼を寄せてくれる顧客

ビジネスの目的は、最終的には顧客のために価値を創り出すことが中心となる。偉大な経営思想家、ピーター・ドラッカーは「ビジネスの目的に関する唯一の正しい定義は、顧客を創造することだ」と指摘した。[1]大半のコンシャス・カンパニーは、自社の顧客または自社の社員のいずれかを最も重要なステークホルダーとみなしており、最重要でなかったほうをまず間違いなく二番目に置いている。トレーダー・ジョーズの元社長、ダグ・ラウチは、社員と顧客は「鳥の翼のようなもので、両方ないと空を飛べないのです。この二つは両立します。経営者が社員を大事にすれば、今度は社員がお客様を気遣うのです。お客様が幸せな気分になって買い物を楽しむと、社員の人生も幸せになります。好循環になるわけです」と述べている。[2]

ホールフーズ・マーケットは、お客様を最も重要なステークホルダーと考えている。なぜならば、

満足した幸せなお客様がたくさんいなければ、そもそもビジネスにならないからだ。結局のところ、顧客は自らの自由意志で物やサービスを買う。競争の激しい市場では、満足を得られない顧客は必ず他社を選ぶことができる。

言うまでもなく、顧客はどの企業にも批判的なものであるが、驚くべきことによく忘れられる存在でもある。企業はさまざまな社内手続きに忙殺されるあまり、自社がそもそもなぜ存在していたのかをつい見失う。アマゾンのジェフ・ベゾスは次のように指摘する。「たいていの企業のミーティングには、もしかしたら最も重要かもしれない関係者が出席しておりません。それはお客様です。だから、私たちは会社の中にいるとついお客様のことを忘れてしまいます」[3]。そこでベゾスは、会議を開催する場合には、だれも座っていない椅子を必ず用意し、参加者に顧客の存在を意識させるようにした。

他のステークホルダーと同様、顧客の幸せは、利益を得るための単なる手段ではなく、ビジネスの目的の一つだ。顧客を自社の目的（利益）の手段として考える企業は、顧客への共感も、サービスへの取り組みも、顧客ニーズの理解も、顧客の幸福を目的とする企業ほどには高くない。顧客は、だれかが自分のことを心から気遣ってくれていると、それに気づく。顧客とは、奉仕されるために存在している人間であって、何かを売りつける相手＝消費者ではない。このことをよく承知する必要がある。実際、「消費者」という言葉には、その役割が消費することだけであるかのような、非人間的な響きがある。

■顧客との密接な関係を構築する

良い品を安い価格で購入することにしか興味のない顧客がいる一方で、目的や価値観が自分に合う企業と取引をしたいと考える顧客もしだいに増えている。そのような、製品やサービスに積極的に目を向け、関心を示す顧客とは、密接な関係を築ける可能性がある。顧客が関心を抱き、思い入れを持って投資してくれれば、どのような企業でも何かしらの利益を得るだろう。企業のために提案し、将来どの方向に進むべきかについて一家言を持つ顧客も増えてくる。我が社はいつ変化し、進化し、学び、そして成長すべきなのか？　そうしたことに十分な助言を与えてくれるほどに会社のことを心配してくれるのだ。

明確な目的を持たず、単に顧客が何をほしいかを理解しようとするだけの会社は、本当に重要なものをつかめない。行動に心がこもらなくなり、顧客の望む商品やサービスを言われるがままに提供し、ついには顧客の望むものこそが正しい選択なのだと宣伝するようになる。顧客の側もその会社に思い入れがあるわけではないので、自分に奉仕するのではなく、自分に何かを売りつけようとする相手と捉えてしまう。だが、もし会社が明確な目的を持てば、本当の信頼関係を作り、情熱と志を共有できる顧客を引きつけられるチャンスが広がるだろう。現在のように、情報の民主化とソーシャルメディアが発達した時代にこそ、そのような関係が栄え、うわべだけの関係は消えていくはずなのだ。[4]

信頼は顧客との良好な関係を維持するために不可欠で、誠実、透明性、高潔、尊敬、愛を伴った取引を通じて高まるものだ。だれかとの間に高い信頼関係を築けると、その人は自分の友人や家族のような存在になる。ホールフーズは、お客様を消費者と考えていないし、そもそも物を買ってくれる得意客とすら捉えていない。お客様が店舗にいらっしゃる間は、私たちの友人であり招待客《ゲスト》だと考えたいのだ。

ホーム・デポの共同創業者、バーニー・マーカスは、顧客をどう感じているかについて次のように説明している。「アーサー・ブランク〔もう一人の共同創業者〕と私はお客様を本当に愛しています。店に入ると、お客様を抱きしめてキスをしたくなる。私が人生の中で得たものすべてがお客様からいただいたものだということを知っているからです。この点が、ジャック・ウェルチとの違いだと思います。ジャックにとって最も重要なものは利益でした。私たちの場合、お客様に正しく丁寧に接していれば、最終的には利益を得られると考えています」[5]

■顧客を先導し、教育する

企業は顧客に奉仕すべきだし、顧客にとって最善の利益とは何なのかに注意を払わなければならない。そのためには、単にその要望に応えるのではなく、顧客を教育しなければならない局面も多いだろう。しかし、それは顧客からの信頼がなければ無理な話だ。「信頼してくれる」とは、暗に私たちから影響を受けてもよいと言ってくれているのに等しい。信頼がないと、顧客を導き、教育し、影響を及ぼすことなどできない。

これはホールフーズにとって大きな課題だ。顧客が食べたいと思うものと、健康のために本当に必要な物は一致しないことが多いからだ。肥満で糖尿病の危険がある人は、キャンディバーやアイスクリーム、シュガーソーダを食べるべきではないのだが、そういう人々ほどこういった食品に目がない。必要性と欲望との板挟みになっている顧客をコンシャス・カンパニーはどう扱うべきなのだろう？　今日、こうした状況がよく見られるようになってきたため、早めに対応する必要がある。そもそも体に悪い食品をやめられない人々の割合が増えている。こうした中毒は、莫大な広告宣伝費を背景とする巧妙なマーケティングキャンペーンによって生み出され、拡大している場合も多い。

顧客に対する責任

顧客教育とは、顧客への説教とは違う。顧客も認識していないような、顧客にもはっきりとはわかっていない、潜在的なニーズに気がついた時、その価値を顧客に教えることは企業の責任だ。たとえば、ホールフーズは、お客様の健康的な食事と幸福を守る責任があると考えている。最近は、一部の店舗で「ウェルネスクラブ」プログラムを開始し、理想的な健康と幸福につながる食生活のパターンや選択肢についての顧客教育を行っている。自分たちにとって何が役立つかを最終的に決めるのはお客様自身なのだ――このプログラムは、そのことを知っている私たちにしかできない取り組みだ。店舗で何か買い物をするたびに、お客様は自分の好みを私たちに教えてくれている。私たちは、その時々の要望に従うことでお客様を満足させなければならないが、同時に時間をかけてなるべく良い選択ができるよう誘導して行くべきなのだ。実に難しいのは、お客様が自分にとって良い物をほしくなるように教育しながらも、仮に良い物でなくてもほしいと思う製品を選択できる自由も提供しなければならない、という点だ。だが、自分たちのすべき仕事をしっかりしておけば、時間が経つにつれてお客様は望ましい選択をし始めると思う。

長年にわたる有機食品の売上の伸びはこの変化を如実に物語っている。私たちが三〇年以上前にこのビジネスを始めた当時、売上高に占める有機食品の割合は五％に満たなかった。しかし、その後顧客教育を何年も継続し、お客様と対話しながらサプライヤーであるパートナーと密接に連携を続けた結果、現在は売上高の三〇%以上が有機食品となった。人々は着実に私たちのメッセージを受け止めている。ただそれには時間と、信頼と、忍耐と継続的な意思疎通が必要なのだ。

最後に決めるのは顧客自身であり、自分たちは顧客のために奉仕しなければならない、という点を忘れたビジネスは致命的な失敗を犯す可能性がある。顧客は自分のニーズや欲求を喜んで満たしてくれる他の業者をいつでも見つけることができる。ホールフーズへの信頼度が高まるに従い、お客様は、販売する商品を注意深く調べ、評価している私たちの社員を自分のための「編集者」とみなすようになってきた。たとえば、ホールフーズの店舗ではタバコ製品はもちろん化学製品の入った食品、水素添加油〔マーガリンなどの人工的な植物油〕、低水準のアニマル・ウェルフェア基準の下で生産された肉、絶滅が懸念されるほどに捕獲されている魚を販売していない。この決定は単にお客様への配慮というだけではなく、人間、動物、環境にとっての健全なトレンドは何か、についての研究に基づいてなされたものだ。

責任が顧客の要望と相反したとき

「ホールフーズ・マーケットは、どうしてそれほど健康的ではない食品を売っているのですか?」と尋ねられることがよくある。これはなかなかに厳しい質問だ。というのも私たちの製品基準はかなり厳しくそれほど多くの製品を販売できないのだが、同時にお客様が買いたいと思う食品を提供して顧客満足度を高めたいとも思っているからだ。社内ばかりでなくお客様との間で終わることのない対話を続けながら、片やビジネスとして存続できないほどの厳しい基準と、片や健康的な食品を提供するというコアバリューに沿っているとは言えないほどの甘い基準との間のどこかにある正しい均衡点を模索し続けている。「これで間違いない」という正しい答えはまだ見つかっていないが、なるべく健康的な食生活に関する教育と誘導を継続し、お客様からの声に耳を傾けながら、お客様の望む商品を提供し続けたい。これが先の質問に対する現時点での私たちの回答だ。

■顧客視点のイノベーション

自由競争資本主義の美点の一つは、このシステムのおかげで企業はより高い価値、より高い品質、そしてより良いサービスを常に追い求めようという意欲を高められるという点だ。競争のおかげで、ホールフーズは常に改善、イノベーション、創造性を発揮し続けないと取り残されてしまう。力強く成長するために、ライバル会社にはとても生み出せない新しい製品、新しいサービス、新しい価値を提供しなければならない。しかも、品質や価値に対する顧客からの期待も常に高まっている。二五年前であれば顧客を満足させていたはずのものでは今は間に合わない。『鏡の国のアリス』で、赤の女王が言っているように、「いいこと、ここではおなじ場所にとまってるだけでも、せいいっぱいかけてなくちゃならないんですよ。ほかへ行こうなんて思ったら、少なくとも二倍の早さでかけなくちゃだめ」なのだ。[6]

「二倍の早さ」とは無茶な提案に響くかもしれない。しかし、もしこれまでと同じことを続けているだけなら、生き残るためにはスピードを上げるしかない。この罠から逃れる唯一の方法は、創造性とイノベーションだ。競合他社がまだ考えついていないか、容易には真似できない優れた製品やサービスを作り出すのだ。コンシャス・カンパニーは、そもそも創造性が豊かなので有利な立場にある。効率性と生産性を高めるための際限のない競争に陥るのではなく、顧客のまだ満たされていないニーズや欲求を考えることでビジネスを革新する。大変だが、実にやりがいのある仕事である。

たとえばホールフーズが、厳密にサプライチェーンの効率性や物流に関する規模の経済という土俵だけでウォルマートと競争しても、まず勝ち目はあるまい。しかし、ウォルマートよりも優れた店舗環境を作りながら、より素早く、創造的で、革新的で高品質のサービスを提供することはできる。そして、ウォルマートがホールフーズのしていることを理解する頃には、私たちは進化を続けるお客様のために、新たな価値を加える、新しく優れたイノベーションを創り出しているのだ。

■マーケティングの「存在目的」

コンシャス・カンパニーは、マーケティングに対して従来型のビジネスとは異なったアプローチを採る。今日でも、大半の人々はマーケティングに極めて懐疑的だ。「マーケティング」という言葉そのものが、多くの人々によって軽蔑的な言葉と捉えられている。言葉巧みな誘導によって、必ずしも最高の利益をもたらすとは限らないものに人々を振り向かせようとする行為だ、と広く信じられてきた。ホールフーズでは、マーケティングを、お客様との関係の質を高める行為と考えている。我々にとっては、関係を深め、発展させ、信頼を構築するあらゆるものが「良いマーケティング」で、そこから外れた行為は「悪いマーケティング」だ。

トレーダー・ジョーズも、マーケティングと広告宣伝に意識の高い《コンシャスな》アプローチを採っている。広告宣伝費は売上高の一％未満と、業界平均をはるかに下回る。大半の小売業者のように、同じ製品を何度も押しつけるのではなく、来る日も来る日も素晴らしい価値を提供し続けるという方針だ。主な広告宣伝媒体は、「フィアレス・フライアー〔怖いもの知らずのビラの意〕」と呼ばれる、娯楽色の強い、しかし情報満載の刊行物だ。社長を務めていたダグ・ラウチは次の話をしてくれた。

コンシャス・カンパニーは、自社の存在目的を重視し、ステークホルダーと同じ目線で行動する企業ですから、マーケティング活動がなければ湧かなかったような興味を刺激したり、作り出したりする必要はありません。自社の製品やサービスについての真実を正直にお伝えできるので、作為的な需要を一時的に作り出そうとはしません。共通の価値観を持つ人々と誠実に意思疎通をするだけなのです。トレーダー・ジョーズは明確な目的意識を持ち、お客様にどのような経験をしてもらうかに全力を傾けています。そして、時間が経つうちに、お客様は私たちの熱狂的なファンとなって、報酬を払う必要のない、しかし極めて効果的な広告代理店になってくれるというわけです。社員だけでなく、出入り業者までもが販売員になってくれるのですから！[7]

ビジネスには、主にマーケティング努力を通じて大衆文化を作り、顧客の嗜好に影響を及ぼすだけの力がある。現在、アメリカでは毎年およそ一兆ドル、子どもまで含めた人口一人当たりで三二〇〇ドル以上の広告宣伝費が使われ、マーケティングの持つ説得力をバックアップしている。[8] しかしこの力には大きな責任が伴う。これだけの広告宣伝費は、大衆文化に大きな影響を及ぼすからだ。

顧客はマーケティングのおかげで素晴らしい商品やサービスと出会い、健康で安心な生活に導かれるかもしれないが、それとは逆のことに手を出してしまう可能性だってある。たいていの広告はプラス面を強調しすぎ、顧客のニーズにピタリと合っていようがいまいが、自社製品を買わせようと働きかける。人々は、すぐに自分がうまく乗せられていることに気づくはずなので、誇大広告の効果は長持ちしない。ところが、やっかいなことに、健康に悪い嗜好品（タバコ、アルコール、砂糖、カフェイン、ジャンクフード、薬物などがすぐに思い浮かぶだろう）にはまってしまい、なかなかやめられなくなる顧客も多いのだ。

優れたマーケティングは、顧客のニーズや欲求に歩調を合わせ、顧客が自分にとって良い物をほしがるように仕向けることだ。偉大なマーケティングとは、自分にとって最も重要な、人生にとってプラスとなるニーズは何かを顧客に理解してもらい（そのニーズにはっきりとは気づいていなくてもよい）、それを満たすことで彼らの人生を幸せにすることだ。自社に都合の良い商業主義に陥るのではなく、本当の価値を提供する。その意味では、一種の「癒やし」と言える。[9]

「高潔な」（heroic）販売

「売る」「販売する」という言葉を目にすると、熱意がありすぎて、ゴリ押しをするタイプの営業マンが頭に思い浮かび、悪印象を抱く人も多いだろう。しかし、顧客の本当のニーズ（それを顧客が明瞭には説明できなかったとしても）に結びついた販売は、高潔と言ってもよいほど価値の高いサービスになるかもしれない。ザ・コンテナ・ストアの創業者兼CEO、キップ・ティンデルが指摘しているように、社員は時に「怖じ気づいて」顧客から頼まれた物だけを提供し、付加価値を高めるための今一歩の方法を探そうとしない。これは会社だけでなく顧客にとってもマイナスだ。キップはこの教訓を「砂漠の中の男」の物語で説明する。

この物語の主人公はもう何日も砂漠の中をさまよい歩き、ほとんど死にそうな状態になりながらも、這うようにして何とかオアシスまでたどり着こうとしています。あなたはオアシスに住んでいて、この男を見つけます。男はあなたが幻影でないことを祈っています。たいていのビジネスマンであれば、その男のもとへ駆け寄り、一杯の水を差し出すでしょう。そして「よくがんばったね」と軽く背中を叩きながら、ああ今日は良いことをしたと満足するはずです。しかし、この男のためにもっともっと多くのことができるはずです。もしかすると、彼は熱中症か日射病にかかっているかもしれません。帽子と日焼け止めがいることは明らかです。そして水分をもっと補給してあげることも必要です。何日間も行方不明だったのですから、妻や家族に連絡し、無事を知らせたいのかもしれません。あなたが今していることは、砂漠で遭遇したこの見知らぬ男の多くのニーズを直感で知ろうとしていることなのです。当社のテキサス州ヒューストン店の人間であれば、「砂漠にいたその男は数時間後にはマルガリータを飲みながらプールの中で泳ぐぐらいでないと」と言うかもしれません。それだけ徹底的に面倒を見る、ということです！　砂漠にいた男は、自分に施されたあらゆる物のおかげでずっと幸せな気分になっています。これがいわゆる「高潔な」販売なのです。お客様が本当に求め、必要としていることに徹底的にこだわり、お客様にとっても、当社にとってもプラスになることをする、というわけです。[10]

■顧客が最大の営業マン

コンシャス・カンパニーは、顧客の利益を自社の利益よりも優先させて、誠実に、すべてをさらけ出して人々と意思疎通を行う。正直で完全な情報を提供し、顧客ニーズに最も合った製品を見つけられるよう助力を惜しまない。その結果選ばれたものが他社製品であってもかまわない。顧客との関係を強化し、信頼関係を築くことで得られる価値は、時に取引を失うコストよりもはるかに高い。マサチューセッツ工科大学（MIT）のグレン・アーバン教授は、企業が顧客の幸福のために心から尽くすと、顧客の側からさまざまな形で報いられることを見出した。顧客からの信頼度が高まり、製品の購入量が増え、会社を推薦してくれるようになる――無償だが、極めて効果的な営業マンになってくれるという。[1]

どのようなビジネスにとっても最も効果的な販売員は、心から喜んだ顧客である。あなたのビジネスを自ら売ってくれるからだ。そのような顧客をたくさん抱えていれば、広告宣伝をそれほど行う必要はない。ホールフーズがほとんど広告をしない理由はこれだ。新店舗を開店する際にいくつか打つ程度なのだ。私たちにとって、マーケティングとは、お客様に満足してもらい、喜んでもらい、健康な食生活を送ってもらうこと、そしてお客様との間で良好な関係を作り、信頼を築くことだ。するとお客様の忠誠心が高まって友人や知り合いに口コミで評判を広げてくれ、私たちの努力に報いてくれるというわけだ。

ソーシャルメディアは、こうした動きを促進する触媒、あるいは拡張器になってきた。ソーシャルメディアを通して、好きな会社に対する支持の声を多くの人々に伝えることができるからだ。さらに、（コマーシャルを簡単にスキップする技術は言うまでもなく）マスメディアの三大ネットワークからの断片化が進んでいる今日、従来型の広告を通じて大きな市場にリーチすることが以前よりもはるかに難しくなっている。消費者に「売りつける」のではなく、利益を共有する人々の価値を高める方法に長けた、存在目的を持つ企業にとって、本当の意味でマーケティング上有利な時代が到来しているのである。[12]

■顧客と社員との結びつき

顧客と社員との関係は、小売業のようなサービス業では特に重要だ。ホールフーズは、ここで働く人々を通してでなければお客様に価値を作り出すことはできない。社員はお客様に質の高いサービスと、素晴らしい体験を提供している。だからこそ、私たちのステークホルダー哲学は「社員が幸せになるとお客様も幸せになる」と謳っているのだ。お客様のことを大切に思うのであれば、働く人々のことも心から大切にしなければならないのである。

次章では、自由企業という鳥を雄飛させるもう一つの翼、社員について見てみよう。

第六章　情熱を持った、意欲的な社員

恐怖とストレスではなく、愛と信頼に基づく企業をつくることは可能なのだろうか？　これは、ホールフーズ・マーケットの創業者たちが抱いていた疑問である。当時、周りを見渡すと、多くの企業で社員の間にはかなりの恐怖とストレスがうずまいていた。仕事に行くのが楽しみでしようがないという人など、知り得る限りではほとんどいなかった。

今日はどうだろう。どこの国でも「毎週月曜日には心臓発作の発生率が劇的に跳ね上がる」という調査結果を見ると、職場環境は何も変わっていないのではないか、と憂鬱になる。[1]悲しいかな、多くの人々は仕事を毛嫌いし、日々の業務で疲れ切っているのが現実だ。職場全体に抑圧された雰囲気が漂い、労働環境は劣悪で、社員は人としての扱いを受けず、同僚たちは互いを競争相手、自分を脅かす危険な存在とみなしている――こういう職場が多い。レストランチェーンＴＧＩＦの社名の由来

「やれやれやっと金曜日。お疲れ様でした！」（Thank Goodness It's Friday）が多くの人々の琴線に触れたのも不思議ではない。大半の人が、仕事を、頑張って耐えなければならない重荷、夕方や週末の休暇を心から楽しむために何とかやり遂げなければならない負担と捉えている。仕事以外の時間を楽しむために生きているというわけだ。

これでよいのだろうか？　仕事は苦役でなければならないのか？　そんなはずはない。ほとんどの人が仕事に喜びを見出せないのは、仕事の重要性が低いからでも、仕事が幸福につながらないからでもない。現実問題として、多くの人にとって仕事は生活の中心に位置しているのだから。そして、ジークムント・フロイトが言っているように「愛することと働くことは私たちの人間性を支える礎」なのだ。

■仕事と意義、そして幸福

二一世紀の今日、人々（特に教養の備わったある程度豊かな人々）は、単に給料をもらう以上のものを求めて働きたいと思い、刺激的で楽しい仕事を強く望んでいる。だれもが働くことの意義を探している。仕事を通じて世の中を変えたい、世の中を少しでも良くしたい。そういう思いで仲間を求め、学び、成長し、喜びを得られる機会を探しているのだ。

数年前、調査会社のギャラップが一五五カ国で幸福感についての調査を行った。「ギャラップ・ワールド・ポール（ギャラップによる世界世論調査）」によると、幸福感を決定する最も大きな要因は富ではなかった。財産の額がある一定額を超えると、その効果は横ばいになるからだ。健康でもなかった。

人々は健康を当たり前のことと捉えているからだ。家族でもなかった。幸福感を決定する最大の要因は「良い仕事」だった。社会にも自分にも価値のあることを、自分が大事だと思う人々と一緒に成し遂げることだった。ギャラップの会長兼CEOのジム・クリフトンは、「世界中の人々が〝良い仕事〟を求めています。これは、ギャラップ社によるこれまでの調査のなかで最も重要な発見の一つです。人類はかつて愛、お金、食べ物、住まい、安全、平和、自由を他の何よりも望んでいましたが、この三〇年ですっかり変わってしまいました。今や、人々は良い仕事に就くことを望み、子どもたちにも良い仕事に就いてもらいたいと考えているのです」と指摘した。[2]

これは特に驚くべきことではない。何と言っても、ほとんどの人が一日のおよそ三分の一を職場で過ごす。仕事そのものが満足すべきもので同僚たちのことを好きで尊敬できれば、人生は充実し、幸せな気分になれる。一方、仕事を単調で苦しい作業、苦役と思ってしまい、不幸で懐疑的な人、あるいは他人を踏み台にして出世しようという人ばかりの職場で働くと、みじめな気持ちになってくるのは当たり前だ。

仕事がつらくて退屈なものである必要はない。効果的に働くことと楽しむことは、二者択一の問題ではないのだ。職場は、意義と目的、そして仲間との交友と喜びを得られる場所でなければならない。一心不乱に働きながら、仕事を楽しむことはできる。楽しい職場は、新しいものを生み出し続けようという活発なカルチャーを作り出すうえで本当に重要な要素なのだ。

本当の意味で革新的で、働くのが楽しい会社と言えば、サウスウエスト航空だ。創業者で、長くCEOを務めたハーバート・ケレハーは、創造力に富んだ型破りの経営者で、社員全員が会社に来たくなるような楽しい職場を作りたいと考えていた。ケレハーは、同社と航空業界で伝説と化したような、大胆で驚くべき取り組みを次々と実践して「良い仕事とは何か」についての基準を確立した。サウスウエスト航空の最大の（とは言え、大きく後れを取っている）ライバル会社、アメリカン航空の副社長、ロバート・W・ベイカーは、残念そうに語る。「あの会社はケレハーのでたらめな経営で動いている」[3]。しかしながら、それがとてつもなくうまくいっているのだ！

ジョブ、キャリア、コーリング

仕事にはジョブ、キャリア、コーリングという三つの階層がある。[4]「ジョブ」とは、単に雇い主との純粋な取引だ。一週間に一定の時間を労働に費やして一定額の給与や手当を得る。人は雇用契約を受け入れられるかどうかを判断するが、仕事に愛着があるわけではない。生きていくために金を稼ぐ以上の意味はない。自らの本来の生活は夜や週末にやってくる、というわけだ。

意欲的な人々は自分の仕事を「キャリア」、つまり自らを向上させるための仕事と考える。職を維持するために必要な最低限のことだけでなく、企業の出世階段を抜け目なく上りながら高い責任と報酬を得ようと努力する。しかし、そうした人々の多くは愛着をもって自分を仕事に捧げているわけでも、年俸以上の価値を仕事に置いているわけでもない。極端な場合、あまりに野心の強いキャリア重視の人々は、自分本位の行動を取って、組織や同僚に迷惑をかけるかもしれない。

仕事は、「コーリング」にもなり得る。コーリング、つまり天職は人生にとって非常に意義深いものので、仮に宝くじに当たり、お金を稼ぐ必要のないぐらい裕福になったとしてもやめることはない。そのような仕事からは、報酬以外の価値と満足を得ることができる。人は、社会的意義を実感して働いている時にこそ夢中になれる。そのような仕事をしている時、最も生き生きと輝き、最も自分らしくなる。結局のところ、これこそが社員として、そして雇用者として目指すべき状態だ。なるべく多くの人々が天職と感じられる仕事に就くことを目指すべきなのだ。

ホールフーズ・マーケットの共同CEO、ウォルター・ロブは会社と社員との価値観の一致がいかに重要かを指摘する。「私はいつも新入社員に、どうしてこの会社に入ろうと思ったのかを尋ねます。これまで数千人の仲間と話をしたうえで確信を持って言えるのは、〝良い職場〟だという評判以外の最も重要な入社動機は、個人的な価値観とピタリと合っているからだ、ということ。そして、ここで働けば世の中を良くしていけると心の底から実感してくれている、ということです。ホールフーズの存在目的とはこれだと思います」[5]

経営思想家のゲイリー・ハメルは、社員の会社に対するエンゲージメント（愛着心）を競争優位に必要不可欠だと考えている。「顧客が毎朝起きて『何か新しいもの、ほかとはちがうもの、素晴らしいものはないか？』と考えるような世の中では、企業が繁栄するかどうかは、あらゆる階層の社員の主体性、想像力、そして情熱を引き出せるかどうかにかかっている。そしてそのためには、全員が自分の仕事、勤務先やその使命と精神面で強くつながっていることが欠かせない」[6]

内発的動機づけと外発的動機づけ

この数十年間で社会が大きく進化し、社員に影響を与え、動機づけてきた昔からの方法が以前ほど効果を上げなくなっている。ダニエル・ピンクは『モチベーション3.0 持続する「やる気！」をいかに引き出すか』の中で、人のモチベーションについての過去四〇年にわたる研究成果を振り返り、大半の企業は、科学的証拠が明らかに示しているにもかかわらず成すべきことを無視しているという。[7]

つまり、アメとムチ＝信賞必罰に基づく外発的な動機づけに頼りすぎて経営を続けているというのだ。ところが外発的な動機づけは、仕事に本質的な意味や、創造性と満足を得られる可能性を欠いている時、たとえば工場の製造ラインで単純作業をいつまでも繰り返すといったような職場などでしか効果を発揮しない。

自分の仕事に本質的な意義を見出して面白いと感じると、それまでになかったほどの強力な内発的動機づけ、つまり「やる気」が高まってくる。そのような状況を作るには、企業はまず、適材を雇用し適所に配置する必要がある。才能に恵まれ、しかも有能であるだけでなく、会社の目的と自分の仕事に真剣に取り組める人材を採用するということなのだ。会社はまた、仕事の内容を意義深くなるように設計し直す必要がある。人々が特定の分野の能力を高める機会を増やすのだ。最後に、会社は社員が自主性を発揮できる場を増やすべきだ。この三つの要素（技能の向上、目的の一致、自主性）が揃うと、内発的動機づけが高まり、その結果として創造性、エンゲージメント、パフォーマンス、満足感が向上する。

■意識《コンシャス》の高い雇用と確保

コンシャス・カンパニーは採用の段階から細心の注意を払う。間違った人を雇ってしまった場合のダメージを修復するのは、今は昔よりもはるかに難しいので、企業は多くの時間と労力をかけて組織にうまく適合した――企業の目的を正しいと信じ、その価値観と社風に共鳴できる――人を採用しようとする。たとえば、ザ・コンテナ・ストアの場合、採用候補者に八人の社員が八回のインタビューを実施する。同社が求めているのは、分別のある誠実な人材だ。これ以外の要素は訓練を通じて教え込めるという。

ホールフーズ・マーケットでは、入社すると最初の三〇〜九〇日は試用期間として特定のチームに配属される。そしてその終了時点でチーム全体の三分の二が賛成すると正式な社員として認められる。背景となっている考え方は単純だ。だれでも短期間なら一人の上司を煙に巻くことはできるかもしれないが、同僚全体をだますことははるかに難しい、というものだ。試用期間中に、勤務態度が悪い、悪い習慣が身についている、あるいは社風に合わないことが判明した社員はチームの一員として認められない。その場合には、新しいチームを探して再び試用期間を開始するか、退職しなければならない。

コンシャス・カンパニーでは、いったん正式に採用されると、長く務める社員が多い。キップ・ティンデルが言うとおり、「ザ・コンテナ・ストアについて私が最も誇りに思うことの一つは、入社した人が辞めないことです。この業界の離職率は平均すると年間一〇〇%を超えますが、当社の離職率は年間一〇%を下回っています」[8]。ホールフーズの正社員（全社員の七五%以上）の自発的な離職率は年間一〇%を下回る。コンシャス・カンパニーでは社員が長く勤めるので、教育訓練に金をかけられる。ザ・コンテナ・ストアは、社員一人当たりに費やす正式の教育訓練時間を最近二四〇時間から二七〇時間に増やしたが、これほどのことをできる会社はほとんどない。小売業界の平均は一六時間にすぎないのだ。

恐怖心をあおって人を働かせるという雇用慣行は、この二〇年でかなり知られるようになった。二〇〇一年までゼネラル・エレクトリック（GE）を長く率いてきたジャック・ウェルチが、素晴らしい業績を上げるために実践してきた方法だからだ。GEは、社員を格付けし、毎年最も成績の悪い一〇％を解雇する方針を採っていた（エンロンも同様である）。[9] 人は一番下の一〇％に落ちることを恐れて必死になって働くはずだ、というのがこの方式を採用している根拠である。しかし、どんなに一生懸命働いて自分は大丈夫だろうと考えても、解雇されないという確信は得られない。落伍したくないという思いが強すぎると、自分の同僚を仲間ではなく敵とみなし始める。すると、隣の奴を出し抜くためにできることなら何でもするようになる。ヴィクトール・フランクルは、だれかが死刑執行のために選ばれるたびに自分や仲間が強制収容所で感じた後ろめたい安心感について恥を忍んで書いている。「自分でなくてよかった」――それが本音だったと言うのだ。そのような方針は職場のモラルに大変な打撃を与える。人々の間に恐怖と憎悪の雰囲気が生まれるからだ。恐怖は短期的には効果的な動機になるかもしれない。たとえば、危機的な状況では人は短期間で驚くほどのことを成し遂げる。しかし日常の方針に採用されると悲惨だ。なぜ、必ず一〇％の人間が辞めなければならないのだろう？全員のできが良ければ、全員残るべきではないか。

コンシャス・カンパニーは、昔勤めていた社員でさえ会社の支援者として頼っている。たとえば、マッキンゼーやオーストラリアの法律事務所ギルバート&トービンでは、毎年正式のOB／OG会が開かれている。しかし、ほとんどの企業では、クビになった社員は元の会社にかなり敵対的な気持ちを抱く。コンシャス・カンパニーでは、そういうことはまず起こらない。たとえば、ザ・モントレー・フールでは、業務の縮小を余儀なくされた時に離れなければならなかった多くの人々が、業務が再び拡大した時に戻ってきた。

■チームワークの促進

多くのコンシャス・カンパニーが社内にチーム制を敷いているのは偶然ではない。チームで働くとメンバー間には親しみと信頼が生まれ、打ち解けた関係ができる。人類は数十万年以上にわたって小さな集団や種族の中で進化してきた。自分の貢献が仲間から評価され「創造性を発揮しよう」、「みんなのために働こう」という気になるようなチーム。そのようなチームに入ると、人は深い充実感を覚える。構成メンバーをよく吟味してチームを作ると、他では考えられないような相乗効果が生まれ、全体の成果が部分の総和よりも大きくなる。共有する、協力するといったカルチャーは、人が生まれ持つ本来の性質になじむだけでなく、職場で素晴らしい成果を上げるためにもなくてはならない。そういう職場のほうがずっと楽しいはずだ。時間が経つうちに、最高のチームには一体感が生まれてくる。ホールフーズのチームはたいてい六名から一〇〇名で構成され、大きなチームはサブチームに分かれている。チームリーダーは店舗チームのメンバーで、店舗チームのリーダーは地域チームのメンバーでもある。どのチームもこうした要素を共有しながら、最上位の経営幹部チームにまでつながっている。チームは採用、多くの製品の選択、販売方法、時に報酬についてさえ自分たちで決める。収益も上げなければならない。ほとんどの報酬プログラムは、個人ではなくチームを基準としている。たとえば、成果分配ボーナスはチームの実績に基づいて支払われる。

チームに入っていると、人は安心感を抱き、仲間に囲まれているという意識を持ちやすい。個人の創造的なアイデアも、仲間の間を飛び回っているうちに改善されていく。特に米国では、孤高の天才こそが世界を変えるほどの素晴らしいアイデアを思いつくもの、という神話がある。そういうことも時にはあるかもしれないが、だれかがあるアイデアを思いついて、それを仲間と共有しているうちにだんだん面白くなってきてレベルが上がっていく、というほうがずっと一般的だろう。協力の土壌がある職場では、アイデアは進化し、成熟しやすい。

協力も競争も人にとって自然な行為だ。ホールフーズでは、さまざまなタイプの自主管理チームが友好的に競争し合うととても効果的だということを皆が体験的にわかっている。たとえば、ある店舗のプロデュース（青果食品）チームは、同じ地域内での他の商品チームだけでなく、社内のどのプロデュースチームよりも生産性と売上高を上げようと懸命に努力している。地域や社内で「ベスト・プロデュースチーム」、あるいは「ベスト・ミートチーム」として認められるのは大変な名誉なのだ。これは、生き残るために競争しているジャック・ウェルチのモデルとは正反対だ。ホールフーズでは、チームの一員として何かに報われるために競争しているが、自動的に追い出されるメンバーなどだれもいない。

信頼と団結、パフォーマンスは、比較的少人数のチームでこそ最大限に活きる——チームが成功するかどうかは、メンバー各人がどれだけ貢献してくれるかにかかっている。他のメンバーの間に埋没している者などいないし、成果にただ乗りできる者もいない。チーム内には自己管理機能が働いているからだ。

■報酬に対する意識《コンシャスな》の高いアプローチ

どんな職場でも、社員は報酬体系に大変な関心を抱く。価値や存在目的について会社がどんなに立派なことを言っていても、報酬体系を見ればそれがお題目かどうかは一目瞭然だ。報酬が不公平ではないか、あるいは何らかの操作が行われているのではないか、という疑念ほど人のやる気を削ぐものはない。組織が存在目的や模範的な顧客サービス、その他の理想について何を語ったとしても、報酬が理想と合っていなければ成功はおぼつかない。

ホールフーズ・マーケットでは、実に有効な方針を採用している。おそらく、最も目を引く特徴は情報を完全にオープンにしてきたことだろう。ここで働く人はだれもが、全員いくらもらっているかを知ることができる。この透明性は私たちのカルチャーの基本的な要素の一つで、報酬体系を公平に保つうえでの担保となっている。すべてがガラス張りなので、社員は不公平だと思えば会社に訴えることができるし、会社側にとっても報酬体系を見直し、改善する機会になる。

チームへの報酬という仕組みを何らかの形で導入することは、チームの特徴を強め、一体感を高めるうえでも有効だ。ホールフーズでは、成果分配方式と呼ばれるルールを採用している。あるチームが労働生産性を高めると、メンバー全員がボーナスの分配を受け、個人の働いた時間に比例して支払われるのだ。すると、メンバーの利益が同じ方向に向くのでチームの連帯感が強化される。私たちの経験では、こういう形で報酬を支払うと、社員のやる気が削がれることはない。そもそも成功し、勝利したチームのメンバーに報いているからだ。

ホールフーズの経営幹部チーム（トップ七名の経営幹部で構成されている）は、全員に同一の賃金、同一のボーナスが支払われ、しかも同一のストックオプションが付与されている。経営幹部間の連帯感は強く、グループ内の信頼度が高いため、この方式は続けたいと思っている。経営幹部の全員が会社にまったく同一の価値を提供しているわけではない、という主張はできるかもしれない。しかし、報酬に差をつけてしまうと、それがたとえ少額であっても年月が経つうちにねたみを生み、信頼感が損なわれる。経営幹部は皆強い使命感を持っている。この使命感は金銭で確認できる自尊心をはるかに上回っている。

内部公平性と外部公平性

公平さについてもう少し触れておくと、ホールフーズ・マーケットでは、ボーナスを含む給与総額に、どの役職員の報酬も全社員の平均の一九倍を超えないという上限を設けている。私たちと同程度の規模の上場企業では、この比率は、株式報奨金その他のインセンティブを含めると、四〇〇倍から五〇〇倍にまで達するところもある。[10]

報酬を定める際に、企業は内部公平性（社内的に見て報酬は公平か）と外部公平性（特定のポジションの報酬が外部市場と比べて競争力があるか）を考慮する。大半の会社は、経営幹部の報酬を考慮する場合には外部公平性を特に重視し、競合他社がＣＥＯやＣＦＯに一定の金額を払っていることがわかると、それと同額以上を支払わなければならないと考える。平均値でよしとする企業はほとんどなく、多くは上位四分の一に入ろうと必死になってつり上げる。その結果、報酬（の下限）に一定の歯止めがかかり、それがここ数十年役員報酬の急騰を招いてきた。

内部公平性との調整がなされないと、社内的に不公平な報酬体系ができあがり、一般社員のモチベーションが大きく下がる要因となる。ホールフーズでは、この給与上限システムがおよそ二五年間続いている（年とともに比率は少しずつ上昇し、現在の一九倍に落ち着いた。これは外部市場と比べても競争力がある）。そして私たちが引き留めておきたいと思った経営幹部の中で、高額の報酬に目がくらんで社を去った者はかって一人もいない。

このサラリー・キャップ（給与上限）システムにはもう一つの意味がある。経営幹部には、権力や個人の豊かさよりも、会社の目的や会社で働く人々に心を砕いてもらいたいのだ。ホールフーズの経営幹部は十分な報酬を得ているが、しかしその気になれば得られるはずの最大限の金額を得ていないことは明らかだ。自分の報酬をできるだけ増やしたいと思えば、高い報酬を得る手段はいくらでもあるだろう。実際、経営幹部は日常的にかなり高額のオファーを受けている。しかし、ホールフーズの報酬が妥当で、社内の他の社員と比べても公平だと考えている。もっとも、オファーされる金額がさらに高くなればそれを断る人も少なくなろうが（人間とはそういうものだ）、しかし合理的に考えて彼らは裕福であり、人生でしたいことを何でもできる立場にある。

これはサラリー・キャップ制を良い仕組みたらしめている三つ目の理由を反映している。私たちの報酬システムは、情緒的知能、精神的知能の高い人を引きつけているのだ。どこかの段階で、人々は経済的に安定し、快適で、冒険的なライフスタイルを生き、人生における望みを満たすだけの資産を得る。「もうこれで十分だ」と言えるだけの情緒的、精神的な充実感を得られる段階だ。そこを過ぎているのに、それ以上の資産を求めるとすればもはや健全ではなく、実のところ一種の病気である。[1]

公平な福利厚生

大半の企業は、福利厚生については明白な階級制度を採用している。経営幹部は、一般社員よりも魅力的な退職金や優遇された健康保険を与えられ、ファーストクラスやプライベートジェットに乗り、高級ホテルに滞在し、税務相談に乗ってくれる専門家を使える、といった数々の特典を得る。ホールフーズ・マーケットでは、CEOから新入社員に至るまでの全員に同一の福利厚生制度が提供されている。唯一の差は勤続年数だ。長く勤めていればいるほど有給休暇は長く、健康保険料への会社負担分や会社が積み立てている医療費償還口座の額が増える。数年間勤めているレジ係は、二名の共同CEOと同額の福利厚生手当を受けられる。この制度に感銘を受けない人はあまりいない模様で、むろん社内中に連帯感を生み出している。時に、自分の地位は高いのだから手当も他の社員よりも高くて当然だと感じる経営幹部を説得しなければならないこともある。最終的には、そういう人たちは高い報酬を得られる企業に移ってしまったし、私たちも喜んで彼らを送り出した。そうして、カルチャーに合った、能力の高い経営幹部を迎え入れることができた。ホールフーズに関しては、この問題に交渉の余地はない。

私たちの社員は三年ごとに自分のほしい福利厚生手当についての投票を行っている。この制度を始めたのは、社員が新種の手当について頻繁に問い合わせてくるようになったからだ。最高の手当が何かを見極めるほど経営者は賢くないことに気がついたのだ。そこで、福利厚生手当は自分たちで決めてもらうことにした。三年ごとに、あらゆる種類の手当を俎上に載せて、社員の投票にかける。経営陣は総売上高のうちの何%を福利厚生費に振り向けるかを決定し、候補となっている手当ごとに費用を割り振る。社員は自分が最も好む手当について優先順位を決めて投票する。その結果、社員の過半数のニーズや希望を反映した手当が決まる。経営幹部が必ずしも好ましいとは思えない手当が選ばれることもよくある。たとえば、コミュニティへの奉仕活動をする人への手当を削って有給休暇を増やす、といった具合だ。

社員の健康

社員に健康保険を提供することは、企業にとって実に大きな負担だ。特に医療費が容赦なく上がり続けているアメリカ合衆国の場合はなおさらである。ちょっと刺激的な数字を紹介しよう。五〇年前、アメリカ人は可処分所得のおよそ一六％を食費に使い、五％を医療費に使っていたが、二〇一〇年には食費の割合が七％、医療費の割合が一七％になった。[12] しかし、コンシャス・カンパニーは、社員にとって必要な優れた健康保険制度の提供に労を惜しむことはなく、週あたりの労働時間が一定基準を超えていれば、アルバイト社員にまで適用範囲を広げている企業がほとんどだ。トレーダー・ジョーズはそうした企業の一つだ。元社長のダグ・ラウチは、「人々が悩みごとや病気、何らかの苦しみや悲しみを抱えて職場に来ると、お客様はそれを感じてしまいます。私たちにとって、この制度はウィン‐ウィンなのです。社員に手当を払えば彼らは感謝し、幸せな気分になります。そして店員が幸せになれば、お客様もその幸せを感じ取り、楽しい気持ちでショッピングができるのですから」と述べている。[13]

大半の企業は、社員の健康を医療費の観点からしか考えていない。しかし、ヘルスケアとは単に費用をいかに抑制するか、という問題ではない。人々が健康的で、生き生きとした、充実した人生を送れるための支援であるべきなのだ。ホールフーズ・マーケットは革新的な医療・健康プランを作り出し、組織のモラルを劇的に向上させた。自家保険会社〔保険会社にリスクを転嫁せずに、社内に損害引当金を積み立てている会社〕として、二〇一一年には二億ドル以上を社員向けの医療費に費やした。私たちは、社員に手厚い手当を提供しながら費用を抑制する道を常に模索している。

ホールフーズは、革新的な健康保険制度だけでなく、社員の健康や幸福の改善をかなり重視している。これは、ステークホルダーの相互依存を利用する「ウィンの六乗」戦略の利点をよく表した事例だ。社員が健康であれば、仕事に精力をつぎ込んで顧客により良いサービスを提供できる。そして会社が医療のために負担する費用も減るというわけだ。これは社員と顧客、投資家、そしてその他のステークホルダーにとってのウィン（勝利）になる。

社員の健康を守りその増進を図るため、ホールフーズは社員の健康度合いに応じた、自発的な健康割引インセンティブ制度を提供している。一般社員は、店舗では二〇％の割引を受けられるが、このプログラムを用いるとさらに大きく割り引かれる。追加割引率には、ブロンズ、シルバー、ゴールド、プラチナの四段階（二二％から三〇％まで）がある。ホールフーズでは、自分の割引レベルを上げることが名誉だというカルチャーが形成されている。その結果、人々は食生活に注意を払い、熱心に運動をし、多くの社員が禁煙している（喫煙者は追加割引を一切得る資格がない）。プログラムを始めて二年目に、何らかのインセンティブ割引の基準に達した社員の割合は二〇％に達した。まだ始まったばかりの制度だが、ここまでの成果には勇気づけられている。

■働くことの喜び

コンシャス・カンパニーは、社員が学び、成長する意欲をかき立てられるような、目的の明確な職場環境を作り出す。そして、権限を与えられた、互いに協力的な自主管理チームを社内に作ることの重要性を理解している。存在目的や愛情といった内発的動機づけによって成立し、社員が人として自己実現を図りながら活躍できる職場環境を作り出す。その恩恵は、投資家を含むすべてのステークホルダーに共有される。次章では、責任と高い意識をもって投資家を取り扱うことの重要性について考察する。

第七章　目的の明確な、忍耐強い投資家

金融資本（ビジネスに投資されている資金）は、自由競争資本主義の中で、なくてはならない役割を果たしている。自由競争資本主義の発展のために、株主や債権者といった金融関連のステークホルダーは意識を高め、自らの存在目的との整合性を図らなければならない。

■資本の本来の目的を再発見する

真の投資家は、自分の仕事が果たすべき重要な目的を認識し、互いに協調しながら社会のために大きな価値を創り出そうとする。銀行などの投資家が提供する負債資本（利息を付けて返済しなければならない資金）が極めて重要なのは、株式の持分を希薄化せずにビジネスの成長を後押しできるからだ。ベン

チャーキャピタリストの提供する株式資本（企業への一定割合の所有権と引き替えに投じられる資金）は、革新性に富むとは言え、設立されたばかりでリスクの高い企業の成長には計り知れないほどの価値がある。大手企業や成熟企業にとっては、プライベートエクイティや株式市場で調達する資金も同様だ。このような資金を調達できないと、ほとんどの企業は持っているはずの本来の力をフルに発揮できず、ましてやイノベーションを起こし、成長し、ステークホルダーのために価値を創り出すことなどできない。

投資家は、社会に果たしている貢献に見合った尊敬を得ていない。しかし自らを損得感情にしか興味のない現実主義者なのだと得意げに振る舞っているうちに、ウォール街の評判を自ら何度もおとしめてきたことも事実なのだ。投資家は「金にしか関心がありません」と言ったとたんに、資本主義の批判者や敵が作り出した罠にはまってしまう――ビジネスとは単に利益を目的とする以外の何物でもないというレッテルが貼られ、欲とわがままに満ちた連中だという非難にさらされてしまう。

残念なことに、「ビジネスとは欲と金と利益がすべてだ」という風刺は、資本主義の金銭面に関しては正鵠を射ている。「ウォール街」と言えば、濡れ手で粟の儲け話や、どう見てもまっとうに稼いでいるとは言いがたいほど高額な報酬という言葉が思い浮かぶはずだ。他のどの業界と比べてもこれほど特徴の際だった地名も他にはあるまい。二〇〇八年から〇九年の金融危機の時にウォール街で生まれた巨万の富は、投資でというよりも短期的な投機、トレーディング、ギャンブルの結果であるかのように思われた。利益は投機家やトレーダーのポケットに入り、損失は政府と納税者が負担した。ウォール街という場所と「本当に重要なのは利益と株主価値の最大化だけ」という哲学は、ウォール街以外の人々が働いたり、生活したりしている実体経済から多くの点でかけ離れてしまい、人々の

「ビジネス」や「資本主義」に対する印象がかなり悪くなってしまった。

時には、ウォール街の価値や哲学が、ビジネス界全体の健康を害する一種の癌のように見えることさえある。二〇〇八年の世界同時不況の際、金融業界は「大きすぎてつぶせない」とみなされ、政府による前代未聞の救済手段が講じられた。放蕩の限りを尽くしたウォール街の銀行や、ファニーメイ(連邦住宅抵当公庫)、フレディマック(連邦住宅金融抵当公庫)といった政府支援機関を救済するため、数千億ドルに及ぶ納税者の資金が使われた。しかも、FRBはその後数年にわたって低金利を人為的に維持したので、救済された同じ金融機関が、金利差を利用して事実上無リスクのとてつもない利益を獲得できるようになった。これこそ見境のない縁故資本主義の最たる例と言えよう。[1]

■責任ある、意識の高い《コンシャスな》態度で投資家を扱う

投資家の資金を預かった以上、企業はそれを増やす倫理的な責任、すなわち受託者責任を負っている。企業は、顧客や社員、サプライヤーに接する場合と同じように、相互の尊敬と信頼に基づいて投資家との関係を深める努力を続けなければならない。多くの会社が「株主価値の最大化」という言い方をするが、しかし実際には投資家に何ら特別な義務を負っていないかのように振る舞っている。企業は、自社の顧客を当たり前の存在と捉えてはいけない。投資家に対しても同じだ。もし投資資金が自分の両親や親しい友人から預けられたものだったらどうするかを考えてみればわかるだろう。

投資家に何も隠しごとをせず、尊敬の念をもって接している偉大な人物として、バークシャー・ハザウェイのウォーレン・バフェットがいる。バフェットは我々の知っているどのビジネスリーダーよ

りも、自社への投資家を真のステークホルダー、本当のパートナーとみなしている。投資家と長期にわたる信頼関係を築き上げ、投資をする時には何をしようとしているかについて常にオープンに、わかりやすく説明してきた。バフェットは、自分の事業や投資哲学を投資家に伝えようと勤勉な努力を重ねている。年に一度発行する有名な「株主への手紙」を通じ、これまで少なくとも二世代分の期間にわたって、長期のバリュー投資家に自らの考えを説いてきた。このようにオープンで長期的なアプローチによって、数十年にわたって驚くべき価値を株主に生み出してきた。一九六五年から二〇一〇年までの収益率は年複利で二〇・二％と、S&P500種平均の九・四％をはるかに上回る。この四五年間での累積リターンは何と三万九四一九％。S&P500種指数はわずかに五六九九％だ。[2]

企業は、社員や業者を厳格な基準で選んでいるのだから、投資家の選別にも当然厳しくあるべきだ。ホールフーズ・マーケットのような上場企業の場合、投資家は株式を自由に売買でき、会社はそれを阻止できない。しかし、もし自分がだれで、どのような価値観を持ち、ビジネスの哲学や目的、戦略は何かを繰り返し伝える努力をすれば、それを共有できる株主や投資家を引きつけ、支持層を拡大できるだろう。どのような経営者も、投資家には自社の目的を共有してほしいし、ステークホルダーに対する哲学を理解してもらいたい。そうすれば事業環境が厳しいときでも経営哲学を捨てるよう圧力をかけられないからだ。つまりは、先の大不況の時にTロウ・プライスがホールフーズに示してくれたような姿勢（後述する）を持った投資家を求めているのだ。

アマゾンのジェフ・ベゾスは次のように説明する。「投資家に関しては、偉大な『ウォーレン・バフェット主義』というものが存在します。ロックコンサートを開く。あるいはダンスショーを開く。それぞれを成功させることはできるでしょう。しかしロックコンサートをするのにそれをダンスショーだと宣伝してはいけません。世の中に向かって、『自分は長期的なアプローチを採る』という姿勢を明確に示すのです。あなたに合った投資家が近づいてくるでしょう」[3]そうしておけば、バフェットが言ったように「あなたにふさわしい投資家が集まってくる」ものなのだ。

■投資家対投機家

理想的には、投資家は投資先企業に長期投資すべきだ。しかし、アメリカの場合、株式の平均保有期間は長い年月のうちにしだいに短くなってきた。一九四〇年代にはおよそ一二年だったものが、一九六〇年代には八年になり、今や一年を下回る。[4]他の国でもほぼ同じことが言える。最近は、出口戦略を用意して資金を投じる投資家があまりにも多い。「出口戦略」は、もともとベンチャーキャピタリストやプライベートエクイティ投資家の専売特許で、いつ、どのような形で資金を引き揚げるかの戦略をもって資金を投じるタイプの投資家向けの用語だ。あらかじめ決められた出口戦略を用意するのはかなり不健全な考え方だと我々は考えている。[5]妻や夫、子どもや親しい友だちに対して「出口戦略」を持つ者などいない。顧客や社員、サプライヤー、あるいは自分たちの住むコミュニティに対しても「出口戦略」などない。では、なぜ投資家に「出口戦略」が必要なのだろう？　もちろん、自発的な交換に基づく自由競争資本主義の下では、投資家はある関係が価値を生まないと思えば自由にそこから離れられる。しかし、理想的には、投資家は自分が価値を感じる企業に何年にもわたって、できれば永遠に投資し続けるべきだ。

ザ・モントレー・フールという投資助言会社の創業者、トム・ガードナーとデイビッド・ガードナーの兄弟は、この点について確固たる考えを持っている。

「長期投資」という言葉は類語反復です。なぜなら投資とはそもそも長期的なものだからです。「短期投資」はそれ自体が矛盾した用語だと思います。これと同義語の「トレーディング」が、現在多くの人々の関心の的になっています。もし長期投資家になりたいのであれば、投資しようとする会社には、長期的な成果と直結した方針や報酬体系を持っているかを確認しなければなりません。株価の下げたタイミングを捉えて購入し、何年も何十年もその企業のパートナーになるのではなく、短期的な問題が起きるとあれこれ悩んでしまう――そういう人こそ損を抱えてしまうものです。[6]

短期的な値上がりを狙って資金を置くだけの人と、会社の長期的な成長と繁栄を見たいと考え長年にわたって投資してくれる人とは明確に区別すべきだ。だれでも、全然知らない人よりも友人や家族に対して重い責任を感じるものだ。企業も同じだ。短期の投機家よりも長期投資家に対して重い責任を感じるべきなのだ。

ホールフーズ・マーケットでは、常に進化し続ける存在目的やビジネス戦略、私たちが成し遂げようとしていることは何かを理解してもらうために、少なくとも三カ月に一度は、業績発表をしたあとで当社株を長期に保有している投資家に向けて話しかけ、常日頃から投資家から見て可能な限りオープンでわかりやすい存在となれるよう努力を続けている。

私たちは、一九九二年に新規株式公開（ＩＰＯ）を果たし、長年にわたって投資してくれた人々のために大きな価値を生み出すことに成功してきた。株価（分割後ベース）は、二・一七ドルで公開した後、二〇〇五年には七九ドルまで上昇した。ところが、二〇〇七年はじめから業績が伸び悩み始め、二〇〇八年〜〇九年の金融危機についに崖から落ちてしまう。二〇〇八年の秋に、既存店（一二カ月以上営業を行っている店舗と定義される）売上が会社設立以来で初めて減少した。それ以前には、一五年にわたって、平均約八％という驚くべき既存店売上高の伸びを記録していたが、今回の景気後退はそれ以前に経験したものとはまったく異なっていた。株価は、その後三年ほどの間に七九ドルからわずか八ドルまで落ちてしまった。この経験はおそろしくもあり、また素晴らしいものでもあった。まるで、スローモーションの地震に遭遇したような感じだ。別の比喩を用いるならば、激流によって海岸から沖合に投げ出され、いつになったら止まるのか、安全な流れを見つけるためには何をすべきか、といったことが皆目わからなかった。

しかし、世の中がそうなっても目に見えて何かが変わったわけではない。基本的には同じ会社だった。ひとつ安心できたのは、会社の置かれた状況をよく理解したうえで、非常に忍耐強く待ってくれたばかりか、実際のところ、株価が下がると買い増してくれるような長期投資家がいたという点だ。なかでも最も素晴らしい姿勢を示してくれたのが投信会社のTロウ・プライスで、もう何年も大株主として名を連ねている。私たちはこの株主と定期的に面談して会社で何が起きているかを伝えてきた。Tロウ・プライスは、ホールフーズのビジネス価値とその長期的な可能性を本当に高く評価していると、何度も何度も話してくれた。「弱気になっちゃダメだ。あとになってから後悔することを決してしてはいけない。良い仕事を続けていれば、この景気後退はいつか終わり、株価は必ず戻ってくると信じている」と。そしてそのとおり、株価は再び上昇し、本書を執筆している時点では一株当たり九五ドルで取引されている。この事例は、上場企業が投資家との間に保つべきある種の関係を示していると思う——互いを尊敬し、すべてをさらけ出し、正直になり、互いを支え、忍耐し、信頼するという関係だ。

Tロウ・プライスがホールフーズに投資しているのは、長期的なビジネスの成功を期待してくれているからだ。そして私たちは、Tロウ・プライスとともに長期的な関係を築いてきた。両者がそれを求めていたのだ。もちろん、企業は投機家、つまり短期の投資家とも誠実に付き合わなければならない。投機家にも一定の権利はあるし、取引のための流動性を供給して市場にある程度の価値を創り出していることは事実だからだ。しかし、明日になったらいなくなるかもしれない人との関係を深めようとするのは時間の無駄だ。これは人と人との関係では当然のことだが、ビジネスでも同様である。

ビル・ジョージは、メドトロニック社のCEOとして株主のために驚くほどの価値を生み出してきた経験を踏まえ、投資家マネジメントで配慮すべき点について確固たる信念を抱いている。「株主に対して最大限の奉仕をするには、長期保有者の声を聞くべきです。手っ取り早く儲けようという短期トレーダーではなく、創業者やオーナーなど、この会社の設立に本当に真剣に取り組んできた人々に耳を傾けるべきなのです」[7]

■アナリストとモデル

ゴールドマン・サックス、JPモルガン・チェース、そしてシティグループといったウォール街の会社は、大手上場企業のほぼ全社についてリサーチレポートを出している。各社の企業アナリストは定量的な分析をかなり重視し、主に金融モデルというレンズを通して企業を見る傾向が高い。とは言えどんなに高度なモデルでも、対象企業の複雑な戦略やビジネス機会、課題などを完璧には捕捉できないだろう。ところが、アナリストが使える唯一のツールはたいていこうした金融モデルなので、つい頼りすぎてしまう。どうも、アナリストにとっては、金融モデルのほうが実際のビジネスよりも現実味を帯びて見えるようなのだ！

多くのアナリストは、担当する会社について、金融モデルを駆使して業績と見通しを判断し、四半期ごとに投資の格付けを行う。モデルの結果に基づいて各社の価値を見直すのだ。すると、一種不健康な状況が発生する。上場企業のCEOの多くがウォール街や金融アナリストの予想する業績を達成しようと会社を経営し始めるのだ。このアプローチは短期的には効くかもしれない。しかし長い目で見ると、アナリストの期待に応えようとするあまりに自社の目的を達成しようという意欲が薄れ、ステークホルダー全員のために長期的な価値を創り出す努力をやめてしまうかもしれない。次の四半期の業績が伸びればアナリストの金融モデル上での価値が高まり、良い格付けを得られ、株価は押し上げられる。そう思って業績アップに血眼になるというわけだ。しかしこうした投資評価がいつも企業の長期的な戦略ポジションを反映しているとは限らない。金融モデルはまた、各社に「平均回帰」、つまり、競合他社と同じようなやり方でビジネスをするよう圧力をかける。

金融アナリストの短期的な投資格付けに振り回されるのは危険だ。アナリストは、四半期ごとに企業の総利益率（売上高から売上原価を控除し、売上高で除した数値）を予想する。そうして、これをどのように改善するのか企業に質問する。総利益率があたかも一種のゴールか何かであるかのように。予想を上回る利益率を達成すると「良し」とされ、投資格付けは高くなる。問題は、どうやってそれを達成するかだ。企業は雇用を減らし、賃金や給付金を減らし、値上げをし、あるいはサプライヤーを締め付ければ短期的に利益率を高められる。しかしこうした行為は社員や顧客、サプライヤーをないがしろにすることに他ならず、長期的にはマイナスの結果をもたらしかねない。

戦略的には、市場の競争状態、顧客が支払おうとする対価、会社の考える最適な利益率、正しい販売品目の構成比などに基づいて総利益を生み出している。総利益率は、多種多様な要素が互いに微妙に絡み合って決まるものだが、アナリストのモデルは比較的単純だ。優秀な企業経営者は、これらの要素のすべてを複雑に連結し合ったシステムに照らして考える。しかしアナリストはもっと直線的で機械的なやり方で物を見るのである。

人件費について考えてみよう。労働生産性の向上は、これが達成されると社員ばかりでなくあらゆるステークホルダーに価値が生み出されるので、大いに努力しがいのある目標だ。この点は間違いない。しかしその一方で、社員に十分な賃金を払わなかったり、労働時間を短くしたり、社員の数を減らすことで会社は一時的に人件費を引き下げ、利益率を上げることもできる。しかしそんなことをすると離職率は上がり、新しい社員を雇うので教育訓練費がかさみ、モラルは低下し、顧客サービスの水準は低下し、社員全体の質も落ちるだろう。社員の不満がたまると労働組合を作ろうと考え始めるかもしれない。したがって、人件費の削減は必ずしも良いこととは限らない。アナリストは短期的な業績アップを高く評価し、会社をほめちぎるレポートを書いて「買い」推奨の格付けをするかもしれない。しかし、遠い将来に起こり得る結果を慎重に考えずにそのような短期的な利益アップを図っていると、競争力は奪われ、将来に利益を生み出す能力は削がれてしまうだろう。

ホールフーズ・マーケットでの経験を通じて私たちが学んだのは、金融機関が用いているモデルはよく認識すべきではあるものの、そこで点を稼ぐための経営は決してしない、ということだ。これが対金融機関でのベストの戦略になる。会社全体にとっての長期的な価値を最大化する。この目標に妥協する行為は頑として拒否する。

■ストックオプションと投資家

ストックオプションという仕組みのおかげで、つい短期的な業績向上を目指してしまう企業がある。ストックオプションの主な問題は一部の役員への集中的な権利の付与とタイミングだ。大半の上場企業では、ほんの少数の役員に対して数百万株単位のオプションが付与され、そのほとんどが数年で無効となってしまう。上場企業の平均を取ると、ストックオプションの七五％はトップ五の経営幹部に付与されている。[8] 経営者は、ストックオプションを受け取り、それが大きな利益で売れるかもしれないということになれば、短期間で株価を押し上げようとする強い動機を持つことになる。莫大な報酬が短期または中期的なインセンティブに結びついていると、CEOは、投資家を含むすべてのステークホルダーにとって長期的に見て最大の利益にはならない判断をするかもしれない。我々はストックオプションを廃止すべきだとは思わないが、取締役会は、ほんの少数の幹部だけにこの報酬を付与することの危険性をよく意識する必要がある。[9]

ストックオプションは乱用されると大変危険な制度だが、報酬体系の一部としては役立つ場合もある。ホールフーズ・マーケットでは、ストックオプションの対象は幅広く、九三％が経営幹部以外の者に付与されている。ホールフーズに勤めていればだれでもストックオプションを得る資格があるので、会社が成長し、ステークホルダー全員のために価値を生み出す過程にだれもが少しずつの利害を持つことになる。大きなストックオプションを得ている経営幹部はいない。役員であれば普通は年当たり二千株から六千株を付与されるので、短期的に株価を押し上げようという動機はそれほど大きくない。

■上場企業はコンシャス・カンパニーたり得るか？

よく耳にするのは、高い意識を持って《コンシャスに》ビジネスを経営できるのは中小企業や未公開会社の間だけで、規模が大きくなって上場会社になると、そんなことは不可能ではないにせよ大変に難しいという主張だ。これは明らかに間違っている。本書では、ホールフーズ・マーケットやサウスウエスト航空、グーグル、パネラ・ブレッド・カンパニー、コストコ、ノードストローム、UPSなど、極めて意識の高い《コンシャスな》上場企業をいくつも紹介している。コンシャス・キャピタリズムの考え方で経営されている上場企業は他にもいくつもある。上場企業が意識を高められず、中小企業と同じ原則では経営できない理由も本質的に存在しない。環境科学者のエイモリー・ロビンスは「何かが存在しているのであれば、それは可能に違いない」と言っている。[10]

「上場企業はコンシャス・カンパニーにはなれない」という誤解は、大企業は利益と株主価値の最大化を唯一の目的としてそれに専心するものであり、これを変えようとする者は法的に不利な立場に立たされるという俗説に基づいている。主要上場企業の多くが自社の責任についてこのように狭い了見しかもっていないので、アメリカ人で大企業を信頼している人の割合はわずか一九％で、六四％の人々が中小企業を信頼しているという憂慮すべき事態となっているのだ。[11]

この状況を変える唯一の方法は、会社法を改正し、上場企業を利益と株主価値を最大化するという法令上の受託者責任から解放することだ、と考えている人々もいる。[12] しかし、この考え方は、ステークホルダー間のトレードオフは避けられないという思い込みが前提となっており、企業には本質的に包括性があることを認識していない。つまり、すべてのステークホルダーは依存し合っており、企業利益とステークホルダーの価値を長期的に最適化する最も優れた方法は、他のステークホルダーの価値も同時に高めることだ、という点である。

長期的視点を忘れずに、ステークホルダー全員に価値を創り出そうと本格的に取り組むと、投資家と他のステークホルダーとの間に存在していたはずの紛争やトレードオフが消え始める。企業が投資家以外のステークホルダーに価値を創り出すためには法律を変える必要などない。今この瞬間から以前よりも意識の高い《コンシャスな》やり方で事業を始めればよいのだから。要するに、会社のリーダーシップの意識と、変革しようという意思を奮い起こせるかどうかという問題なのだ。

これが容易な道だと主張するつもりはない。大企業は、多くのしがらみと数十年にわたって組織に染みついた発想を克服しなければならないからだ。しかし、変化を妨げる障害は法律ではない。企業の中にそれまでに築き上げられてきた時代遅れのメンタルモデル〔心の中にすでに持っているイメージや仮説〕なのである。

■将来への投資

今日の資本主義に対する敵意は、その大半が縁故資本主義の作り出してきた歪みに由来している。そして、金融ほど縁故資本主義が横行している業界は他にない。資本主義のあらゆる業界の中で、各社がこれまで以上にコンシャスになり、自社の存在目的を発見し、ステークホルダー・バリューを創造することの重要性を認識する必要に最もさらされているのが金融なのだ。短期的な利益と個人の報酬を最大化して他のステークホルダー一切を無視するというこの業界の哲学が、私たち全員に実に有害な結果をもたらしたことは、すでに実証済みの事実なである。

しかし、もちろんこのような道をたどる必要はない。投資家というステークホルダーには、アメリカ社会の全体に計り知れないほどの価値を創り出す力がある。実際、投資家はアメリカ合衆国の歴史にそれだけの貢献をしてきたのだから。ウォール街とすべての機関投資家は、自分たちの存在目的を改めて発見し、すべてのステークホルダーに責任をもって奉仕し始めなければならない。世界の将来が繁栄するかしないかは、まさにこの点にかかっている。

第八章　協力的で、革新的なサプライヤー

サプライヤーの強力なネットワークがなければ、どのようなビジネスでも成功はおぼつかない。ホールフーズ・マーケットは数万社のサプライヤーと取引がある。大半は食品関係の業者だ。サプライヤーの数が多いのは、私たちのどの店舗も地元から大量の食品を購入しているからだ。サプライヤーには地主や電話サービス業者、電力会社、ゴミ収集会社など、商品やサービスで取引のあるあらゆる会社や個人が含まれる。社員や投資家も、労働や資本を提供してくれるという意味ではサプライヤーだと考えてよいかもしれない。とは言え、社員と投資家は、それぞれの特徴を持つ重要なステークホルダーとしてサプライヤーとは区別しておくほうがよいだろう。

■今日のサプライヤーの重要性を認識する

賢明な企業は得意分野に特化し、それ以外についてはサプライヤーやその他のパートナーに任せている。[1] ホールフーズは、高品質の自然食品と有機食品の小売、素晴らしい店舗環境の創出、そしてお客様へのサービス提供に優れている。しかし、製品イノベーションはそれほど得意ではなく、農業や製造が優秀だというわけでもない。こうした分野は私たちのコアコンピタンスではないので、お客様が買いたいと思う製品を開発して提供するために、強力で革新的なネットワークを必要としている。

サプライヤーのネットワークと協力的で良好なパートナーシップを築けない会社は、競争力を失っていくかもしれない。ホールフーズがこれほど成功した理由の一つは、サプライヤーと協力し、連携するという方針を守ってきたからだ。お客様に他社にはとうてい無理なほどの多くの製品を届けられるのもこの関係があればこそだ。私たちのサプライヤーはとても革新的で、製品の質や品揃えを良くするための努力を惜しまない。

その良い例が、二〇〇〇年代半ばから人気が出始めた、ローカルフード（地産地消）ブームだ。わずか数年の間に、食料品店でもレストランでもローカルフードが急成長を遂げた。ホールフーズは、こうした製品に対する顧客需要の爆発的な盛り上がりに対応するため、文字どおり数千社の新興企業と提携関係を結んできた。今や、セーフウェイ、ウォルマート、クローガーといった競合他社までがこのトレンドに乗ろうとしている。しかし、私たちは各店舗の裁量がかなり大きく、地元のサプライヤーとの広範なネットワークをいち早く築いていたため、この分野では最先端の地位を保てている。

素晴らしいサプライヤーを確保し、各社との健全な関係を維持することが競争優位と長期的なビジネスの成功になくてはならない要素なのだ。今日、平均的な企業が顧客に届けている価値の七〇％から八〇％はサプライヤーによって生み出されている。[2] 多くの企業は、今や「幅は広いが底は浅く」なってしまった。多くの製品やサービスを顧客に届けるものの、サプライヤーへの依存度が高くなりすぎて、以前ほどの付加価値を提供できていない。かくして、各社の競争優位性は、サプライヤーの質と能力によって大きく左右されるようになった。

重要なのは「サプライヤーが弱いと企業の相対的な競争力も弱まってしまう」という点だ。強力なサプライヤーを抱えることは、競争力の高い強力なビジネスが成り立つための基盤である。サプライヤーをあって当然のものと考えてはいけない。

■尊敬の念を持って接する

これほど重要なのにもかかわらず、大半の会社ではサプライヤーは主要なステークホルダーのうちで最も軽視されている。成功した企業であれば顧客と投資家の価値を理解している。社員がいかに重要かもだんだんわかり始めた。そしてコミュニティや環境への社会的責任を果たそうという企業も増えている。ところが、ほとんどの企業にとってサプライヤーは今でも「いて当たり前」の存在で、他のステークホルダーが与えられているほどの礼儀と尊敬をもって遇されてはいない。

企業は安易にサプライヤーの価値を無視するか、十分に理解しようとしない。それはかつてのホールフーズ・マーケットも同じだった。お恥ずかしい話だが、このことに気づいたのは二〇〇七年、サプライヤー数社に集まってもらった時のことだ。ある業者からこう言われた。「御社は私たちを他のステークホルダーと同様にみなしていないと思いますよ。〝コアバリュー〟や〝存在目的〟に関する御社の声明や文章でサプライヤーについて触れられたことすらないじゃないですか」この発言には驚いた。しかしよくよく考えると確かに指摘されているとおりだった。確かにサプライヤーに対しては十分意識が高《コンシャスだ》いとは言いかねた。そこですぐに姿勢を改めることに決めた。そうして六つ目のコアバリュー「サプライヤーとのウィン‐ウィンの関係を作り出す」を明確に打ち出した。このコアバリューを明示して社内で実現させるために懸命に努力することで、ここ数年でサプライヤーとの関係を大きく改善できたのである。

優秀なサプライヤーであれば、ビジネスをする相手を慎重に選ぶことができる。サプライヤーを大事にしない、つまりウィン‐ウィンの関係を維持する本当のパートナーとして接しない顧客は、サプライヤーの忠誠心を勝ち得ないだろう。優れたサプライヤーは、あらゆる機会を捉えて良い顧客とのビジネス関係を結ぼうとするが、サプライヤーを不当に扱う顧客とのビジネスについては減らすかやめようとするはずだ。

どの企業もサプライヤーとは良い関係を築き、自社が好ましい顧客となるように努力すべきだ。どんな会社だって「フォーチュン１００」のリストに載りたいし、素晴らしい業績を上げる会社として認められたい。あるいは顧客に最高水準のサービスを提供している会社として知られたい。サプライヤーに対しても同じだ。最高の関係を結べるよう全力投球すべきなのだ。そうすれば、最高のサプライヤーと契約し、競争力を高めることができるだろう。そのためにはまず、サプライヤーをあたかも自社の顧客であるかのように考え始めることにしよう。どのサプライヤーとも公平に接し、ニーズをくみ取り、自社とのビジネス関係で利益を獲得できるよう気を配り、時間をかけて関係を向上させていく道を探るのである。

■対等のパートナーとして連携する

サプライヤーとの協力関係には、「取引モード」か「関係構築モード」のどちらかがあり得る。「取引モード」でビジネスを行う企業は、どんな場合でも自社に最も有利になる条件を求めるはずだ。ところがそうしようとすると、自社とサプライヤーの両者がもし長期的なウィン - ウィンの関係を保つという姿勢を維持していたら得られたはずの多くの利益を失うことになる。コンシャス・カンパニーはサプライヤーとの間で、お互いに利益となる永続的な信頼関係を求めている。そうした利益には、長期的なコストの低下、品質の向上、自社の要求を満たす製品やサービス、不景気の時の回復力の強化、両者のリスク低減、イノベーションの機会拡大などが挙げられよう。サプライヤーとの関係がよくなると、企業は自社にはもちろんサプライヤーにも、他のステークホルダーにも高い価値を生み出せるようになる。

ホールフーズ・マーケットは、日々お客様と直接やり取りしているので、お客様が何を気に入り、何を気に入らないのか、どの製品の値段が高すぎるのか、製品の良さはいつ発揮され、いつ発揮されないのか、といった反応をサプライヤーのネットワークに返すことができる。同時に、サプライヤーの側もイノベーションを続け、新製品を開発し、既製品の改善に努めている。この連携を通じて、お互いに利益となるウィン - ウィンの関係が生まれ、お客様はもちろん、取引先である数万社のサプライヤーとともに、ホールフーズが繁栄する仕組みが生まれるというわけだ。

どのサプライヤーも自社にとって大事な存在だ。しかしその程度には差があって、ほかのサプライヤーよりもはるかに重要で、パートナーとして遇すべき相手もいる。自社の競争優位を保つためになくてはならない場合は、相手を強く大きくするために努力しなければならない。サプライヤーのネットワークを構築する際には、次のように考えよう。「どのサプライヤーが競争優位を与えてくれるだろうか？　どの関係が自社の成功にとって最も重要か？　重要なサプライヤーとの関係を向上させる方法はあるのか？　信頼をどうやって高めようか？　お互いにオープンな関係になるにはどうすべきか？　長期的な関係を結びたいという私たちの意気込みに答えてくれるだろうか？」

現在はたいしたことはないように思えるサプライヤーが将来重要になる可能性もある。たとえば、地元の電力会社から電力を買うという行為は日々の決まり切った取引に思われる。しかしこれが、実際にはとても有益な関係になるかもしれない。ホールフーズが多くの電力供給業者との関係を深めているのは、燃料電池、太陽光、風力エネルギーといった環境に優しいさまざまなエネルギー技術を採用しているからだ。私たちの店舗の多くは主に燃料電池を使っているが、これは電力会社やその他のエネルギー業者との協力関係の賜物である。

サプライヤーとの関係を壊す方法

サプライヤーと連携するという考え方と好対照をなすのが、サプライヤーを自社の利益を高めるために製品やサービスをなるべく安く買い叩く（敵対的な）交渉相手とみなす見方、すなわち相手側からなるべく多くを搾取しようと努力するという考え方で、こちらのほうが一般的だ。交渉とは一種の権力闘争であって、力のあるほうが利益の大半を勝ち取るという綱引きなのだ――。しかしこうした考え方は有害であり、両者だけでなく他のステークホルダーの利益をも脅かす。企業はサプライヤーとの連携を図りながら、顧客のために価値を生み出さなければならない。十分な意思疎通、信頼、サプライヤーとの協力に基づくイノベーションがあればこそ、顧客のために素晴らしい価値が生み出され、市場で競争優位を勝ち取れるのだ。

サプライヤーとの関係が悪いばかりに、失敗し辛酸をなめてきた企業は多い。サプライヤーが、金銭的な限界を超えて、あるいは不公平だと感じてしまうほどの割引を無理矢理飲まされると、やむを得ずにその時は受け入れたとしても、相手に対する信頼は崩壊するだろう。そして時間が経つうちに、製品の質を低下させ、サービスを減らし、安全性に手を抜いて自社の利益を取り戻すといった、顧客にとって有害な行為が横行するかもしれない。

サプライヤーとの関係がひどかったことで最もよく知られている会社の一つが一九九二年から九三年のゼネラルモーターズ（GM）で、当時、国際購買事業部門を取り仕切っていたのは「調達帝王」と呼ばれたイグナシオ・ロペスだ。ロペスは常軌を逸した、「残忍」とも言える方法でサプライヤーを取り扱った。当時、GMは利益目標を達成するのに必死だった。ロペスは一方的なやり方で——値下げを受け入れなければ注文を他社に回すと宣告して——サプライヤーへの支払を減額した。その時点では、当時ほとんどのサプライヤーには選択肢がなかった。各社とも売上に占めるGMの比率が高く、すぐにビジネスを切られるとたちまち資金繰りに窮するのは目に見えていたからだ。この戦術のおかげでGMはすぐに四〇億ドルあまりを節約し、ロペスは社内だけでなく業界内でカリスマ的な存在となる（そしてウォール街のアナリストはこういう話が大好きだ）。しかし、サプライヤー各社のGMに対する怒りは尋常なものではなかった。翌年から、トップクラスのサプライヤー数社がGMとのビジネス関係を断ち切って別の優良顧客へと乗り換え始めた。その結果どうなったか？　ＧＭは自動車業界で特に優秀なサプライヤーの多くを失い、低価格を売り物にするような、製品の品質が悪くイノベーションもほとんど起こせない業者だけが残ったのである。

残念なことに、目先の利益だけを追うこうしたアプローチはあまりにも多い。実際、ロペスは業界の中ではヒーローのように扱われ、その後フォルクスワーゲンとＧＭの間で争奪戦が起きたほどだった。

ホールフーズ・マーケットとユナイテッド・ナチュラル・フーズのパートナーシップ

特に重要なサービスや製品を提供してくれる革新的なサプライヤーとの関係を深めていくことは、競争優位を維持し、事業を継続的に成功させるうえで必要不可欠だ。ホールフーズ・マーケットにとって最も重要なサプライヤーは、上場企業のユナイテッド・ナチュラル・フーズ（ＵＮＦＩ）で、仕入れ総額のおよそ三〇％を占めている。一方、ＵＮＦＩにとって私たちは最大の顧客でもあるわけで、売上高のおよそ三六％を占めている。ＵＮＦＩは、ホールフーズのプライベートブランド商品の保管と物流も請け負っている。両社は何年もかけて関係を着実に深めてきた。契約期間は一〇年だが、実際には五年ごとに契約条件を交渉している。このような形態としているのは、私たちはＵＮＦＩとの間に高い信頼に基づく協力関係を永続したいと考えているし、ＵＮＦＩの側からも、ホールフーズに利用されていないという自信を持てるからだ。

正直なところ、両者は全面協力を推し進められるようになるまで、長年にわたって健全な関係であったとは決して言えなかったのだが、このアプローチのおかげで関係を大きく改善できた。投資業界の人々は、ＵＮＦＩの最大の顧客であるホールフーズがいつ自社流通網の構築を開始して同社を切り捨ててもおかしくないと神経質になっていた。もしそんなことになればＵＮＦＩのビジネスと株価には相当響くだろう。残念なことだが、私たちはかつて、条件交渉を有利に進めようとこの手の脅しを何度もしたことがある。このような姿勢が作り出す不信と恐怖は、ウィン‐ウィンに基づくパートナーシップという精神には有害だった。豊かで、協力的で、信頼度の高い関係を作り上げたことは、ＵＮＦＩとホールフーズに大きな利益をもたらしている。ＵＮＦＩは、最大の顧客が自社からの購入を確約してくれているので安心だし、事業の将来展望も立てやすい。一方、関係が改善した結果、ホールフーズは物流ビジネスをさらにＵＮＦＩに委託し、市場における競争優位を高めることができた。

■サプライヤーと意識《コンシャス》な高い関係を維持する

企業には、サプライヤーとウィン‐ウィンの結果を生み出せる多くの機会がある。コンシャス・カンパニーが実践している方法をいくつか紹介しよう。

付加価値を作り出す機会を見つける

企業はサプライヤーと互いに有益な関係を作り出せるよう創造的な方法を探すべきだ。たとえば、ザ・コンテナ・ストアはサプライヤーのビジネスを研究し、どの企業にも閑散期があって、そういう時には機械が動かず、労働者が一時帰休させられていることに気がついた。そこで現在、サプライヤーの閑散期を狙って大量発注する試みを行っている。この取り組みは、ザ・コンテナ・ストアにはそれほどコストがかからないが、サプライヤーにとってはまさに福音である。

期限どおりに支払う

サプライヤーが抱く最大の不平の一つは、顧客が支払期限を守ってくれないということだ。皮肉なことに、顧客が大きいほど問題も深刻だ。このよくある、しかし不公平な習慣のおかげで、サプライチェーン全体に影響が及ぶことになる。なぜなら、サプライヤーが自社のサプライヤーに支払えなくなるからだ。コンシャス・カンパニーは、必ず期限以内に支払う。サプライヤーは手元資金が欠乏しがちだが、小売業者は概して現金が豊富なので有利な立場になりやすい。中小メーカーは、売れば売るほど手元資金が不足することも珍しくない。

『フォーチュン』によると、韓国企業のポスコは世界で最も称賛されている鉄鋼会社であると同時に、世界第四位の製鋼業者である。[3] ポスコはすべてのステークホルダーと素晴らしい関係を築いているが、とりわけサプライヤーに対する姿勢に定評がある。すべてのサプライヤーに期限内に支払うどころか、実際には二〇〇四年以降、三日以内に現金で支払う方針を貫いているのだ。その目的は、パートナー企業の資金の融通性を高め、各サプライヤーが自社のサプライヤーにきちんと支払い、ビジネスシステム全体の健全性を高めることにある。[4]

サプライヤーを公平に扱う

ステークホルダーとの付き合いで基本中の基本は公平性で、特にこれはサプライヤーについて当てはまる。W・L・ゴア・アンド・アソシエイツのCEOテリー・ケリーによれば、「私たちは、一ペニーでもケチって別のサプライヤーに乗り換えようという冷酷な企業ではありません。サプライヤー側であれ、顧客側であれ、仲間全員に公平という一種の自然な価値システムがあるのです。つまるところ、会社の評判がかかっているのですからね」ということだ。[5]

サプライヤーの生き残りと繁栄を後押しする

コンシャス・カンパニーの多くは、環境が厳しい時にもサプライヤーを支援し続ける。REIのCEO、サリー・ジュエルは自社の哲学をこう説明する。「サプライヤーの中にはとても小さな企業が含まれていますので、当社からの売上がその会社の大部分を占めることになります。不景気の時には、銀行からの支援を受けられない場合もあります。そこで、私たちは在庫分の費用を前払いし、ウチの倉庫で預かることにしました。サプライヤーは生き残るためにキャッシュフローを本当に必要としていたからです。もちろん『この会社は生き残るだろうか？　私たちのお客様に本当に重要なのだろうか？　長期的に成功する商品を作っているのだろうか？』といったことは常に考えていました。その意味では無責任にそんなことをしていたわけではなく、かなり慎重に物事を進めてきたつもりです」[6]

コンシャス・カンパニーはサプライヤーに投資をして成長の後押しをする。ザ・コンテナ・ストアは、サプライヤーのために商品の製造用機械を購入することもある。ポスコは、サプライヤーを世界クラスの企業に育てるために長期的な支援を行っている。「ウィン - ウィン成長局」を設立して二三名の社員を配置し、こうした活動の監督と調整を行っており、現在は、技術支援、低金利での融資、人材育成支援など六七件ほどのプログラムが稼働している。

最先端技術、コスト効果、納品スケジュール、継続的な改善などで厳しい基準をパスしたサプライヤー向けの認定パートナー制度もある。認定パートナーとの契約では他のサプライヤーよりも有利な扱いを受け、ポスコへの預け金が免除され、海外の鉄鋼メーカー訪問に招待され、ポスコの「トップ経営者教育プログラム」に参加できる。

ホールフーズでは、家族経営の小さなビジネスから大企業に成長したサプライヤーが多い。しかも大変嬉しいことに、たいていの場合（すべてとは言わないが）パートナーシップを組んだことがきっかけで飛躍している。サプライヤーにとって最大の、つまり必要不可欠の顧客がホールフーズだというケースは多い。サプライヤーは、まずホールフーズの一店舗に食い込むことを目指してビジネスを始める。それが複数になり、最後には全店舗に広がる。そうして全米で、さらには世界を股にかけたグローバル企業へと成長していくのだ。端的な例がオネスト・ティーだ。同社は有機農法の紅茶の葉を原料とする瓶入り飲料を製造・販売している。一九九八年に、ワシントンDCにあったホールフーズの数店舗で商品を売り始めて大成功を収め、すぐに中部大西洋地域中の店舗に並んだ。そしてほんの数年のうちに、オネスト・ティーは全店舗で販売されるようになった。ホールフーズでのオネスト・ティーの成功を受けて、競合他社も続々と同社の製品を取り扱うようになった。二〇〇八年、コカ・コーラ・カンパニーはオネスト・ティーの四〇％の持分を四三〇〇万ドルで購入し、同社の製品を全米の物流ネットワークで売り出し始めた。

富の分配

ポスコは二〇〇四年、韓国企業として初めて、上級サプライヤー向けの利益共有プログラムをスタートさせた。その後、数百ものイノベーションによって拡大した利益の分配金として、四五九社のパートナーがおよそ七千万ドルを受け取った。二〇一〇年一二月に、ポスコはこのプログラムの対象をトップクラス以外のパートナーまで拡大した。

苦しい時こそ試される

景気の良いときはウィン - ウィンの関係をつい忘れてしまう。本当のパートナーシップかどうかは、景気の悪化や競争の激化、あるいは何らかの不運に遭遇して事業が左前になった時こそ試される。景気が悪くなるとサプライヤーに厳しく当たり始める企業は多い。しかし、苦しみを何でもかんでもサプライヤーに押しつけようとするのは有害だし公平ではない。そのような姿勢は両者の関係を傷つけ、壊すもので、結局は自社の競争力が落ちてしまう。連携し、協力しようという姿勢を持った企業は、サプライヤーのネットワークとコンシャスな方法で協力しながら、競争力を維持し、逆境を乗り切るのである。

厳しい事業環境とは希望の兆しでもある。無駄や重複を省いてビジネスの効率性を高めるチャンスだからだ。サプライヤーに尋ねてみよう。「貴社にもウチにも、あるいはお客様に本当の意味で価値を生み出していない無駄なコストは何だろう?」。景気の良い時には、昔からの「生活の知恵」が当てはまるだろう。「壊れていなければ直さないこと」。しかし景気の悪い時には、物事は本当に壊れている。不景気にはそれらを改善する機会が与えられたと考えるべきだ。人々は変更や改善にそれほど躊躇しなくなるからだ。ビジネスモデルを円滑に動くようにしておけば、事業環境が改善した時にはキャッシュフローや利益を力強く回復できる。

ハワード・シュルツは、二〇〇八年にスターバックスに復帰すると、好景気の間に会社の効率性が落ちていたことに気がついた。「二〇〇八年の一年間で五億八千万ドルのコストを削減しました。そのうちのおよそ九割は二度と増えることはありません。お客様との接点に関するコスト削減は一つもありません。削減されたのは、もう何年にもわたって見過ごされてきたコストです。危機に直面しなければそれを省く勇気を持てなかったなんて実に不思議です」[7]

■バリューチェーン全体を通じた意識の向上

コンシャス・カンパニーがサプライヤーとの関係についてのパラメーター（基準）を改めると、その変化はサプライチェーン全体に波及的効果を及ぼす場合がある。企業は、サプライヤーが自社のサプライヤーとの関係でも同じようなアプローチを取るよう働きかけるべきだ。同様に、コンシャスな顧客とのウィン - ウィンの関係を見出したサプライヤーは他の顧客との間にも同じ考え方を当てはめて、顧客を教育すべきなのだ。こうして、顧客とサプライヤーの関係へのコンシャスで協力的なアプローチは大きく広がり、その影響を受けるあらゆる会社の利益になるばかりでなく、ステークホルダー全体にも好影響を及ぼすかもしれないのである。

第九章　コミュニティと共に栄える

企業には社会的責任はあるのだろうか？　コンシャス・カンパニーにこの問いは愚問である。答えは明白だからだ。もちろん、企業には社会的責任がある。コミュニティというステークホルダーは、コンシャス・カンパニーにとって中心的な構成要素だ。企業は地域、国、世界といった物理的なコミュニティに属しているが、同時に共通の利害で結ばれたバーチャルコミュニティの中にも存在している。コンシャス・カンパニーが、自社を人間社会から隔離された存在として見るなどということは考えられない。

一方、社会的責任をフィランソロピー〔企業による慈善活動〕と同じと考えている人はあまりにも多い。フィランソロピーは、企業の社会的責任のほんの一部にすぎない。ある企業が投資家や社員、顧客、サプライヤー、環境に対して責任を負っているにもかかわらず慈善団体への貢献を拒絶すれば、コミユニティの重要な構成要素を無視することになる。そのような企業はケチケチしているように思われるだろうが、それでもほかのステークホルダーのために価値を作り出して世界に貢献していることは事実だ。一方、コミュニティのためにどんなに尽くしていたとしても、まがい物や有害な製品を作り、社員を搾取し、サプライヤーをだまし、環境を著しく破壊していたら、倫理的で社会的責任を果たしている企業とはみなされるはずがない。

■企業の慈善活動は投資家からの窃盗行為か？

通常のビジネス活動は、それだけでコミュニティに重要な価値を作り出す。しかしコンシャス・カンパニーの大半はもう一歩踏み込み、自社が属しているコミュニティを、高い意識《コンシャスに》を持って慎重に働きかければ付加価値を作り出し、社会問題や環境問題を解決できる重要なステークホルダーとして捉えている。実際、多くのコンシャス・カンパニーにとって社会的責任を果たすことは存在目的の一部であり、さまざまな方法で自分たちのコミュニティを支援しようと、時間や金、自社の資源を無償提供しているのだ。

この手の慈善活動（フィランソロピー）を投資家からの一種の窃盗行為だと考える人々がいる。「ほかの人々を救うために自己犠牲を払うなら、自分自身のお金を使ってやってほしい。会社の資産はあなたの物ではないのだから」というわけだ。この見方は一九七〇年、ミルトン・フリードマンが「企業の社会的責任は利益拡大を図ること」というエッセイの中で明言して有名になった。「企業の社会的責任は一つ、ただ一つしかない。ごまかしや不正のない開放的で自由な競争を行うべしというゲームのルールに従っている限り、企業が果たすべき社会的責任とは、資源を使って自社の利益を増やす活動に従事することである」[1]

一見、この主張はもっともらしく聞こえる。企業の資産は投資家に属しており、経営者には責任を持ってこれを管理する義務がある。この主張は誤りだというよりも近視眼的だと思われる。というのも、企業の慈善活動は思慮深く行えば優れたビジネスであって、長期的には投資家、ひいてはほかのステークホルダーにも利益をもたらすからだ。

慈善活動は投資家からの窃盗行為だという主張は、投資家と、コミュニティなどほかのステークホルダーとの間には本質的な利害対立やトレードオフが存在する、という前提に基づいている。これは必ずしも正しくない。もっとも、もし企業の慈善活動が投資家に何らの価値ももたらさなければ、投資家は自らの権利として、企業の経営資源を無責任に使用することに反対できるはずだ。経営者は、慈善活動の結果や資本金の適正な使用についての説明責任を果たさなければならない。

もちろん、企業の慈善活動には一定の制限があってしかるべきだ。ホールフーズ・マーケットは、社の方針として、長年にわたり利益の五〜一〇%を非営利団体に寄附し続けてきた。しかし、利益の一〇%を寄附するのが素晴らしいのであれば、二〇%にすればもっと良いのではないか？　社会を良くするためには利益の一〇〇%を寄附すべきではないか？——そう主張する人はいるかもしれない。言うまでもなく、慈善活動も度を過ぎると企業自身がつぶれてしまう。企業がコミュニティに対して責任感を抱いていたとしても、投資家やそのほかのステークホルダーに対する大きな責任を果たさなくてもよいというわけではない。常日頃からあらゆるステークホルダーにとっての価値の最適化を目指すべきなのだ。

企業の慈善活動は、最終的には投資家の承認を得る必要がある。意味や目的を十分に考えて行われる慈善活動は、自社やステークホルダー、そして社会全体に利益をもたらすことができる。一見すると窃盗行為に見える活動も、実際にはまったく逆の結果になることもある。

■市民としての企業

企業は社会でどのような役割を果たすべきなのか？　それを考えるうえでわかりやすいたとえは企業を「市民」と捉えることだ。コンシャス・カンパニーは、コミュニティの中で責任ある市民のように振る舞っている。つまり、地域、国、場合によっては世界的な規模でコミュニティが取り組んでいる問題に貢献しようとしているわけだ。大半の企業は、自社が事業活動を営んでいる地域を支えるためのインフラ施設や知的資本を持っている。コンシャス・カンパニーは、現地の非営利団体（NPO）、特に自社のコア事業の関連団体と日常的に協力し、社員が地域活動に参加するよう促している。

社会的責任に関する自発的精神が誤解され、悪意に取られる場合がある。企業は社会活動家や政府の召し使い、あるいは道具になるために存在しているわけではない。企業を綱につながれた犬のような存在と見て、政府の命じるままに何でもやるべきだと考える人々もいる。これはかつて、「コーポラティズム（協調組合主義）」あるいは「ファシズム」と呼ばれ実践された。企業を支配し、統制して統治者の目標達成のために奉仕させるという考え方だ。

企業が良き市民でいると、コミュニティとの間に健全な関係が生まれる。これは「ウィンの六乗」的アプローチだ。企業が社会の一員として義務をきちんと果たせば、自社の顧客、社員、サプライヤー、投資家の全員が支えていると同時に、支えられてもいるコミュニティに価値を作り出し、それが企業の繁栄へとつながることになる。

重要なことは、企業のコミュニティへの関わり方だ。週末に何らかのプロジェクトに参加して地元に恩返しせよと社員に強く勧める企業がある。このような姿勢は職場に不穏な雰囲気を漂わせるかもしれない。というのも、社員は返す必要のある何かをコミュニティから得ているとは感じていないし、週末に休む権利を放棄せよと要請されれば怒りを覚えるはずだからだ。企業が社会奉仕活動にこのような姿勢で臨むと、社員の参加率は著しく低くなるかもしれない。その場合、二つの条件が変わると状況は好転するだろう。まず、奉仕活動は平日に行うこととし、就業時間中の参加を認める。そうすれば会社は社員の時間を、社員は自分の努力を地域に貢献することになる。第二に、プロジェクトはトップダウンで行われるのではなく、社員全員が将来にわたって共有できる心からの思いを出発点とするものでなければならない。さもないと、その仕事がコミュニティの純粋なニーズに応えるものではなく、会社を良く見せるために計画された、利己的な取り組みに感じられるだろう。[2]

地元の一員になるということ

世のため人のために金を出すことは、良き市民としての一つのあり方だが、もっと創造的な方法はいくらでもある。ホールフーズ・マーケットでは、地域市民や世界市民としての責任を極めて真面目に考えている。各店舗は、毎年三、四回、独自のタイミングで「五％デー」を実施できる。この日には（利益ではなく）売上高の五％を地元のさまざまなＮＰＯに寄附することになっている。店長と社員で地元のどのＮＰＯを支援するかを決め、この日には、支援対象となるＮＰＯの職員にもホールフーズの店舗で買い物をするよう依頼する。NPO職員にとってみると、その日の売上の五%が自分の組織に寄附されることになる。こうして両者がお互いを支え合うウィン‐ウィンの関係が作り出される。このイベントを通じて、NPOの職員とも親しい関係ができあがる。店舗に初めてやって来て買い物をし、気に入ってくれればリピーターになってくれるかもしれない。

このような慈善活動に伴う戦略が多数のステークホルダーに価値を生み出す。自分の時間と給料を犠牲にすることなく社会に貢献でき、しかもすぐに結果を得られるこのシステムを社員も気に入っている。自分の店がどの団体を支援するのかの選択にも参加できるので、一定の満足感も得られる。選抜されたNPOはたいてい店舗内に窓口を置く。興味のあるお客様はその団体の人々から話を聞くことができる。これはお客様にとっても大きなプラスだ。自分の知らなかった素晴らしいNPOが身近な場所にあったことを発見し、それに関わるきっかけになるかもしれないからだ。お客様と社員、コミュニティが善意でつながれば、長期的には、売上高と利益の拡大を通じて投資家にも価値が生まれる。

コンシャス・カンパニーは悲劇にどう対応したか

インドのタタ・グループは、一四四年の伝統を誇る世界で最も尊敬されるコンシャス・カンパニーの一つで、八〇カ国以上に一〇〇社を超えるグループ企業を抱えている。二〇一〇年度の売上高は八四〇億ドルで、社員数は全世界で四二万五千人を数える。

個人でも企業でも、その真価は万事がうまくいっている時ではなく、危機の時に試されるものだ。二〇〇八年一一月、インドの港湾都市ムンバイの南部地区で同時多発テロが勃発した。一六四名が死亡、少なくとも三〇八名が負傷するという大惨事で、タタ・グループのシンボル、タージマハル&タワー・ホテルが標的の一つとなった。一一名のホテル従業員が、およそ一五〇〇名の宿泊客を助けている最中に犠牲になった。この攻撃の間、持ち場を離れた社員は一人もいなかった。宿泊客を安全な場所へと何度も案内している時に撃たれた社員も多く、なかには、宿泊客の前に立って銃弾を浴びた者もいた。

社員の献身の度合いが最も強烈な形で示されたのが、総支配人のカラムビア・シン・カンで、彼は家族とともにホテル敷地内のアパートに住んでいた。恐怖とパニックのまっただ中にあって、カンは囚われの身となった数百人の宿泊客の避難を落ち着いて取り仕切った。タタ・グループの会長であるラタン・タタは、後にCNNにこう語っている。「総支配人はホテルへの襲撃で妻と二人の息子を亡くしました。私は今日彼と会い、心からのお悔やみを述べると、こう言われたのです。『会長、私たちはこの悲劇を乗り越えなければなりません。タージマハル・ホテルを建て直すのです。私たちはあなたについていきます。こんなことで倒れてたまるものですか』」※。実際、タージマハル・ホテルは、社員の反骨精神と献身的な努力のおかげで、建物の三分の二にまだ深刻な被害が残っていたにもかかわらず、テロ襲撃後のわずか二一日後に再オープンした。ホテルの残りの部分の修復が完了して再オープンするまではさらに二年を待たねばならなかったが、その間一人の社員も一時解雇されなかった。

ラタン・タタと経営幹部は一一回の葬儀のすべてに参列し、テロ攻撃で殺されたか負傷した社員八〇名全員の家庭を訪問するとともに、テロ襲撃後二〇日以内に、負傷者全員と死亡した社員の家族のための経済的支援を提供する新しい信託を設立した。タタ・インスティテュート・オブ・ソーシャル・サイエンスと協力して心療内科の診療所を開設し、被害者の診療に当たるとともに、南ムンバイ地区の社員や住民のために奉仕センターを設立して食料品、水、衛生用品、応急手当、各種の相談窓口を提供した。

被害を受けた社員全員にそれぞれ一人の相談相手を任命し、何か困ったことがある時には一人に連絡をすればよい体制を整えた。ムンバイで一人暮らしをしている社員には、飛行機代とタタ所有のホテルでの宿泊（三週間まで）と食費を提供して遠方に住む家族がムンバイを訪問できるようにした。

タタは、死亡した社員全員の家族に八万ドルから一八万七千ドルまでの見舞金を支払った。さらに、次のような施策を実行した。

□死亡した社員の家族に、その配偶者または親が亡くなるまで住居を保証
□金額にかかわらず、あらゆる貸付金の免除
□亡くなった従業員に支払われていた最も高い給料をその配偶者または親が亡くなるまで支給
□子どもと扶養家族の大学卒業までの教育費（世界中のどこにいても）を完全に保障

□扶養家族全員に医療費を生涯支給
□対象者全員に生涯にわたってカウンセラーを提供

タタは、ホテル近郊や数マイル離れた駅で殺された人々の家族にまで援助金や支援を広げた。タタにとってみると、こうした人々は隣人なのであって、彼らを助けることも自分たちの責任と感じたのだ。駅の職員、警察官、露天商人、歩行者など、同社と関係のない人々までがテロ後六カ月にわたって毎月一万ルピー（約二〇〇ドル）を提供された。屋台を失った露天商は新しい屋台を与えられた。テロの襲撃で4発の銃弾を受けたある露天商の四歳の孫娘は政府の病院からボンベイ病院へと移され、タタ一族が彼女の治療費のために数十万ルピーを支払った。さらにタタの支援は競合ホテルの社員にまで及んだ。

同社の人事担当の責任者がこの支援プランをラタン・タタに示した時、彼の反応は「それにはいくらかかるのかね？　当社にそれを払う余裕はあるのか？　我々は悪しき先例を作っているのではないか？」ではなかった。「それで十分だろうか？　もっとできることはないか？」だったのだ。タタ一族は、ホテルの再建には数百万ドルがかかることを知っていた。しかし、ホテルの宿泊客を助けるために自分の命を投げ出した者など、社員の家族の生活を再建することのほうがよほど大切だと考えていたのだ。

社員が、宿泊客を助けるためになら、究極の価格（自分の命）を支払ってもよいと考えるような文化はどうすれば築けるのだろう？　そんなことは、社員用のマニュアルには義務づけられていないし、期待もされていなかったはずだ。カンは言っている。「タージマハル・ホテルの社員はだれもが、あの時、自宅が攻撃されていると感じたのです。自宅が攻撃されたら、どうしますか？　中にだれがいようとも守るはずです。私たち全員が信じている家族的な価値観は、タタの社風の一部だと思います。（中略）タタで働いていると、組織には魂があることを実感させられます。この会社で働くことができて心の底から誇らしい気持ちです」

注　本章で紹介しているタタ・グループに関する逸話は、サムKのライフ・イズ・ビューティフル・ブログ「ムンバイのテロ攻撃後のタタの対応」（二〇一二年三月一六日）（http://karmarkars.net）その他の記事や書き込みに依っている。

※　テイラー・ガンドシ、「タージマハル・ホテルの会長：我々は警告を受けていた」CNN.com Asia（二〇〇八年一一月三〇日）http://edition.cnn.com/2008/WORLD/asiapcf/11/30/india.taj.warning/index.html

グローバル・シチズンシップ＝世界市民の一員であるということ

ホールフーズ・マーケットは、自社が取引先である世界中のあらゆるコミュニティに対して一定の責任があると自覚している。「ホールプラネット財団」（二〇〇五年設立）と「ホールキッズ財団」（二〇一一年設立）は野心的な目標の下に設立された世界規模の非営利団体だ。

取引先のコミュニティを支援する最善の方法は、マイクロクレジット・プログラムを提供することだと考え、まずは、もっぱらムハマド・ユヌス〔グラミン銀行の創設者。第四章参照〕およびグラミン・トラスト（ユヌスが始めた画期的なマイクロクレジット・プログラムの支援機関）との協力体制でスタートした。現在、ホールプラネット財団はすでにマイクロクレジットを提供している多数のマイクロファイナンス金融機関に資金を提供しながら、調査とデュー・デリジェンス（適正評価）を通じて、私たちと価値観の一致するパートナーを探している。資金提供国は五〇数カ国を数え、三五〇〇万ドル以上を提供して二〇万件を超えるマイクロクレジット・ローンを支えてきた。最初の融資金額の平均はおよそ一三三ドルで、九二％が女性向けだ。資金は返済されたあとも繰り返し融資され、それぞれのコミュニティにずっととどまっており、ホールプラネット財団にお金が戻ることはない。返済された資金の乗数効果に加え、財団からの資金が呼び水となって、現地のマイクロファイナンス機関が追加できる資金の規模も考えると、実際の影響力はローン総額で一億三千万ドルを優に超える計算となり、わずか七年間で、一二〇万人以上の貧しい人々の生活改善に貢献してきた。現在、ホールフーズの取引相手国九二カ国のうち、七九カ国はマイクロ融資プログラムに参加する資格がある。今後五年以内に対象国のすべてに資金を提供することが目標だ。ホールフーズが成長すれば、取引先のネットワークは拡大する。そしていつか、あらゆる国々でマイクロクレジットを実践できる日がやってくれれば良いと願っている。[3]

■意識の高い《コンシャスな》慈善活動とステークホルダーの価値

ホールプラネット財団は、コンシャスな慈善活動が投資家の利益にもなり得ることを示す好例だ。おそらく、ホールフーズ・マーケットの歴史の中で、この財団が行っている事業ほど社員の士気を高めた活動はなかったろう。社員たちは、貧困の撲滅を目指すこの活動に心を躍らせ、それを誇りに感じている。主なステークホルダーの一人一人に価値を生み出すフィランソロピー（企業の慈善活動）の好例だと思う。

一年に一度、六週間にわたる「繁栄キャンペーン」を実施し、店舗内にパンフレットを置き、ポスターを貼ってお客様にホールプラネット財団への寄附をお願いしている。反響はものすごい。二〇一二年のキャンペーンでは六週間で五六〇万ドルの募金があった。ホールプラネット財団の取り組みを知った多くのお客様が感動を行動で示してくれた。各店舗は地域内で、あるいは全国でどこが最もお金を集められるかを競い合う。

社員もこのキャンペーンが大好きだ。マイクロクレジットの融資を行っている六つの国（グアテマラ、インド、ケニア、ペルー、ガーナ、ブラジル）を社員が訪問し、二〜四週間のボランティアを行うプログラムも実施している。これはホールフーズ独自のミニ「平和部隊」（アメリカ政府が発展途上諸国に隊員を派遣し、現地の開発計画に貢献することを目的とした機関）になった。会社が住居、食費、交通費を負担し、社員は時間を寄附する。メンバーの大半は二〇代前半で、海外を旅行した経験がなく、深刻な貧困を目にしたこともほとんどない若者たちだ。しかし理想に燃え、世の中を良くしたいと願っている。この旅行は、たいてい彼らの人生観を一変させてしまう。帰国するとすぐに、このボランティアプログラムの旗振り役として他の社員に積極的な広報活動を始める。その影響力はすさまじく、ホールフーズの存在目的を心から誇りに思うようになる。「私は理想を現実に近づける努力を実践している。世界を良くする活動に自ら取り組んでいる」と実感するわけだ。このプログラムは各国に派遣される社員だけでなく、社内の全員に好影響を及ぼしている。自分は、このような形で世界を良くしようとする企業の社員なのだ、という事実を知ることで、仕事への本気度と活力が高まるからだ。プログラムが大成功し、今やホールフーズの存在目的も進化し、貧困の撲滅が含まれるようになった。五年前にはこんなことは予想もしていなかったが、このプログラムが私たちの思考を変え、視野を広げてくれたのである。

■第二の柱：ステークホルダーの統合

サプライヤーもこのプログラムで勝利を勝ち取っている。いくつかの分野では、サプライヤーが「サプライヤー連合」のメンバーになるために競い合う。「サプライヤー連合」とは、ホールプラネット財団に一定金額の寄附をすることを確約したサプライヤーのことで、寄附の見返りとして、私たちは店舗内で特別に感謝の意を表明する。具体的には、サプライヤーの商品用の特別コーナーを設置し、他社の商品とは別格の扱いをするのだ。一つの分野で特別扱いされるのは一社のみ。サプライヤーにとってこれは相当大きな勝利（ウィン）となる。売上高が上昇し、新しい顧客に自社商品を知ってもらえるのだから。寄附金が増えるホールプラネット財団にとっても、これは一つの勝利（ウィン）だ。また、サプライヤーの社員もこのボランティアプログラムに参加できるので、一層本気で取り組む。

では投資家はどのような恩恵を受けたのか？　まず他のステークホルダーとの間で素晴らしい友好関係を作り出した。広報面でも大きな効果があり、世界という大きなコミュニティでのホールフーズ・マーケットの評価も高まった。これを数値化することは難しいが、信用や評判の高まり、ブランド認知度の改善、社員の士気の向上とそれに伴う売上高、利益、時価総額の拡大を考慮すれば、このプログラムに投資した金額が投資家にもたらした収益率はおそらく一〇〇〇％に達しているのではないだろうか。

言うまでもないが、このようなコンシャスなフィランソロピー活動を行っているのは私たちだけではない。たとえば、ＩＢＭは「コーポレート・サービス・コー」と呼ばれる独自の平和部隊派遣プログラムを導入した。ＩＢＭの社員ボランティアを新興諸国に送り、同社の技術やビジネススキルを適用して経済成長を促そうという「地球市民のポートフォリオ」事業の一環である。ＩＢＭはこのプログラムを、社会経済上の重要課題に対処しながら、次代のリーダーとなる人材を育成する手段として用いている。このプログラムが発表されると三週間も経たないうちに五千人の社員からの申し込みがあり、その中からガーナ、フィリピン、ルーマニアなどで働くトップクラスの一〇〇名が選抜された。社員の平均勤続年数は一〇年、出身国は三三カ国に及ぶ。

「コーポレート・シチズンシップ・アンド・コーポレート・アフェアーズ」部門のバイス・プレジデント、スタンレィ・リトウは「このプログラムには、各国の抱える問題の解決を通じたコミュニティへの利益、リーダーとなるための教育訓練を施すことによる社員個人への利益、そして次代のグローバルなリーダーを育てることによる会社への利益という三つの側面があります」と説明している。[4]

ホールフーズでは最近、将来の展開が実に楽しみな新しい財団を作った。「ホールキッズ財団」だ。これも私たちの存在目的が進化したもう一つの実例である。健康的な食事への取り組みを深めていく過程では「学校での食事については何をなさっているのですか？」という質問をよく受ける。「子どもたちが学校で食べている食品は本当にひどいものなのです。御社はこの問題にどう対処するつもりですか？」。私たちの最初の反応は「どうしてそれが当社の責任だとお考えなのですか？　私たちはすでに色々なことに取り組んでいるのです」というものだった。しかし、お客様と社員は、ホールフーズにはまだまだ取り組むべき課題があると指摘し、「この問題にぜひ関わってほしい」と繰り返し訴えてきた。とうとう、ステークホルダーの言うことに耳を傾けなければならないことに気づき、ホールキッズ財団を作ることになったのである。

この財団の活動は今後時間が経つうちに進化していくだろうが、当初の目的は、子どもたちに栄養のある食事をたくさん食べてもらえるよう学校を支援することだ。サラダバーを学校に設置し、学校菜園のための寄附を行い、健康的な食生活について先生方を教育している。ホールキッズ財団は、パートナー企業の協力を得て、全米ですでに一〇〇〇以上のサラダバーや数百の学校菜園を設立するための資金を提供している。目標は、アメリカでサラダバーを必要とするすべての学校にこれを提供することと、学校へのサプライチェーンに働きかけて子どもたちに提供する新鮮な果物や野菜の量を増やすことだ。残念なことに、ほとんどの学校では新鮮な食品が提供されていない。ほとんどすべてがカン詰めや箱詰めの冷凍食品なのだ。果物や野菜を最も必要としているのは子どもたちなのに、今のサプライチェーンではそうした食材は扱われない。酪農業界、精肉業界、加工食品業界のような特定の利益団体がこの仕組みを牛耳ってきたからだ（これは縁故資本主義の一例だ。つまり政治権力を利用できる企業が子どもたちの健康や幸福を犠牲にして自社の利益を拡大しようとしているのだ）。学校は、缶詰めや箱詰めの食品を生鮮食品と入れ替えるよう調達の仕組みを変えなければならない。ホールフーズは、レシピ改革に関心を持つ学校と協力して地元の農産物をこれまで以上に利用し、学校と生鮮食品のサプライヤーとをつなぐ運動に取り組んでいる。

私たちが担っているもう一つの責任は、先生や生徒への栄養教育で、健康的な食事の原理を教える学校向け教育プログラムやカリキュラムを策定している。ホールキッズ財団は、ミシェル・オバマ大統領夫人が推進する、児童に蔓延している肥満を撲滅しようという「レッツ・ムーブ」キャンペーンとも協力している。今後は、他のＮＰＯや政府とともに学校で提供される食材の栄養価を高め、学校における栄養教育を改善する取り組みを続けていきたい。

■コンシャス・カンパニーとNPO

非営利団体（NPO）は、私企業が収支面から扱いきれず、政府が十分には対応しきれていない分野に対処するという、社会でとても重要な役割を担っている。役所はあまりに官僚的で、スピードが遅く、政治色が強すぎる。企業も、投資に対する十分な金銭的リターンが作り出せないと社会のニーズには十分な対処ができない。

ＮＰＯは、そもそも使命を重視する組織なので、意識の高い資本主義《コンシャス・キャピタリズム》の「目的」の部分を理解できる。そして他の企業と同様、ステークホルダーがいる。しかし、投資家が投下資本に対する金銭的リターンを求めるのに対し、ＮＰＯは、寄附金に対する精神的なリターンを求める資金提供者を抱えている。ここで「精神的なリターン」とは、たいてい「非営利団体の使命の達成度合い」と定義される。

だが残念なことに、ＮＰＯは効率や効果を求めず、停滞に陥りやすいメンタリティで運営されていることが多い。大半の非営利団体は企業や個人からの寄附に頼って存続しており、独力では存続できない。コンシャス・カンパニーの出番はここである。非営利団体が持続するための後方支援をできるからだ。

不必要な「壁」

ＮＰＯと政府の存在目的と私企業の目的の間には道徳的には大きな差があると考える人は多い。

人々は、目に見えない壁がこれら三つを分けているように感じるのだ。NPOと政府には、公益に奉仕するという目的がある。利益を求めないので利己的になることはなく、公共サービスに専心し、したがって「良い」存在とみなされている。これに対して、私企業は利己心と欲を動機に動いており、金儲けしか考えていない「悪い」存在と映る。実際には、大半の企業、とりわけコンシャス・カンパニーにとってこの描写は真実ではない。

コンシャスな非営利団体とコンシャス・カンパニーは、強制のない自発的な交換を基礎とし、存在目的を持ち、すべてのステークホルダーに奉仕し、意識の高いリーダーに率いられているなど、多くの点がよく似ている。どちらもステークホルダーのために価値を創り出し、繁栄し裕福な世界を実現するために必要な存在だ。その意味では、両者を隔てている壁は取り壊される必要があるだろう。

自然のパートナー

私企業と非営利団体はそもそも互いを補う存在であり、手に手を携えて協力できるはずだ。コンシャス・カンパニーは、コミュニティというステークホルダーに奉仕する効果的な方法を模索する。コンシャスなNPOは、この願望を利用してコミュニティの中で自らの存在目的を成し遂げようとする。一般的な協力関係では、企業側が資金、運営上の専門知識、知的資本を提供し、NPOが目的、モチベーションの高い労働者、さまざまな人的／物的ネットワークを提供する。このような協力関係はNPO、営利企業の双方にとって「ウィンの三乗」である。協力し合ったほうが、両者が奉仕したいコミュニティに大きな価値を効果的に生み出せるからだ。

たとえば、ホールプラネット財団は世界中の数十のNPOと協力することで、マイクロクレジット融資を効果的に提供できた。これらのNPOにはインフラがすでにあり、存在目的も、献身的に働く人々もいた。ホールフーズ・マーケットは、それぞれの使命を効果的に実現するための資金を提供できる。ホールプラネット財団は、効果的に運営されているNPOのうちで、価値観や目的を共有できるところと提携するだけでよい。この慎重な選択プロセスを通じて、数多くの国際的NPOとの効果的な連携が可能となり、それを足掛かりにして世界中のさまざまな地域へと拡大できた。NPOとの連携は、サプライヤーとの連携とかなり似ている。お互いに協力して作業をすることで、参加しているすべての組織はもちろんのこと、私たちがサービスを提供している数百万人の貧しい人々のために作り出される価値も大きく拡大しているのだから。

コンシャス・カンパニーが、コミュニティというステークホルダーと本格的に関わる過程で非営利団体や財団を作って、そこに自社のビジネススキルの一部を適用するのも極めて自然な行為だ。私たちは、ホールプラネット財団とホールキッズ財団に加え、「アニマル・コンパッション(動物愛護)財団」も設立した。この財団はその後「グローバル・アニマル・パートナーシップ」という公的なNPOに変わり、現在はアニマル・ウェルフェアの実践に特化している。非営利団体については次章でさらに考察する。

■税金

企業は政府にさまざまな税金を納めることを通じてもコミュニティに貢献している。法人税は、一般に認識されているよりもはるかに高い。アメリカ合衆国の法人税率は三九%(連邦税と州税の合計)と世界で一番高いが、企業が支払う税金はそれにとどまらず、財産税や雇用者税、営業税その他物品税などさまざまな納税義務を負っている。[5]

税金を大づかみに捉えるために、次の事実を考えてみてほしい。ホールフーズ・マーケットの二〇一一年度の税引き後利益はおよそ三億四三〇〇万ドルだったが、世界中で納めた税金の総額は八億二五〇〇万ドルを超えていた。[6] 納めた税額は慈善事業に費やした資金（純利益のおよそ一〇％となる三四〇〇万ドル）の二四倍を超え、手元に残すことを認められた利益の二倍を上回った。法人税が低ければ、他のすべてのステークホルダーが利益を得られるはずだ——商品価格を値下げし、社員への賃金や給付金を引き上げ、投資家にとっての純利益を増やし、非営利業界を支援するために使える金額もそれに応じて増額できるはずである。

■社会にとっての価値を生み出す

あまりにも長い間、営利企業、つまりビジネスは、社会的利益を追求する非営利団体や政府よりも一段「劣る」存在とみなされてきた。この幻想は打ち破られる必要がある。ビジネスはあらゆるステークホルダーのために莫大な価値を生み出す。当然の帰結として社会にも利益をもたらしている。ビジネス界全体は、ＮＰＯと政府部門を加えたよりもはるかに大きな価値を作り出している。ＮＰＯも政府もビジネスの創り出す繁栄と富に依存している。税や寄附金ももともとはビジネスの生み出した利益なのだから。

本章の最後に再びタタの話を紹介したい。同社ほど長期間にわたってコンシャスなビジネスを展開してきたグループはないだろう。一八六八年に設立されて以降一四〇年以上にわたって、タタはずっとコミュニティと国家建設に関わってきた。同社はその存在目的を次のように述べている。「タタ・グループは、私たちが住むコミュニティの生活の質を改善するために全力で取り組みます。従事しているビジネス業界でリーダーシップを発揮し、世界レベルでの競争力をつけるために努力して目的を達成します。得た物を社会に還元すれば、消費者や社員、株主、そしてコミュニティの間に信頼が生まれます。私たちなりのビジネスの実践を通じて、信頼に基づくリーダーシップという昔から受け継がれてきた文化を守るべく全力を尽くします[7]」

タタの事業は「タタ一族の物」ではない。親会社のタタ・サンズの株式は、三分の二が公益信託に所有されている。タタは、これら公益信託を通じてインドで最大規模の二つのガン治療病院を運営している。しかも患者の半分からは治療費を受け取っていない。インド科学研究所、タタ基礎研究所、タタ社会科学研究所は公益信託からの資金で設立されている。このように、「社会的責任」は後知恵でもスタンドプレーでもなく、タタの文化に深く刻まれている原理原則、DNAにほかならない。社会への貢献は同社にとって追加的なコストではなく、ビジネスを行うための基本的なコストなのだ[8]。

カラムビア・シン・カン（タージマハル・ホテルの総支配人）によれば、「世界で最も裕福な人々の中にタタ・グループのリーダーの名前は見つからないでしょう。『フォーブス』誌のリストにもだれも載っていません。あの方たちは自分のために経営しているのではありません。社会のため、生まれ育った地域のために事業を行っているのです。創業者のジャムセットジ・タタは国家建設を志す本当の愛国者でした。鉄鋼、水力発電、民間航空、機関車など、国の屋台骨となる事業、国のインフラ作りのためには何にでも投資をしたいと考えていたのです[9]」

タタは「企業とは、社会資本があってこそ栄える」という前提で経営されている。「私たちはまず、ある会社の一員ではなく、一人の市民であることを認識して行動します。『自由企業にとって、コミュニティはビジネスにおける単なるステークホルダーの一つではない』これが社是なのです。コミュニティの発展こそが、私たちの存在目的にほかならないのです」（R・ゴパラクリシュナン、エグゼクティブ・ディレクター）[10]

第一〇章　自然環境を守り、育てる

環境は、唯一自ら声を出さないステークホルダーだ。顧客も、社員も、サプライヤーも、投資家もコミュニティも自己主張する。ではだれが環境のために主張してくれるのだろう？　そんな殊勝な人は自称「社会活動家」くらいのものだろうが、彼らもたいていは偏見やフィルターを持っているので、もし環境が話をできたら「最もほしい」と言っていたかもしれないことを正確に伝えてくれるとは限らない。

しかし、環境や地球を究極のステークホルダーと捉えている企業はある。その好例がパタゴニアだ。環境は同社の存在目的にとって必要不可欠な存在だ。環境を守るために、製品のライフサイクル、つまりその着想から処理に至るまでの全行程を実に真剣に捉えている。ＣＥＯのケイシー・シーハンは「私たちは、自社製品の一つ一つに完全な責任を負っています。製品を修理し、リサイクルし、人々がそれを必要としなくなったら売却できるようお手伝いをしているのです。作った製品に込められている情熱のすべてを守り、ゴミ廃棄場に捨てられることのないよう全力を尽くしています」[1]と言っている。

■直面している課題

二一世紀の環境問題は、一二五年前に人類が直面していた問題とは根本的に異なっている。先進諸国に住む人々にとっての環境など、改善した面があることは事実だ。エネルギーの創出や廃棄物の処理では優れた方法が開発されてきた。電力やガソリンで走る自動車が発明される前は、大半の都市は不潔で、煙が充満し、ほこりだらけで、煤《すす》にまみれていた。街路のあちこちには馬糞が散乱し、どこに行ってもし尿が目や鼻についた。公共用水の水質が本当に清潔かどうかは疑わしかった。樹木は急速な勢いで伐採されて燃料に使われ、森林は農場に変わっていった。クジラは皮下脂肪がランプの主な燃料に使われ、乱獲に次ぐ乱獲の末に絶滅寸前になった。幸運なことに、まさに間一髪のところで、石油をエネルギーとして使う方法が発見され、その後すぐに電球と内燃エンジンが発明された。街路は清潔になり、家やビルは以前よりもはるかに安心して住めるようになった。

今日の課題は当時とはまるっきり性質の異なるものだ。一八〇〇年には、世界の人口は一〇億人にも達しておらず、個人が一年で生産し消費する財とサービスの価値は平均でおよそ六五〇ドルだった。[2]しかしそれでも、食料、燃料、住まいのために人々がニーズを満たす方法を考えると、地球が容易に提供できる量を超えていたように思われる。今日、地球上には七〇億人以上の人々が住み、人一人が一年で生産し消費する財とサービスは平均およそ八千ドルだ（一九九〇年時点の購買力平価ベースでのドル換算値）[3]。これは、経済規模としてはおよそ年当たり五六兆ドルに相当し、一八〇〇年時点での六五〇億ドルのおよそ八六倍となる。

さて、ここから五〇年先を見つめてみよう。世界の人口一人当たり国内総生産（GDP）が毎年三%ずつ伸び続け、国際連合の予想どおり五〇年後の人口が九六億人に達した場合、経済規模は年間三〇〇兆ドルを超える計算になる（一九九〇年時点の購買力平価ベースでのドル換算値）[4]。次に、一〇〇年後のことを考える。人口は（人口統計学者の多くが予想しているとおり）一〇〇億人で安定すると想定した場合、二一一〇年の世界のGDPは一五〇〇兆ドル、現在の二七倍を超える[5]。過去と同じようなやり方を続けていると、地球はこれだけの生産と消費を支えられるだろうか？　いやそんなことはほとんど想像できない。

もちろん、いつまでも同じ方法で物事が進むことはないだろう。人類は、古い問題に対する新たな解決法を探す自由を与えられる限り、イノベーションを止めることは決してなかったからだ。今後二〇〇年で現実化しそうなさまざまな環境上の課題を解決するには、過去に経験してきたよりも創造的で革新的になる必要がある。つまり、人の創造力が最高に発揮されるような環境を今後も生み出していかなければならないのだ。

■ステークホルダーとしての自然環境

企業は自社が環境に及ぼす影響について全責任を負い、それを緩和するために画期的な方法を考案しなければならない。そのためには、まずは環境を一つの重要なステークホルダーとみなすことにしよう。ほかのステークホルダーと同様に、「ウィンの六乗」の解決を探すのだ。環境への責任を担うことを、一種の負担あるいは犠牲と捉えるのではなく、「ウィンの六乗」戦略を策定するのだ、と心がけることがすべての基本である。コンシャス・カンパニーであれば、ほかのステークホルダーに対するのと同様、環境に対してもトレードオフの関係を受け入れるはずがない。顧客との関係を改善し、社員のモラルを向上させ、費用を抑えながら、環境への影響を最小限に抑えるべく努力する必要がある。なぜならばこれらのすべてが投資家にとって重大な意味を持つからだ。たとえば、企業はエネルギー効率を高めれば資金を節約できる。廃棄物を減らすと、包装や使い捨て製品に金をかけなくてもよくなる。これらは実に単純な例であるが、企業にも、環境にも、ほかのすべてのステークホルダーにも好ましい結果をもたらすはずだ。

■自然環境に対する意識《コンシャス》の高い《な》アプローチ

環境を主要ステークホルダーの一つと認識した後の最初のステップは、自社が環境に及ぼす影響をすべて意識し、行動に責任を持つことである。これが、「意識の高い《コンシャスな》」という言葉の基本的な意味だ。自分たちの行動のあらゆる結果について意識を高めると、そのマイナス面を無視し、ほかの価値を作り出す過程で必然的に生まれる副作用だとして正当化できなくなる。

これまで地球上に起きた環境破壊は、その大半が意図的になされたものではない。ところが、ビジネスや資本主義を批判する人々は、邪悪で欲深い企業が意図的に、つまりは悪意を持って計画的に環境を汚しているのだという「善玉悪玉二元論」に押し込めようとする。環境問題をこのように仕立て上げることは誤りで不公平であるばかりか、生産的でもない。話はむしろ逆で、ほとんどの環境破壊は、お客様の望む商品やサービスを提供したい、社員に仕事を提供したい、サプライヤーから必要な素材を購入したい、といったような、もともとは「よかれ」と思ってなされた行為の予期せざる結果、という捉え方をすべきなのだ。

■ホールフーズ・マーケットと自然環境

ホールフーズ・マーケットは自然食品や地場産品といった環境への影響の少ない農産物の支援、エネルギー・フットプリント（エネルギー消費に伴って排出される二酸化炭素を吸収するのに必要な森林）の劇的な削減、グリーン・ビルディング（環境配慮型建築物）の推進、店舗における廃棄物ゼロ運動など、環境に対する重要な取り組みを数多く行っている。紙幅の関係ですべては紹介できないので、最も重要な三つに絞ることにする。持続可能な家畜生産の拡大、アニマル・ウェルフェア（快適性に配慮した家畜の飼養管理）、水産物の持続可能性だ。

持続可能な家畜生産

最も深刻な環境問題の多くは、世界規模での家畜生産と密接に関係している。二〇〇六年に、国連食糧農業機関（FAO）は「家畜の長い影」と題する分厚い調査報告書を発表した。そこには驚くべき統計数値が示されている。

□今や、地球の陸地部分全体のうち三〇％が家畜生産用
□収穫されるすべての穀物の三三％が家畜用飼料
□収穫されるすべての大豆の七〇％が家畜用飼料
□アマゾンの熱帯雨林で伐採された箇所の七〇％が牧草地
□アメリカにおける水質汚染の三三％は家畜生産が原因
□温室ガスの全排出量の一八％は家畜生産によるもので、あらゆる形態の輸送施設から排出される温暖ガス（一四％）を上回る[6]

食用家畜の成育にはアメリカで消費される水の半分以上が使われるという別の調査結果もある。一ポンド〔約四五〇グラム〕の肉を生産するのにおよそ二四〇〇ガロン〔約九一〇〇リットル〕の水が必要だが、小麦一ポンドを生産するのに必要な水は二五ガロンにすぎない。[7]アメリカ人は平均で一年間に二七三ポンド〔約一二四キログラム〕の食肉を消費する。アメリカで生産される家畜の出す排泄物の量は人類の一三〇倍以上だ。[8]一九八〇年以降、豚と鶏の世界生産量は四倍に、肉牛、羊、山羊の生産量は二倍になった。FAOの予想によると、二〇五〇年までに、家畜生産量は現在の倍になる。[9]

さらに、動物性食品の食べすぎが人の健康に及ぼす悪影響についてはこれまでも多くの研究で実証され、肥満、糖尿病、心臓病、ガンとの高い相関が指摘されてきた。[10]ホールフーズでは、肉の食べすぎによる環境および人の健康への悪影響を引き下げようとさまざまな取り組みをしている。

一、自然食品、野菜や果物を中心とした食生活が健康に良いことをお客様と社員に教えている。完全菜食主義を直接勧めるわけではないが、だれもがなるべく動物性食品を減らして植物性（自然）食品を増やし、野菜や果物、全粒穀物、マメ科植物、木の実、種子などを食べるよう奨励している。各種の調査結果によると、自然食品中心の食生活は、多くの人々を死に至らしめている生活習慣病の防止に効果を発揮している。

二、ホールフーズは工場式畜産ではない方式、とりわけ一〇〇％草を食べて育った牛や子羊、牧草地で育った豚と鶏といった家畜向けの飼料の開発を続けている。こうした方法で育てられた動物のほうが環境への被害は少なく、人の健康にも良いはずだ。

三、アニマル・ウェルフェアの改善をかなり重視している。以下にその詳細を説明しよう。

アニマル・ウェルフェア

ホールフーズ・マーケットは、家畜動物の取り扱いにことのほか注意を払っている。食用として毎年殺される陸生動物の数はおよそ一〇〇億（うち九〇億は鶏）、海洋動物はおよそ五一億だ。いずれも、アメリカ大陸だけの統計である。世界中では、毎年六〇〇億近くの陸生動物が殺されて人の口に入る。[1]こうした動物のほとんどが、客観的に見ても快適な生活を送れていたとは言いがたい。家畜動物は、人類が地球上で共生している感情を持った生物というよりも、食肉あるいはミルク製造機と見られている。工場式の畜産で最も重視されてきたのはコストの削減と生産性の向上であり、何らかの形で生産性に影響しない限り、動物の幸せは完全に無視されてきた。

ホールフーズは、これを倫理的にも環境への影響という意味でも深刻な問題と捉えており、ロープでつながれた子牛の肉、必要以上にエサを与えられたガチョウから取れたフォアグラ、ジェステーションクレート〔妊娠している雌豚が後ろを振り向くこともできず閉じ込められたままの檻〕を使った豚肉、檻に入れられた鶏から生まれた卵を販売していない。また、工場式の畜産を極力用いない家畜の生育方法の開発に力を注いでいる。過去八年間にわたってさまざまな調査研究を行った結果、多数の家畜動物の生育条件を格付けするためのアニマル・ウェルフェア基準を開発した。「グローバル・アニマル・パートナーシップ」(www.globalanimalpartnership.org)という非営利団体(その後、公的NPOに転換した)を設立し、格付け認証の監視を行っている。格付けは、「ステップ1(柵も檻もない)」から「ステップ5+(アニマル・ウェルフェアが最も重要で、肉体の切断は許されず、動物は生涯同じ農場で時を過ごし、解体は農場で行われる)」まで六段階が設定されている。

これは「ウィンの六乗」の良い例だ。なぜならば私たちが作ったのはステークホルダーがアニマル・ウェルフェアを改善してトップクラスを目指す仕組みだからだ。サプライヤーは高い格付けを得たいと思うだろう。そうすれば会社の評判が高まり、ブランド認知度は向上し、自社製品の値段を上げられるかもしれない。もともと競争心も高いため、なるべく高い格付けを得て自社のアニマル・ウェルフェアのレベルアップに努めるだろう。この姿勢は私たちのお客様にとっても利益となる。人々は、普通のスーパーで売られている食肉よりも安全で、健康的かつ人道的な環境で育てられた動物の製品をホールフーズの店舗で買えることを知っている。投資家も利益を受ける。私たちの提供する食肉製品は他社よりも優れ、競争優位性を高めるからだ。社員もまた、アニマル・ウェルフェアを改善する会社の本格的な取り組みを気持ちよく感じるはずだ。

「シーフード・サステナビリティ」格付けプログラム

ホールフーズは、シーフード・サステナビリティ〔漁業資源の持続可能性〕も深刻な環境問題と考えている。主な水産物の多くはすでに持続可能性を超えて捕獲されてしまった。そこで、私たちは海洋管理協議会（MSC）と協力して持続可能性があると認定された〔持続可能な方法で漁獲を行っている漁場からの〕水産物を購入している。モントレーベイ水族館（MBA）とブルー・オーシャン・インスティテュート（BOI）とも協力して、どの水産物が最も絶滅の危機に瀕しているかについてお客様や社員、マスコミの意識向上を図っている。販売する水産物については、持続可能性の程度に応じMBA、BOI、MSCの格付けを行い、色により識別できるシステムを用いている。二〇一二年に、赤色に識別された水産物〔持続可能性が低く絶滅が危惧される〕は店舗に置かないことを決定した。

興味深いことに、シーフード・サステナビリティに注目し始めると、代わりの漁場がすぐに見つかった。これは、人々が集中して取り組むと発見するか作り出しやすくなるという金言を示している。素晴らしい例は、かつて先コロンブス期〔アメリカ大陸でヨーロッパ白人の影響が現れる以前の時代区分〕の西半球に豊富に棲息していた大西洋タラだ。ニューイングランド〔アメリカ北東部の六州を合わせた地方〕と東部カナダは、主にタラの豊富な地域として水産業が発展した。しかしタラの資源量は過去四〇〇年で九五％減少し、今やMBAとBOIの双方で「赤」に格付けされている。[12] これはホールフーズの店舗、とりわけボストン地区の店舗にとっては深刻な問題だ。数百年間タラを食べてきたニューイングランドの人たちは、今後もタラを購入し食べ続けたいと思っているし、またそう期待している。「赤」に格付けされた魚介類の取り扱いをやめた後、購買チームと鮮魚部門担当チームは協力してタラを獲れるほかの漁場探しに奔走した。幸い、少なくとも一つの漁場が現在MSCから認証を受けている。将来は、この問題についての意識が高まるとともに、持続可能な方法で管理できる漁場の発見と開拓が進むはずだ。

■自然環境に関する成功物語

ビジネス、つまり営利企業は数多くの環境問題の解決に大きな役割を果たしてきた。実際、各社が企業家精神に基づくイノベーションを通じて本格的に対処しない限り、この問題はほとんど解決できないだろう。今日、大企業が、環境保護団体から不倶戴天の敵とみなされていたのはそれほど昔のことではない。今日、政府や市民社会による取り組みがはかばかしい進歩を見せていない中で、多くの大企業が希望の星となっている。企業の意識が高まってこそこのトレンドは加速化する。人類は自然環境に活力を与えてこれを回復する努力を始めるはずだ――私たちはそう確信している。

次に、革新的な取り組みで前進を続け、他社の模範となっている企業の例をいくつかご紹介しよう。

スリーエム（3M）

スリーエムは、他社に先駆けてビジネスが環境に及ぼす影響を低下させようと努力を続けてきた。かつては多くの部門で環境に有害な製品が作られていた。この問題に積極的に取り組もうと、一九七五年に「3P」として知られる「汚染防止採算（Pollution Prevention Pays）」プログラムを導入した。これは、製品や製造工程から汚染物質を取り除くという、時代をかなり先取りしたものだった。3Pプログラムの結果、三〇億ポンド〔約一四億キログラム〕分の汚染物質が取り除かれ、一四億ドル近くの節約につながったと同社は試算している。社員も自発的に参加し、製品の組成変更、プロセス修正、装置や器具の再設計、廃棄物の再利用などを通じて、過去三五年間で八一〇〇件以上のプロジェクトが完了した。数々の賞を受け、一部の国の汚染規制をものともせず、世界的な支持を集めている。興味深いことに、このプログラムを通じて変更したプロセスのほうが機能的にも優れた製品を生み出せることがわかったのだと言う。たとえば、同社のミネソタ州アレクサンドリア工場で導入された研磨裏布の新しい製造工程は、製品の性能を高めただけでなく、大気排出物とコストの削減を実現した。環境に優しい製品は、処分も容易でコストも安くてすむ。[13]

UPS

UPSは以前から環境への影響について極めて意識が高く、持続可能な最先端の方法を導入して多くのビジネス上の利益を獲得してきた。現在も、オペレーション効率を高めようと、利用できるあらゆる技術を駆使した最高水準の努力を続けている。二〇一〇年に、テレマティックス〔移動体に携帯電話などの移動体通信システムを利用してサービスを提供する仕組み〕とGPSの技術を用いて、前年よりも一日当たり三五万個多くの荷物を運び、一日当たりの走行距離を五万三千マイル〔約八万五千キロ〕減らすことに成功した。さらに、車輌ができるだけ左折しないですむ配送ルートを作成したことは有名で、交通事故のリスクと交通による遅れの確率が低下すると同時に、一年で走行距離二〇〇〇万マイル〔約三二〇〇万キロ〕の節約が可能となった。UPSは、顧客と協力して製品に対する荷物の大きさをなるべく小さくする取り組みも行っている。荷物が小さいほど環境に有害な充填剤の使用を減らすことができ、配送回数も減るからだ。[14]

ポスコ

韓国の鉄鋼メーカーであるポスコは、会社を設立して以来、環境への影響を最小化する努力を続けてきた。韓国南東部の都市ポハンでは、製鉄所の敷地内に二〇〇万本以上の植樹を行ってきた。その結果、製鉄所近辺の大気は工場建設前と変わらない質を保っている。主要工場の入り口にかかっている標識には素晴らしい文章が掲げられている。「資源には限りがある。しかし創造力は無限である」

環境保護と経済成長を両立させることは、大量のエネルギーを使い、製造過程で莫大な二酸化炭素を排出するポスコのような企業には大きな課題だ。ポスコはこの潜在的な脅威を機会に変えようとしている。「グローバル・グリーングロース・リーダー（〝緑の成長〟を実現する世界的リーダー）」になると公約し、世界中で戦略的な炭素管理を精力的に推し進めているのだ。[15] とりわけ、ＦＩＮＥＸと命名した新たな鉄鋼生産プロセスを開発し、従来の溶鉱炉による生産プロセスよりも、二酸化硫黄や二酸化窒素などの汚染物質の生成を九五％以上減らすとともに、一五％のコスト削減（エネルギー消費の減少分も含む）を実現した。さらに鉄鋼業界全体が汚染を減らし、エネルギー効率を高められるよう、将来この技術を競合他社にもライセンス供与すると発表した。

ウォルマート

環境面で最も期待の持てる動きを見せている企業の一つがウォルマートだ。もともとは環境保護団体からの批判をかわす方法と見られていた施策が大きく変貌したのだ。環境に好影響を及ぼすさまざまな施策を講じたばかりでなく、巨額の資金も節約し、一部では新たな収益源さえ生み出すことに成功した。ウォルマートは、ほかの大半の大企業よりも早く、環境サステナビリティ（持続可能性）について、政府からの補助金やそのほかのプログラムに頼らなくても、これを高めるための努力から大きなビジネスチャンスが生まれるかもしれないことに気がついていた。現在は莫大な規模と力を利用して、自社だけでなくサプライヤーや多くの競合他社のやり方を変えようとしている。[16]

ウォルマートの取り組みのいくつかを紹介しよう。

□二〇〇五年以降、店舗内にエネルギー効率の高い照明と冷蔵庫を導入して二酸化炭素排出量を一〇％以上減らすとともに、搬送用トラックの運行計画を改善して無駄を排除し、店舗での節約分をはるかに超える削減に成功。

□アメリカと中国のサプライヤーを支援して、二酸化炭素排出量とエネルギー費用を二〇～六〇％削減。

□梱包を減らす大がかりな取り組みの結果、出荷費用と原材料費を数億ドル削減。製品パッケージの簡素化を進め、大半をリサイクル可能な素材に変更して三四億ドルの削減を見込む。たとえば、洗剤を納品するサプライヤーに容器を小さくするよう要求している。そうすれば洗濯に使う大量の水ばかりでなく、容器のプラスチック、包装用段ボール、輸送に使うディーゼル燃料の節約につながるからだ。

□ウォルマートは、最終的にはゴミ廃棄場に送られる廃棄物をゼロにしたいという野心的な目標を持っている。カリフォルニア州の試験プログラムでは、廃棄物をすでに八一％削減した。プラスチックを犬用のベッドに再加工し、食品廃棄物を堆肥に転換するなど、かつては廃棄場送りだった物の再利用方法を次々と見つけ出している。このようにして、以前は店舗から運び出すために金を支払っていた廃棄物から、年間およそ一億ドルを稼ぎ出すようになった。

■意思のあるところに道あり

今日、深刻な環境問題が目白押しであることは言を俟たず、その圧倒的な迫力を私たちは実感せざるを得ない。地球上の人口はすでにかなり多いがなお拡大し続けており、しかも人々はしだいに豊かになっている。その行く末はあまりに悲惨に思われ、環境の質の低下を反転させられるどころか、止めることさえできないのではないかと憂鬱になってくる。[17]

とは言え、楽観できる芽がないわけではない。過去二〇〇年間に及ぶ科学技術の発展のおかげで、私たちの環境がいかに改善されてきたかに気づいている人はほとんどいない。アメリカの大気環境は、一〇〇年前、いや三〇年前と比べても劇的に良くなっている。ロサンゼルス市民は、政府の賢明な政策のおかげで、三〇年前よりもはるかにきれいな空気を吸っている。自動車への触媒コンバーター〔自動車の排出ガスを無害の二酸化炭素と水分にするため、排気系に設けられる触媒装置〕の搭載や、ガソリンに含まれる鉛の削減が法律で義務づけられて、自動車から排出される汚染物質の低減につながった。これは、政府による財産権を守るための適切な措置の一例だ。何しろ空気は「みんなのもの」なのだから。

つまり人は常に前進できるのであって、実際ここ数十年はうまくやってきたのだ。別の例を紹介しよう。一九七〇年代と八〇年代に「酸性雨」と呼ばれる現象について深刻な懸念があったことを覚えている読者も多いだろう。発電所から排出される二酸化硫黄が大気中のほかのガスと反応して発生する、通常よりも酸性度の強い雨のことだ。多くの植物や魚が死に始めたため、酸性雨が世界中のエコシステムを破壊するのではないかとの不安が広がった。

アメリカ政府は、この問題に対処するため、二酸化硫黄の排出取引システムを法制化した。企業や環境保護主義者の反対は多かったものの、この仕組みは、市場原理に基づいて（二酸化硫黄の使用を抑える）インセンティブを効果的に調整することに成功したのだ。各企業は、ビジネスを営むうえでの「権利」として一定水準の汚染物の排出を許されるが、それを超えると、罰金を支払わなければならない。ところが、「スクラバー」と呼ばれる汚染防止装置を導入すると排出量を抑えられる。企業は自社が使わなかった排出枠を防止装置に投資していない会社に売ることができる。こうしてスクラバーを導入する会社が増え、そこに規模の経済が働いて価格も安くなり、一層多くの企業が装置を導入するといった好循環が生まれた。最終的には、このコストは予想されていた額のわずか一〇分の一となった。二酸化硫黄の排出量は半分以下に減少し、酸性雨の被害を受けていたエコシステムは見事に回復した。[18]

世界的に見ると、森林伐採が今もなお相当深刻な問題であることは言うまでもない。しかし、アメリカの経験が物語るように、この問題は効果的に対処できる。人類と地球とのこれまでの関わりを振り返ってみると、国が豊かになると自然環境も改善してきたことがわかる。一人当たり国民所得が二千ドルから八千ドルの時には経済成長は環境に有害なのだが、この水準を超えると状況は好転する。人々は、生活水準が向上するときれいな自然環境を期待し要求もするので、それがたいてい実現するからだ。[19]

■自然環境への不安を愛と置き換える

ビジネスが環境に及ぼす好影響についてこのような証拠を示されても、断固認めない環境保護主義者もいる。環境は破滅的崩壊に向かっているという自分たちの主張にしがみつき、心を開いて見方を変えようとはしないのだ。不安こそが最も効果的な動機づけだと考え、現状維持に甘んじないよう常に人々を恐怖に陥れておかなければならないと信じている人々も多い。しかし、恐怖は創造性を妨害し、イノベーションや問題解決を阻む。恐怖に振り回されていると、人々はいずれ気持ちが萎縮し、周りを無視するようになる。こうした現象はすでに多くの環境問題に起きている。

長期的には、企業は、ほかのすべてのステークホルダーに対するのと同様、環境に対しても愛と思いやりで接しなければならない。恐怖を出発点にしても、ほとんど何も達成できない。問題解決に向けた戦略として、愛と思いやりは、いつまでも恐怖と罪の意識にとらわれているよりもはるかに優れている。

環境問題への取り組み姿勢は、ほかのあらゆる課題の解決を図る時と同じだ。すなわち、人々の意識を高め、創造性とイノベーションを促し、高潔な態度を積極的に認め、これに報いるということだ。政府の役割は極めて重要だ。有効性を科学的に立証された環境規制を制定し、意識の高い、良心的な企業を犠牲にした無節操な業者の繁栄が許されない事業環境を整備しなければならない。そのためには、有害で持続不可能な環境活動を隔離し、拒絶する社会的な免疫システムを開発する必要がある。地球上に存在するさまざまな環境問題を解決する能力が私たちにはある。絶望し、だれかを非難することをやめ、高い志と思いやりのある方法で私たちの地球に働きかけるべき時がやってきたのだ。

第一一章　外側のステークホルダー

どんな企業にとっても、成功のためにはあらゆるステークホルダーが重要だ。ただしどのステークホルダーをどの程度重視するのかはビジネスの種類や会社によって異なるはずだ。ある企業にとって重要なステークホルダーが他の企業にとってはそれほどではないこともあるだろう。いずれにせよ、最も重要なステークホルダーは、双方の利益のために自発的に取引を行っている。これが、私たちがインナーサークル〔ある組織内において権力、影響力などを持つ者たち〕と呼ぶ、主要ステークホルダーの第一の特徴だ。

顧客、社員、投資家、サプライヤー、コミュニティ、（自然）環境は、たいてい主要ステークホルダーの中に入る。環境がだれにとっても重要なことは明らかなのでインナーサークルに入るとみなしてよいだろう。競合他社や社会活動家、評論家、労働組合、マスメディア、政府も企業に一定の影響を及ぼし、主要ステークホルダーにも影響力を行使できるので、ステークホルダーとみなされるべきだ。ただし、彼らは互いの利益のために、日常的に企業と自発的な取引をしているわけではない。したがってここではアウターサークル〔外側の〕ステークホルダーと考えることとする。労働組合と政府が主要ステークホルダーとして、インナーサークルに分類される企業はあるかもしれない。

■競合他社

大半の企業は自社の競争相手をステークホルダーとは考えず、市場で叩きつぶすべき敵だと見ている。競合他社について分析する際には、戦争の比喩がよく用いられる。しかし、もっと前向きに考える方法はある。競合他社を優れた成果を達成するために努力する仲間と捉えるのだ。優れた競合他社は、自社の顧客をはじめとするステークホルダーを奪うのではなく、ステークホルダーに選択肢を提供してくれる存在なのであり、したがって自らが改善し進化するチャンスを与えてくれている、と考えるわけだ。競合他社が存在しているからこそ、現状を打破しよう、次善の策に溺れまいという動機が生まれる。競合他社は、自社だけでは考えつかなかったような発想、戦略、製品、サービスを生み出し、イノベーションを思いつく。

このような前向きな見方は、「競合他社から学ぶ」という視点で彼らを捉えるからこそ出てくる。手強い競争相手からこそ最も多くのことを学べる可能性がある。同じことは相手側にも言える。ほとんどの企業は競合他社を批判的に見て、その弱点に注目する。愚かな、あるいは戦略的に賢明でない行為をしてしまう競合他社は確かに多いだろう。しかし批判的な目ばかり向けていると、ビジネスリーダーは自分のしていることが常に正しいと考え、現状維持に甘んじるようになるかもしれない。そうなってしまうと、何かを学ぶことなどできない。

競合他社が何をうまくやっているのか、自社よりも優れている点は何かに注目するほうが、はるかに正しい態度だろう。競合他社が実際に優れていることを認め、彼らから何かを教わり、改善のヒントを得るためには、心の知能指数の高さと自己認識力、そして謙虚さが必要だ。

優れた企業であれば、自社のイノベーションだけでなく、創造的な模倣を通じて自己改善を図る。賢明な企業《スマートビジネス》とは、まさにこういう会社のことを指す。ホールフーズ・マーケットは、競合他社が私たちよりも何かでうまくやっていることがわかるとチャンスだ！と考える。他社が優れていることを不吉の前兆ではなく、改善の好機と捉えるのだ。そうして競合他社の店舗に出向き、どこが素晴らしいのかをよく観察する。競合他社のイノベーションを取り入れて、彼らよりも早く全社に広げることも珍しくない。というのも、私たちはアイデアを取り入れ、育て、改善し、極めて速く社内全体に広げるという抜群の組織力を身につけているからだ。アイデアの出所が社員なのか、お客様なのか、サプライヤーなのか、あるいは競合他社なのか、などということは何の関係もない。

ウォルマートの伝説的創業者サム・ウォルトンは、競合他社の店舗を頻繁に訪ねては彼らが何をうまくやっているのかを学び、ウォルマートにプラスだと判断するとすぐに取り入れることで有名だった。さらに、ウォルマートのマネジャーたちにも他社の店舗を訪ねることを勧め、競合他社が自社よりも優れた取り組みをしている点を一つ見つけるまでは帰って来るなと命じたものである。自叙伝の中で、ウォルトンはおそらくＫマートのＣＥＯよりもＫマートの店舗で過ごす時間が長かったのではないかと書いている。[1] Ｋマートにはウォルマートから学ぼうという社風が育っていなかった。ウォルマートが大成功を収めたのに対し、その後Kマートが消えていった理由の一つはこれだろう。

このように、競合他社は自社が学び、成長する後押しをしてくれるステークホルダーとみなすべきなのだ。競合他社は、文字どおりホールフーズのビジネスにステーク、つまり利益の源を持っており、私たちも競合他社のビジネスにステークを持っている。同じリーグで戦っているスポーツチームのようなもので、互いに押し合いへし合いながら自社の能力を磨き、ビジネスの場で発揮しているのだ。互いを学びと成長の機会を与えてくれる相手と見れば、自社と競合他社はウィン - ウィンの関係となって、顧客やその他のステークホルダーと同じように利益を分け合える。

このように両者の存在目的が足並みを揃えるようになると、競合他社もまた同じ旅をする仲間になる。「ウォルマートが有機食品ビジネスに参入した時はどうだったのですか？」とよく尋ねられる。まず、ビジネス環境は厳しくなった。ウォルマートは手強い競争相手だ。しかし同社が参入したからこそ、ホールフーズは商品やサービスの改善を迫られたし、イノベーションのスピードも速まった。商品やサービスの差別化にも一段と力を注ぎ、ウォルマートは将来手掛けないだろうと思われる商品も販売するようになった。繁栄できるやり方を見つけて前進しなければならなかった。

見方を変えると、ウォルマートが有機食品ビジネスに参入したことは、ホールフーズの存在目的の正しさが裏づけられたと見ることもできる。実際、私たちはその達成に近づくことができた。持続可能な農産物を広く流通させ、食生活に占める健康な食品の割合を広げることもホールフーズの存在目的だ。二五年前に、ウォルマートがいつか有機食品を売る日がくるだろうとだれかに言われたとしても信じられなかったろう。同社の取り組みは、有機食品に携わってきた人々がここまで努力してきたことの正しさ、そして有機食品がようやく市場の主流に到達した証拠だと思う。ウォルマートの有機食品への参入は、ホールフーズにとっても、世界にとっても素晴らしいことなのだ。

■社会活動家と評論家

社会活動家と評論家も企業にとっては競合相手と捉えられる。ただし競合しているのは思想や価値観だ。社会活動家と評論家に対しては、自分には見えない点を指摘してくれる存在だ、と認識するのが意識の高い《コンシャスな》捉え方だ。ビジネスのあり方について、自分たちとは異なる観点を提供してくれている、と考えるわけだ。競合他社やその他のステークホルダーに接するのと同じように、社会活動家と関わっていくことは重要である。彼らもまた、学びと成長の機会を与えてくれるかもしれないからだ。ステークホルダー理論の創始者エド・フリーマンも言っているように、「活動家の向こう側には新たなビジネスアイデアがある」のだ。

敵対的な活動家や評論家と関わり合うことは決して愉快ではない。会社のことをどうでもよいと思っている人々から厳しい非難を浴びるのだから、気分が悪くなって当然である。あなたの会社は好かれてもいないし、愛されてもいない。もしかしたら悪人とみなされているかもしれない。とは言え、会社が前進するきっかけとなるような価値ある意見をぶつけられることも少なくない。

二〇〇三年、動物権利団体がホールフーズ・マーケットの年次株主総会の会場に現れてピケを張り、あるサプライヤーから調達したカモ肉の販売をやめるよう訴えてきた。不正確としか思えない情報の載ったパンフレットを配り、立ち止まった人たちにホールフーズの悪口を言い立てた。最初のうち、私たちは活動家の出現を実に腹立たしいと思った。株主総会の会場を乗っ取ろうとしていたのだから当然である。ホールフーズのことなどどうでもよいと思っている人たちが、自分たちの主義主張を通すために一株か二株を購入して総会に潜り込み、会社を一方的に非難し、身勝手な主張を押しつけるのだ。面白いわけがない。

それでも、私はCEOとして、株主総会が終わってから活動家の一人であるローレン・オニールとの対話を始めた。当時の私は、ホールフーズ・マーケットはすでにアメリカ中で最も高いアニマル・ウェルフェア水準を維持していると信じていた。二人の対話は電子メールを通じてその後数カ月続いた。ローレンは、私に悪意がなく理想主義的な考えを抱いていることはわかった、ただ、ことアニマル・ウェルフェアに関してはあまりに物を知らなすぎると主張した。「あなたは大企業のCEOなのですから、もっと実態を知らなければなりません。正直申し上げて、ご自分が話されていることについてちっともご存知ない」そう挑発してきたのだ。私は面食らった。いくら何でもちょっと言いすぎではないかと思ったぐらいである。しかしそれでも彼女の挑戦を受けることにし、二〇〇三年の夏、家畜業界とアニマル・ウェルフェアについて十冊以上の本を読んだ。秋に入る頃になって、ようやくローレンの言っていたことが完全に正しく、自分がいかに無知であったかに気づくことになる。私は慄然としていた。それまで彼女が食肉業界について行っていた非難の数々が正確であることはもはや明らかだった。私はまず自分の食生活を改めてベジタリアンになった。そして、ホールフーズの全社員にもアニマル・ウェルフェアの問題に取り組み、ウェルフェア水準を改善してほしいと思った。私たちには、納品する動物を人道的に扱うサプライヤーを見つけ出す責任がある——そう実感したのである。

これが、アニマル・ウェルフェアの改善に向けたコンシャスな進化の始まりだった。内容は第一〇章で紹介したとおりだが、「グローバル・アニマル・パートナーシップ」からの格付けを採用し、お客様にも受け入れてもらっている。この格付けに関心を示す競合他社も現れた。家畜動物の飼育環境は大きく変わり始めている。社会活動家が株主総会にやってきて騒ぎを起こしていなければ、あるいは私たちが彼らを総会への乱入者として警察に排除依頼をしていたらこんなことは起きなかった。積極的に、率直な気持ちで関わることで、ホールフーズは進化した。学び、成長し、改善できたのだ。

■労働組合

労働組合はステークホルダーの中でも興味深い存在だ。社会活動家と同様、企業と労働組合の間には長い対立の歴史がある。労使の対立は、たいていの場合、労働組合と、組合員である社員を含むすべてのステークホルダーに長期にわたって悪影響を及ぼしてきた。企業が大躍進を遂げようとすれば、すべてのステークホルダーに価値を創出する「ウィンの六乗」の連携ができるように進化する必要がある。そのためには、会社と労働組合がリーダーシップを発揮して意識を高め、協力と連携の精神を採用しなければならない。

労働組合ができた大きな理由は、企業が労働者を人間として扱ってこなかったからだ。この点には疑問の余地はない。労働者は機械の歯車程度のものとみなされることが多く、その福利厚生に注意を払う経営者はほとんどいなかった。

アメリカの労働組合は、工場制工業が成長した一九世紀から二〇世紀の前半にかけて強大な影響力を持つようになる。製造業分野では、二〇世紀の半ばまでに大半の企業で労働組合が結成された。民間部門の労働組合組織率は一九四五年に三六％でピークを打ち、その後低下して現在はわずか六・九％となっている。[2] 公務員の労働組合はおおむね非合法だったが（政府は労働組合の権力を制御するほどの市場競争にさらされない独占企業体だから、というのが理由とされている）、ケネディ大統領時代の一九六二年に、連邦公務員の団体交渉権を許可する大統領令が公布された。以降、公務員労働組合は規模を著しく拡大し、現在の組織率はおよそ三六％だ。[3]

六万七千人以上を雇用しているホールフーズには、労働組合に加入している社員は一人もいない。労働組合組織率が極めて高い小売業界では希有な例と言えるだろう。労働組合は、ある意味では社員の心をつかむために会社と競争をしている。会社が社員を手厚く扱い、社員のために十分な価値を創り出し、主要ステークホルダーとして尊敬の念を失わなければ労働組合の組織化は避けられる、と私たちは考えている。コンシャス・カンパニーは、外部からの力で強制されなくても、福利厚生の重要性をよくわかっている。会社がステークホルダーに対する一定の倫理観を持って経営され、社員は重要なステークホルダーとして職場で手厚い待遇を受け、幸せな気持ちで生き生きと働いていれば、労働組合は不要なはずなのだ。

労働組合との付き合い方

経営者は、すでに労働組合の存在している企業の場合には敵対者と見るのではなく、積極的に関わるよう努力すべきだ。つまり労働組合を一つのステークホルダーと認識し、他のステークホルダーに対するのと同じように、ウィン‐ウィンの結果を求めて模索するのだ。サウスウエスト航空は、労働組合と常に積極的に関わってそのような関係を築いた好例である。労働組合と協力して生産性と効率性を向上させながら、組合員の生活も大きく改善できることを示したのだ。サウスウエスト航空の共同創立者でCEOも務めたハーバート・ケレハーに、どうすればそのような友好関係を維持できたのかを尋ねたところ、ごく短いが説得力のある答えが返ってきた。「私は彼らを人として接したにすぎません」元社長、コリーン・バレットは「だれもが一定の尊敬をもって接してほしいと思っているものです」と付け加えた。バレットによると、同社の労働組合と経営陣との会合では、労使が向かい合って着席するのではなく、参加者全員が文字どおり同席して話し合う。したがって労使協議の場を外から眺めると、だれが経営陣でだれが組合の代表か見分けがつかないのだという。[4]

マディソン店での経験

残念なことだが、ホールフーズ・マーケットでは、かつて経営と労働組合とがほぼ完全に敵対的な関係にあった。もう何年も前のことになるが、お客様が店舗に入る気をなくすよう、労働組合がいくつかの店舗の前で長期間ピケを張り続けたことがあった（私たちの社員は一人も参加していなかった）。さらに、会社に対する組織的な攻撃の動きに資金援助を行い、機会を捉えてはホールフーズの評判やブランドを傷つけようとした。

二〇〇二年に、ウィスコンシン州にあるマディソン店で社員が投票を行い、ギリギリの過半数で労働組合が結成された。しかし、これは仕組まれたものだったことがあとで発覚した。数人のまとめ役が労働組合を設立する目的で入社していたのだ。その証拠に、組合結成後に大半が離職した。労組のまとめ役は「マディソン店に労働組合が首尾よく結成された暁には、賃金を上げ、有給休暇を増やし、店のディスカウント率を上げ、健康保険を改善し、服務規程を自由化します」といった類の数々の約束をしていた。労働組合キャンペーンが行われている間は非現実的な約束がなされるのは世の常であるが、経営側から見ると、いかに労働組合からの攻勢に応えようとしても、全米労働関係委員会（NLRB）の定めた厳格な規定に基づく多くの制約があり、これらを効果的に実現することはほとんど不可能だ。皮肉なことに、労働組合結成キャンペーンが始まり、NLRBにその通知がなされると、企業は報酬についても労働条件についても一切約束することを禁じられるからだ。

このキャンペーンは私自身が目覚める大きなきっかけとなった。最初の反応は、「なんてことだ！どうしてこんなことが起こってしまったのだろう？」というものだった。社員が幸福に感じるだけの十分な環境を会社が提供していなかったことは明らかだった。そうしていれば、労働組合は社内に足場さえ築けなかったはずだ。そこで私はこの問題を自ら担当し、どこで間違ったのか、どうすれば改善できるかを探ることにした。その後一二カ月をかけて国内の全店舗を訪ね、社員との一対一の面談やグループミーティングを行った。社員の言うことに耳を傾け、学ぶことに徹した。そしてホールフーズがどうすれば今よりも良い会社になって働きやすくなるのか、そして社員が業務を改善するために経営陣が何をできるのかを理解しようとした。これは素晴らしい経験で、多くのことを学んだ。たとえば、健康保険制度を改善する必要があることを知った。その結果、ほかのさまざまな改善策とともに、健康保険制度も今日のような仕組みへと大幅に改善された。

結局のところ、マディソン店での労働組合結成キャンペーンは、社内改革を推進させる好機となった。私たちに先んじて社員の心をつかもうとした労働組合の活動のおかげで、会社は良い方向に進化したのだ。興味深いことに、労働組合はマディソン店の社員に約束したことを一つも実現できなかった。マディソン店以外での全店舗でさまざまな改革が実現している間、労働組合はマディソン店にそれらを導入することを拒んだのだ。マディソン店の社員は、健康保険制度の改善、有給休暇の増加、賃金上昇など他の店舗で実現したすべての改善を十分知っていたが、それらの利益を享受できなかった。労使の契約交渉が完全に終わるまで、労働組合がそれらの導入を認めなかったからだ。組合側のこのかたくなな姿勢が原因で、まもなくマディソン店の社員は労働組合を必要としないことに気がついた。結成を決定した投票から一年後、社員たちは労働組合の認証取消を求める申請書をNLRBに提出し、労働組合は解散した。ホールフーズでは、マディソン店を含むどこの店舗でも労働協約が締結されたことはない。

■マスメディア

（マス）メディアもステークホルダーの一つに数えられるべきだ。そして企業側もそのつもりで関係維持に努めなければならない。メディアがどのような情報を求めているのか、彼らとどう建設的に付き合うかを理解することは重要だ。そうすれば、双方にとってプラスとなる相乗効果が働くかもしれない。

とかくメディアというのは、論争（controversy）、対立（conflict）、変化（change）という三つのCに注目し、報道したがるものだ。時には、事実をかき回して論争をあおったり、何もないところに対立を探したりすることさえある。メディアの人間は、良い変化であれ悪い変化であれ、何しろ「変化」について書きたいと考えている。

従来のメディアは進化し、これまで以上に高い意識を持つ必要がある。つまり、自らの存在目的を再発見しなければならない。報道メディアの場合、それはおそらく真実を追究し、報道することだろう。優れたジャーナリストは、物事を掘り出して真実をつかみ取ろうという情熱を持っている。多くの人々がメディアへの信頼を低下させているのは、メディアがもはや正直に人々と接する存在ではなくなり、多くの読者や視聴者を獲得するために物語をでっち上げたり、娯楽や煽情主義に手を染めたりといったことのほうに関心があると考えているからだ。

メディアがきちんと機能すれば、社会に存在するあらゆる組織（営利企業も含む）の開放性と透明性、説明責任への要求度が高まるため、どこも良い組織へと変化できるはずだ。むろん、行きすぎてしまうこともよくあり、過剰で、不正確で、結論ありきの報道の矢面に立ってきたと実感しているビジネスリーダーが多いことは事実である。しかし、社会全体への影響という点では、報道の自由が大きな利益をもたらしていることに疑問の余地はない。

新聞、テレビ、ラジオなどは、昔から情報の仲介者として、企業に関するさまざまな出来事を解釈しては外の世界に伝える役割を果たしてきた。企業は、メディアが提供する解釈か高額な広告宣伝以外には、ステークホルダーの多くと直接接する簡単な手段を持っていなかった。その結果、メディアに依存せざるを得なくなり、自社に関する出来事を説明する際にメディアが用いるさまざまな解釈や偏見、独特の見方にさらされた。現在は、従来のメディアを介在させなくても、フェイスブック、ツイッター、ユーチューブといったソーシャルメディアや各企業のウェブサイトを通じて、以前よりもずっと簡単にステークホルダーとの意思疎通が直接できるようになった。ソーシャルメディアは一種の革命を実現した。なぜならば企業は主要ステークホルダーと常に直接つながることができるわけで、これは各社に相当の力を与えている。ホールフーズにはコミュニケーションチームがあり、アーンドメディア〔消費者生成メディア。口コミを通じて自社ブランドや商品・サービスの信用や評判を得るメディア。オフラインでの口コミ、テレビ番組や新聞記事で取り上げられることなども含まれる〕、ソーシャルメディア、店内でのお客様とのコミュニケーション、そしてコミュニティとの関わりを担当している。従来のメディアとも当然付き合いはあるが、ステークホルダーと建設的に関わり合う手段としてはしだいにソーシャルメディアを最も重要とみなすようになってきた。自社が一〇〇％支配できるメッセージを伝えるために莫大な予算を広告宣伝につぎ込んでいる会社は多い。広告は送り手のメッセージを送り手の望むような形で発信できるが、会社の物語を自由に語るアーンドメディアや第三者のレポーター、ライター、ブロガーのような信憑性に欠ける。ホールフーズは後者の方法を積極的に推進し、素晴らしい成果を上げている。

■政府

政府はあらゆる企業にとって重要なステークホルダーで、一部の企業にとっては最も重要な存在だ。たとえば、ヘルスケアや公共事業に関わる企業から見ると、政府はビジネスのあらゆる側面に関与してくるので、主要ステークホルダーの一つに数えられる。防衛関連企業にとって政府は顧客であり、明らかに最も重要なステークホルダーだ。

政府が社会で重要な役割を果たしていることに疑いの余地はない。問題は、どの程度の重要な役割を果たすべきか、ということだ。いったい、政府はどのタイミングで企業に手を差し伸べる存在から、あれこれ指図し、害を及ぼす存在に変わるのだろう。ヘルスケアや教育といった一部の業界では、政府は今やかなり強力で支配的な存在となって、企業家精神やイノベーションが押さえつけられている。しかし、むしろ本当に問題なのは、政府の役割が大きいか小さいかよりも、政府がコンシャスであるかないか、つまり政府が価値を生み出す側なのか、それとも破滅させる側なのかのほうなのだ。[5]

ことビジネスに関して言うと、政府には公平な審判となる責任がある。財産権に関する公平な制度を作り、企業がルールに従う仕組みを整え、均等な機会を提供できるようにそれを適用しなければならないのだ。社会のためになり、社会にとって必要な、社会を良くする規制は確かにあるものの、多くは有害で非生産的だ。しかも規制には実に金がかかる。米国連邦中小企業庁（ＳＢＡ）によると、アメリカにおける規制関連費用の総額は毎年およそ一兆七五〇〇億ドルにも達している。これは二〇〇九年に徴収された個人所得税の総額に等しい。[6] 規制は中小企業に過度な負担となっている。ＳＢＡの調査によると、従業員が二〇名未満の会社の場合、従業員一人当たりの規制関連費用は一万五八五ドルと、規模の大きい企業よりも三六％高い。[7]

公衆衛生や環境維持にとって重要な安全網を作り出す規制はあるものの、既存企業の利益を単に守るだけで企業家精神を挫くような規制があまりにも多い。特に、教育、ヘルスケア、エネルギー分野といった経済の根幹の分野では、多くの規制によって企業家精神やイノベーションによる大変革と再活性化が阻まれている。

競争市場では、企業はどんなに大きくなったとしても、顧客、社員、その他のステークホルダーに対する強制的な権力を持てない。企業にできるのは、ステークホルダーが自由に選べるようにそれぞれへの選択肢を提供することだけだ。しかしながら、世の中に存在しているあらゆる機関の中で、唯一政府だけが強制力を持っている。政府の持つ権力がとてつもなく強大となり、脅迫的な存在になる可能性がある。

多くの民主国家では、政府は特別利益団体のロビー活動の結果かなり腐敗している。一部の企業と労働組合、政府が不健全な連合を組んで、少数の限られた利益が多数の幸福に優先されているのだ。この種の利益は、全体の福利を犠牲にして自分たちだけを利する方向に仕組みをねじ曲げ、既得権を守ろうと政府権力に頼るようになる。

政府の規制担当者は、規制を受けていた業界の出身であることも多い。こうした人々は、自分が政府を離れた暁には、業界内で有利な地位と立場を得られることを知っている。そのような状況下では、規制は公共の利益のためではなく、特定業界（あるいは業界内の特定企業）の利益になるように巧妙に作り上げられることも多い。[8]

強いコネを持っている人に特別な便宜が働くという例は世の中に数えられないほどある。人々がこの種の腐敗を見ると、たいていの場合、腐敗をもたらしたのは企業だと非難の矛先を向ける。しかし政府も同罪である。これが「縁故資本主義」で、自由競争資本主義が陥る最悪の事態だ。この危険性が特に高いのは新興国だが、世界のどこにでもあり得る現象で、アメリカでも深刻な問題になりつつある。資本主義を非難する多くの人々はこの点をやり玉に挙げる。しかし、縁故資本主義は自由競争資本主義ではなく、一種の変態形なのだ。

健全な政府が絶対に必要なことは間違いない。政府があまりに腐敗すると、市場経済体制と健全な資本主義が成り立たなくなる。法の支配は必要だが、規制と税金は全員に公平に適用されなければならない。規制と税金は、個人の自由を守りながら公益を求めるという基本理念に立脚し、社会全体の幸福が最優先されるように決められる必要がある。

■対立に対して前向き、かつ創造的に対応する

競争相手、社会活動家、労働組合との関わりについては共通するテーマがあると思う。どのようなステークホルダーとの間でも、対立が生じたときの対処を間違えると関係が相当こじれてしまう。ただし、適正に対処できればむしろ歓迎すべき事態なのだ。これをまったく経験しないとだれも自らを変革できないだろう。そうではなく、前向きな態度で創造的に対応できれば、積極的な変化に向けた重要な引き金になるかもしれない。ステークホルダー理論の創始者エド・フリーマンは、ステークホルダー間の対立はビジネス機会にほかならないと指摘している。

経営思想分野の先駆者であるメアリー・パーカー・フォレットは、対立には、抑圧、妥協、統合という三つの対応の仕方があると説いた。「抑圧」とは、強いほうが弱いほうを支配すること。「妥協」は歩み寄りではあるが、本音の部分では両者ともに幸せではない。「統合」とは、創意工夫によって、だれもが妥協することなく、全員にとって機能する解決方法を作り出す、ということだ。「統合」によって両者はそれぞれの最善のシナリオよりも良い状況が生まれるかもしれない。これこそ私たちが追求すべきことだ。次章ではこの点に注目してみよう。

第一二章　ステークホルダーの相互依存

メドトロニックのCEOを務め、現在はハーバード・ビジネススクールでリーダーシップ論の教授をしているビル・ジョージは、会社のステークホルダーの相互依存性をよく理解しており、「好循環」という言葉を用いてこれを説明する。まず存在目的と価値観がある。それに刺激され、共感した意識の高い人々《コンシャスな》が入社する。社員の生み出すイノベーションと優れた顧客サービスによって市場シェアが上昇し、売上高と利益が拡大し、ついには株主価値が高まるというわけだ。「かなり強力な好循環です。向きを変えて、株主価値から出発しても存在目的にはたどり着きません。時計の針が一方向にしか進まないのと同じです。もし、証券アナリストや短期投資家を満足させなければならないという前提から出発すると、企業はいつか破滅するでしょう。イノベーションや優れた顧客サービスは阻害され、従業員のモチベーションは下がり、会社が築き上げてきた株主価値が何であれ、それが崩壊してしまうのです。ゼネラルモーターズ、ホーム・デポ、シアーズ、コダック、モトローラなど、かつての名門企業はみなこのような運命をたどりました[1]」

■分析的思考を超えて

経営とリーダーシップにとって、極めて難しいものの、重要でやりがいのある課題の一つは、ステークホルダー間の関係を理解することだ。企業はさまざまなステークホルダーに囲まれていて、しかもそれぞれが自分の取り分を多くしたいと考えているので、時にステークホルダー間の対立が起きることは避けられない。とは言え、ほとんどの人々はステークホルダーの役割を分析的に分割している。ステークホルダー集団を自社とは別個の、互いに独立した企業体として、それぞれが独自に利益を追求していると見ているわけだ。しかし、それ以上には踏み込まない。このような見方は一種の要素還元主義〔複雑な事象をいくつかの単純な要素に分割し、各要素を理解することで元の事象を理解しようという考え方〕であって、ステークホルダーと自社との関係やステークホルダー間の関係を無視している。個別の要素を分析するだけでシステム全体を無視しては、複雑で、進化を続ける自己適応型の組織はうまく理解できない。企業はステークホルダーがまとまった単なる集合体ではない。さまざまなステークホルダーが共に作り、共に進化させている相互関係、相互協力、共有の目的や価値観も企業を成り立たせている。レンガをつなぐモルタルは、レンガと同じくらい重要なのだ。活動しているビジネスシステムについて、その中に存在している相互利益を目指す自発的な協力の機会や相互依存関係などの全体像を完全に理解できれば、実に美しく荘厳にさえ見えるかもしれない。

エド・フリーマンは、ステークホルダーの利益を調和的にまとめることは、音楽を奏でたり工芸品を作ったりするのと似ていると言う。ほとんどの人は分析的に考えろと教えられてきたために、物事を要素に分解して考えてしまう。分析力には大きな価値があり、科学やテクノロジーの分野を中心に多くの点で役立っていることは確かだ。しかし、ステークホルダーを理解しようとする手段としては一定の限界がある。分析的な物の見方をすると、とかくステークホルダーを、それぞれが自己利益の増進を図ろうとする別個の企業と捉えがちになる。その結果、自己利益に差が生じると対立が頻繁に起き、トレードオフの関係が起きやすくなる。大きな複雑な姿を捉えることが難しくなってしまう。いわば「木を見て森を見ず」の状態に陥ってしまうのだ。ステークホルダーの関係を理解するには、別の種類の知能――「システム知能」が必要となる。

ケン・ウィルバー〔アメリカの現代思想家。インテグラル（統合）思想の提唱者〕が「統合意識」、ドン・ベック〔アメリカの経営コンサルタント〕とクリス・コワンが「第二層の意識」と呼んだ全体論的なシステム知能は、各自の意識にとっても、集団の意識にとっても一歩前進した考え方である。[2] 二一世紀に入り、この種の思考方法の重要性が高まっているため、こうした能力を伸ばすよう人々を促し、教育する必要が出てきた。全体論的なシステム知能をもって考える能力がないと、コンシャス・キャピタリズムについて我々が語っているほとんどのことが多くの人には理解できないだろう。ステークホルダー間の分離と対立は認識できても、ステークホルダーをうまく統合する能力で実現する団結と調和の意味が飲み込めないからだ。

医学生が解剖を学ぶ時には、解剖用の死体を用いて、肝臓、心臓、血管、脳といった身体の構成要素を一つ一つ研究する。そうしてさまざまな要素を識別し、覚えていく。しかし、身体各部がそれぞれどのように機能し合っているのかは、死体からはうかがい知ることはできない。もちろん、各部位が生きていればどのように協調しているかを想像はできる。つまるところ、それが死体を研究する目的なのだから。学生たちは個別の部位で構成された機械として身体を見ることで、人々を理解しようとする。この作業は必要だが十分ではない。人間の身体は、互いに協力し合う一〇兆個の細胞でできあがっており、細胞ごとにさまざまな機能がある。それぞれが維持している互いに複雑な相互依存関係を理解しておくことは、決定的に重要なのだ。

病気になると、身体の特定部分が「機能不全」になったと見て、それを修正するための調合薬を摂取する。そして薬が効かないと（そういうことは往々にしてあるのだが）、ステントやペースメーカーの装着、肝臓移植、膝関節や股関節の置換といった外科手術を施して部位を補強したり交換したりする。医師や病院は、応急処置や調合薬、医療器具、外科手術など、病気の源ではなく主に症状に対処する高級な自動車修理業者になってしまった。しかしこのアプローチは間違っている。医療は、本来最適な健康状態の研究に基づいて、正しい食生活、健全な生活習慣、適度な運動、休養、前向きな姿勢などを通じた健康的な生活を送るよう人々を指導しなければならない。同じような姿勢が組織にも求められるはずなのだ。

■隠れたシナジーを発見する

健康や生活は、分解して部品を分析しただけでは本当には理解できない。コンシャス・キャピタリズムも同様だ。システム全体を見るという姿勢を持ち、企業とステークホルダー、そしてステークホルダー同士の相互依存関係をつかめないとこの仕組みは理解できない。

最初の障害は、分析的な姿勢についてまわるトレードオフのメンタリティだ。**「トレードオフを探すと、必ず見つかる」**。これが本書で指摘したい最も重要なポイントの一つだ。人は強い「確証バイアス」を持っている。[3]私たちには、何かが「見える」のではないかと期待すると、それを「見始めてしまう」傾向がある。実際に何も存在しなくても、分析的な思考がいつも働いて潜在的なトレードオフや対立を呼び起こし、それを見つけてしまうのだ。

幸いなことに、相乗効果《シナジー》を探すときも同じだ。探せば、ほぼ間違いなくシナジーを見つけられるはずだ。しかし、システムのこうした特徴と相互依存性を理解できる人は少ない。というのも彼らの意識が意識の高い企業《コンシャス・カンパニー》を理解できるだけのスキルをまだ発達させていないからだ。これは、南洋諸島の出身者に雪とは何かの説明を試みるようなものだ。彼らはそもそも雪を理解しようにも必要な経験がないのである。

もちろん、あらゆるステークホルダーのニーズや懸念に同時に対処することは簡単なことではないが、間違いなく必要なことなのだ。そのためには、「価値の分割」ではなく「価値の創出」に集中しなければならない。負担と利益をステークホルダーの間でどう分配できるのかではなく、ステークホルダー全員のためにいかに多くの価値を作り出せるかを問うべきなのだ。[4]今求められているのは、パイをいかに公平に切り分けるかではなく、パイをいかに拡大させるか、という思考方法なのだ。

■ステークホルダーの癌

「癌」という用語は多くの企業でステークホルダーの過ちを理解するのに有益な比喩だと思われる。癌性腫瘍は、一部の細胞が突然変異して分割・成長し始めて生まれる。そのような成長に対しては免疫システムが警告を発し、身体に有害な成長を阻止しようとするのだが、癌細胞はそれを無視して成長する。健全な免疫システムであれば、突然変異した細胞の暴走を阻止、破壊、再生して健康を回復させられる。ところが、免疫システムが何らかの理由で（遺伝、不健康な食生活、タバコ、アルコール、有害物質、ストレス、抑うつなどで）弱まると、癌は身体の防衛メカニズムをうまく切り抜けて成長を続ける。免疫システムが回復しないと成長しながら体内に広がり、最終的には身体全体を殺してしまう（癌は究極的には自滅的な性質を持っているため、癌細胞自身も死滅する）。

癌は企業内での協力、そして企業とステークホルダーとの協力が欠如していることの比喩だ。企業内に相互依存性が見えなければ、そして主要ステークホルダーすべてとの間に「ウィンの六乗」の関係を作り出せなければ、ステークホルダーの一つが過度に支配的になって癌の予備軍になり、システム全体の幸福を脅かすかもしれない。どのような相互依存システムにおいても、ほかのグループの利益を犠牲にして一グループの利益を増やし続ければ、ダメージは著しく大きくなる。そのような企業の業績は低下してついには自滅するだろう。大きなシステム内でほかの相互依存的なステークホルダーのことを考慮することなく、自分の利益の最大化を目指すステークホルダーは、システム全体に危害を加え、その生存を脅かす。あるステークホルダー集団があまりにも支配的で利己的になると、癌と同様、それが属しているシステム全体を破壊し、その過程で自滅するかもしれない。これはどのようなステークホルダー集団にも起こり得るのだが、特に投資家、経営幹部、そして社員の周辺に発生しやすい。

企業に発生する「ステークホルダー腫瘍」で最もよく見られるタイプは、「株主価値と利益を最大化すべし」という広く浸透している思想に由来するものだ。投資家が唯一の主要ステークホルダーとみなされ、ほかのステークホルダーの相互依存性と本質的価値が無視されると、社内にはいつか企業を破滅させるかもしれない癌が生まれ育つリスクが高まる。最近の金融危機をもたらした原因の一端はこの種の発想にある。多くの金融機関が短期的な利益を拡大しようと躍起になり、ほかのステークホルダーや社会全体に有害な影響を及ぼす可能性をほとんど顧慮しなかった。そして経営者は、ビジネスシステム全体の共通の利益に目配りをしていなかった。結局、その近視眼的な利益の最大化戦略が破綻して金融機関が大損害を受けたばかりか（もっとも政府からの特別な計らいで繁栄を続けた企業もあったが）、アメリカ経済全体も危うく倒れそうになった。

二つ目の「ステークホルダー腫瘍」は、相応の価値を作らないまま自分の報酬額を最大化しようとする経営幹部を病根とする。多くの企業では、経営者は社内の公平性や会社全体の業績をほとんど考慮せずに自分自身にあまりにも多額の金額を支払っている。経営幹部への報酬が高すぎるため企業業績にかなりの悪影響を及ぼしている企業すらある。この腫瘍の原因は、過剰な短期ストックオプションだ。自分の保有するストックオプションで莫大な利益を得たいと思うあまり、経営者は往々にして長期的な競争力を犠牲にして短期の利益を最大化する決断を下してしまう。顧客への値上げ、賃金や給付金のカット、人員削減、サプライヤーに対する無理な値引き要求といった取引条件の一方的な変更などで、ステークホルダーの「ウィンの六乗」の関係を破壊する。このような施策を打てば短期的には増益となり、株価は上がり、経営者の報酬も増えるかもしれない。しかしそのために長期的な成功や収益性が犠牲になる。納得できないステークホルダーはそのうち離れてしまい、会社の生存能力は低下し始める。

「ステークホルダー腫瘍」としてよく見られる三つ目の原因は社員だ。どの企業の成功にとっても社員は決定的な役割を果たす。しかし、社員も時に利己的になって、自分が属している会社全体のシステムに損害を及ぼす可能性は否定できない。市場の規律によく従わない一部の組織では、「給付に対する権利意識」が育ってしまう。これは、力のある労働組合が短期的な利益を追求し、ほかのステークホルダー全体の利益をないがしろにする場合にも見られる。アメリカでは、労働組合の力があまりに強いため、（もちろん経営者の失敗もあって）自動車、鉄鋼、航空産業の長期的な競争力が低下してしまった。

■「相互依存宣言」

「相互依存宣言」は、一九八五年、ホールフーズ・マーケットが創業者間の対立を経て策定した独自の宣言である。[5] この対立で創業者の一人が去り、会社はいくつかの派閥に分かれてしまっていた。私たちは外部のコンサルタントであるクリス・ヒット（後にホールフーズに入社）と契約し、彼の主導でビジョンと価値観を明確化するプロセスに入った。その結果、それまでの五年間で積み上げてきた価値観を確認し、はっきりと言葉にすることができた。それまで意識していなかった価値観を意識化することに成功したのだ。ヒットはホールフーズのステークホルダーには相互依存性があることを突き止めた最初の人物であり、彼のおかげで私たち経営陣はそれを確認できた。それから、役職員六〇人（一九八五年当時の総人員の一〇％）が参加して「相互依存宣言」が策定された。何が本当に大事なことかを全員で決め、ビジネスを進めていくうえで重視する価値観をはっきりと定義した。同年に、この宣言はホールフーズの成長と拡大を導く憲法となった。この文書はその後数年の間に改訂され、今やホールフーズのDNAに完全に刷り込まれている。

我々がコンシャス・キャピタリズムについて語っている価値観の多くは、すでに大半の企業に存在している。ただそれらは十分に意識されていない。しかし、会社がその価値観に明確な言葉を与え目標を示せば社員の意識は高まり、社内には活力がみなぎり、コンシャス・カンパニーへの道を歩み始められるはずなのだ。

■未来探し：共に未来を作る

ホールフーズ・マーケットは一九八八年に最初の「フューチャー・サーチ」を実施し、以後、五年ごとにこれを行っている。[6] この強烈な取り組みは、通常およそ三日かかる。社員、サプライヤー、投資家、一部の取締役に経営幹部の全員を含め、毎回一〇〇人から一二五人の人々に集まってもらう。会社にはどう進化してもらいたいか、そしてステークホルダー全員が共有できる夢は何かを皆で思い描く。参加者全員が具体的な視点を持ち寄る。ホールフーズの全機能を担う人々が集まるので、短期間で驚くほどの成果が上がる。経営陣だけがこうした試みを行うと、各ステークホルダーが最も価値を置いているのかが何かを推測しなければならない。しかも往々にして推測は間違うものだ。しかし各ステークホルダーの代表者が集まれば、推測する必要はない。

もちろん、参加者はホールフーズのステークホルダー全員の思考や欲求の一面を示しているにすぎない。イベントに呼べるお客様もわずか十数人で、二千万人を超える来店客全員の意見を代弁できるわけではない。参加している社員、サプライヤー、投資家についても同じことが言える。しかし、それでも参加者一人一人が具体的で価値ある視点を提供する。各人各様の見方でホールフーズを観察・評価し、見たままの感想や意見をグループ全体に伝えてくれる。ステークホルダーが互いの立場を理解し合えば会社を所有しているという実感も湧き、組織全体との一体感も高まるだろう。

このような形で会社の全機能が集まってさまざまな相互作用が起きるさまを目撃できることは実に刺激的だ。最初の「フューチャー・サーチ」を実施したのは、「相互依存宣言」を策定して三年ほどたった頃だった。あまりにも成果が大きかったため、五年ごとに繰り返すことにした。五年間隔というのは、指針となる魅惑的なビジョンを策定するのには適当な頻度であると同時に、ビジョンを実施し修正を施すには十分な期間と言える。この二五年間でホールフーズのビジョンが進化してくるさまを目撃できたのは私たちにとって実に感動的だった。これまでを振り返ると、ホールフーズが「フューチャー・サーチ」ミーティングで明確化されたビジョンをいかに成功裏に実現できたかを確認できる。

「全員で思い描いたことこそ、創り出し、現実化できる」――本書でこれ以上に重要な真実はないかもしれない。未来の現実を皆で一緒に創り出すのだ。だからこそ、高い意識で、協力的に、そして責任感をもって行わなければならない。真、善、美、そして高潔さは、私たちが一丸となった創造的な夢の力を通じてこの世界に現実化できるのだ。

■オーナーと投資家と法的支配

相互依存的なステークホルダー全員の価値を最適化することは、企業に対する投資家の法的支配が喪失することを意味しない。所有者と投資家は、法的に企業を支配して経営やほかのステークホルダーによる企業搾取を阻止しなければならない。なぜならば、所有者と投資家は最後に支払いを受けるからだ。企業との関係で最初に「支払い」を受けるのは顧客である。まずは来店し、自分の望む製品やサービスを見つけ、購入し、受領し、たいていの場合そのあとに料金を支払う。たとえば、顧客はカフェで飲食をし、料金を払う。社員は顧客にサービスを提供し、会社から定期的に給料を受け取る。サプライヤーは合意された条件に従って会社から対価を受ける。税金は毎月または四半期ごとに支払われる。オーナーと投資家は、ほかのすべての人々が製品やサービス、賃金、あるいは支払いを受けた後、最後の最後に支払いを受ける。すべての支払いが終わったあとの残された残余利益を得る権利があるわけだ。ただし最後なので、経営陣やそのほかのステークホルダーから不当な扱いを受けないよう、企業の法的な所有権と受託者に対する支配権を持たなければならない。投資家は通常、自らの資金を企業に投資するための要件としてこうした条件を要求する。

株主は企業を所有し、会社が生み出した価値の「最後の受領者」でもあるので、経営陣の選定については取締役会を通じた最終決定権を持ち、業績に不満な時には経営陣を解雇できる最終権限を持つ必要がある。これがないと、株主は結局、経営陣またはそのほかのステークホルダーに必ず搾取される。

次に、コンシャス・キャピタリズムの第三の柱、コンシャス・リーダーシップを検討する。

第三部

第三の柱 —— コンシャス・リーダーシップ

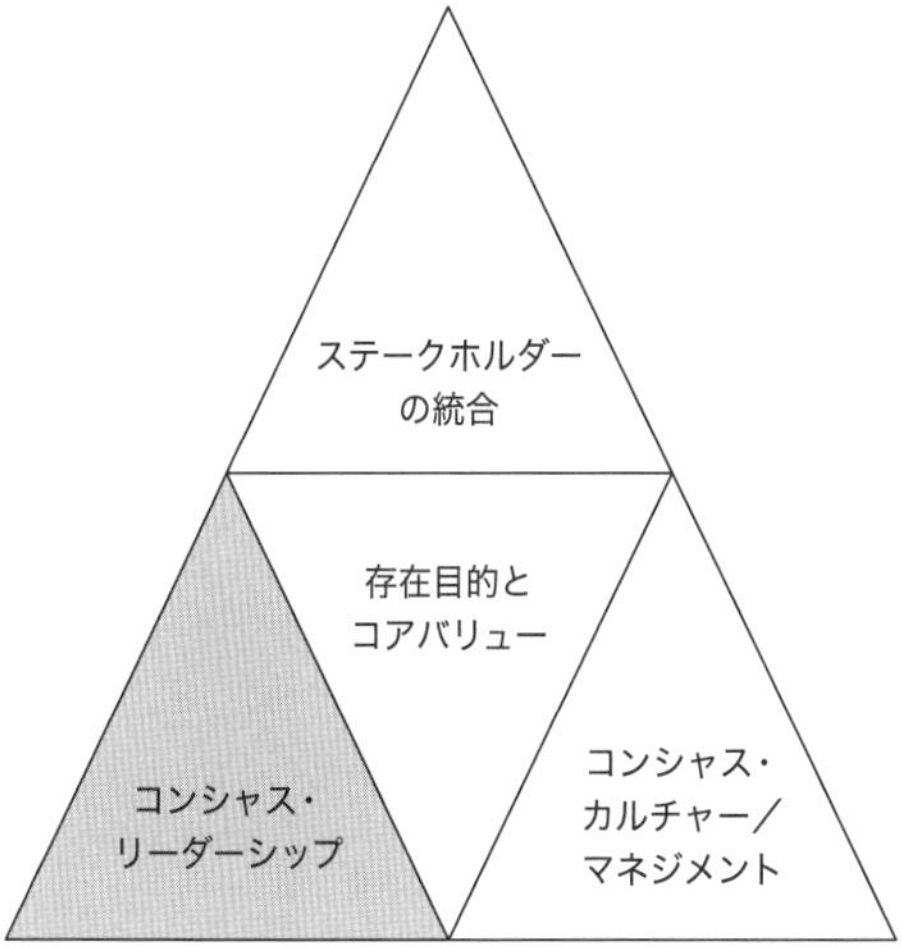

企業の存在目的に関して、我々が最近見た中で最も効果的で最も強力な声明は、リーダー養成企業ピボットの「優れたリーダー=優れた世界」だ。[1] リーダーシップは極めて重要だ。その理由はむろん、リーダーによって会社の業績が大きく左右されるからだが、それだけではない。リーダーの資質が私たちの生活の質に影響を及ぼすからだ。優れたリーダーは、企業規模にかかわらず、この世の中を住みよい場所にしようと努力している。一日一日を、一人一人を、そしてそれぞれの会社を大切にしているのだ。

コンシャス・リーダーシップは、おそらくコンシャス・キャピタリズムの中で最も重要だ。コンシャス・リーダーシップがないと、ほかのほとんどの要素がどうでもよくなってしまう。どんなに素晴らしく、最高レベルのコンシャス・カンパニーでも、誤ったリーダーを採用するか昇進させると、業績は墜落し、場合によってはつぶれてしまう。

■軍隊式から報酬目当て、そして使命感のあるリーダーへ

偉大なリーダーとはどういう人を指すのだろうか?

企業では、かつて軍隊をモデルとした経営が一般的で、軍隊的な色彩の濃い指揮命令系統が企業文化の一部となっていた。企業は、もっぱら「強大な権力を行使したい」というタイプの人間を採用したがった。軍隊をモデルとして、ビジネスは戦争にたとえられ、「最高の兵士こそが最善のリーダーだ」という神話が広がった。ビジネス用語やビジネスで用いられる比喩を見てみると「戦略的」、「戦術的な」意思決定であるとか、「デッドライン（死線）を超える」「前線に出る」「全員一丸となって（事に

当たる）」「参謀役と協力する」「市場シェアを勝ち取る」といった表現がかなり見受けられる。[2]

力強い指揮官がトップに就任した大企業は、しだいに株主のためではなく経営陣の利益のために存在していると見られるようになった。これに対して株主の権利を主張する声が高まり、CEOの報酬を株価に強く連動させるという解決策が編み出された。こうしてCEOは法外な給料と莫大なストックオプションを手にするようになる。株価が上がれば個人的に豊かになれるというニンジンを経営陣の鼻先にぶら下げるべきだ、という理屈がまかり通った。軍隊方式のリーダーシップは「報酬目当てのリーダーシップ」に変貌した。この手のリーダーは何でもかんでも数字で判断するので、企業を抽象的な存在と見がちになる。特定のビジネスに対する情熱などまったく持たず、自分のために権力を行使する喜びさえ持っていないかもしれない。ただただ会社の業績を拡大し、市場価値を高める能力を持っているように見える雇われ経営者だ。しかし、たいていは短期のパフォーマンスを追い求め、株主以外のステークホルダーの利益を無視してしまう。自分の資産が株価に連動しているからだ。そして、長期的には会社にとって不利益な行動をよく起こす。社員に命令を発し、それに従わせようとするのだが、社員全員のやる気や情熱を引き出すことなどまずできない。

コンシャス・カンパニーは情緒的にも精神的にも成熟したリーダーに率いられている。このようなコンシャス・リーダーを支えているのは、権力や富への個人的な欲望ではなく、企業の存在目的とステークホルダーに奉仕したいという強い気持ちだ。人々を育て、やる気にさせ、教え諭し、モチベーションを与え、具体的な例を示して導く。軍隊的でも報酬目当てでもなく、使命感のあるリーダーとして、マハトマ・ガンジーの名言「世の中を変えたいと思うなら、私たち自身がその先駆けとならなければならない」を具体的に実践する。

このようなリーダーは卓越した道徳的勇気を備えているので、旧式の狭い視野でビジネスを見ようとする人々からの執拗なあら探しや非難にも耐えられる。何よりも、自分をトラスティー、つまり会社からの負託を受けた者、将来世代のために会社を守り育てることを追求する者とみなしているのであって、自分個人や現在のステークホルダーの短期的な利益のために会社を利用しようなどとは考えない。

■女性的な価値観の高まり

数千年にわたって、人間社会とほとんどの社会制度は、攻撃、野心、競争、左脳支配など、主に「男性的に」運営されてきた。こうした特質は政治の世界にもビジネスの世界にもはっきりと見て取れ、実際のところ、成功するリーダーの資質として求められてきたのである。

しかし今では、配慮や思いやり、協力、右脳的な特質といった「女性的な」価値観が大きく注目され、私たちの仕事や生活の中にこうした人間的価値が認められる環境が整ってきたように思われる。コンシャス・カンパニーは、リーダーが男性であっても女性であっても、両性の特質を具現化した存在であることは間違いない。

今日、世界中の女性は、かつてよりも高い教育を受け、社会進出を果たし、昇進や成功する機会も増えてきた。アメリカの職場では、女性の数はすでに男性を追い越している。高等教育を受ける女性の数は劇的に増加している。一〇〇年前、大学生に占める女性の割合は二〇％に満たなかったが、今では学部レベルで六〇％近く、大学院レベルでは七〇％に達している。この傾向はほかの多くの国でもほぼ同じだ。平均すると、学業成績も女性のほうが良い。その結果、法曹、医療、教育など、ホワイトカラー専門職の大半はまもなく女性に占められることになりそうだ。

権力を持つ地位に上り詰める女性のタイプも、一昔前とは違ってきた。数十年前、男性上位社会の時代には、最もタフな男性よりもタフな女性ぐらいしか、国でも企業でもトップにまでのし上がれなかった。イスラエルのゴルダ・メイア、インドのインディラ・ガンジー、イギリスのマーガレット・サッチャーを見ればそれは明らかだろう。サッチャーは「鉄の女」としてよく知られ、インドラ・ガンジーは彼女の内閣で「唯一の男性」と言われていた。今日の女性のリーダーは、女性的であることに心地よさを感じ、組織を導くに当たっては、「慈しみ」、「育てる」ための知恵を積極的に認め、重んじているようだ。ゼロックスのアン・マルケイヒー、ペプシコのインドラ・ヌーイ、W・L・ゴアのテリー・ケリー、REIのサリー・ジュエルや彼女たちのユニークなリーダーシップがこの変化を示している。

興味深いことに、男性も、年齢を重ねるとともにリーダーシップのスタイルや人間関係に女性的な傾向を示し始める。これはホルモンの変化とも関係があるが、人生経験の反映でもある。多くの女性は、子どもから大人へと成長するに従い積極性や独立心が高まり、率直になっていく。企業におけるこうした変化は、私たちの文化の中に女性的な価値が高まり続けていることの証として、あらゆる社会的機関に影響を及ぼしている。

ビジネス界では興味深い二極分化現象が起きている。アメリカでは、女性が民間企業の四〇％以上を所有し、新規ビジネスを始めるのも七〇％が女性である[3]。ところが、上場企業では現在も女性のCEOやディレクターは大変少ないため、女性はこうした大企業を家族や女性的な価値に敵対的だとみなしているのだ。フォーチュン500社企業における女性取締役の割合はおよそ一五％だ。本書執筆時点で、フォーチュン500社企業の女性CEOは一八人を数える。全体の三・六％にすぎないが、それでも二〇〇〇年のわずか三人、〇・六％よりは増えている。興味深いことに、社会的機関への信頼度に関するギャラップ社の調査によると、中小企業（女性の立場が重視されている）への信頼度はおよそ六五％と、大企業（女性の立場がそれほど重視されていない）への一九％よりもはるかに高い。

こうした統計数値を目にすると興味深い疑問が湧く。最近に起きた経済的な事件は、もし過去に女性的な価値が幅を利かせていたら違った結果になったのだろうか？　国際通貨基金（IMF）専務理事であるクリスティーヌ・ラガルドが尋ねたように、「もし〝リーマン・ブラザーズ〟が〝リーマン・シスターズ〟だったら」どうなっていたのだろうか？

■リーダーシップとマネジメント

リーダーシップとマネジメントは同義語ではない。リーダーシップとは、変化と変革を促す力のことだ――そう言い切っても過言ではあるまい。マネジメントとは効率性の高さと実践力だ。リーダーは企業というシステムを高レベルで設計し、構築し、再設計する。マネジャーはシステムが円滑に動くよう働きかけ、正常に動かない時には是正措置を講じる。リーダーの体内にはシステムに対する感受性が備わっていて、人々の集団が一つのシステムとしてどのように動くのか、そしてその行動を変えるにはシステムをどう変えればよいのかを理解している。

マハトマ・ガンジーの非暴力へのアプローチに対し、かつてある歴史学の教授から異議を唱えたことがある。その教授は自分の「歴史知識」を駆使してガンジーの非暴力主義は決して機能しないだろうと主張したのだ。それに対するガンジーの答えが振るっている。「先生、あなたの仕事は歴史を教えることです。そして私の仕事は歴史を作ることなのです」[4]。マネジャーは歴史を作らない。歴史を作るのはコンシャス・リーダーだ。彼らはいまだこの世に存在していない、そしてほとんどの人ができないと思っていたものを想像して生み出す。

企業は常にリーダーを増やし、マネジャーを減らすべきだ――私たちはそう主張しているわけではない。リーダーシップとマネジメントはいずれも必要なのだが、そこには正しいバランスがあるはずで、お互いに補完し合わなければならないのだ。別の言葉で言うと、リーダーシップとマネジメントは調和する必要がある。ハーバード・ビジネススクールのジョン・コッター教授は「十分なリーダーシップがなくマネジメントが大きすぎるとあまりに安定して内向きになります。すると企業は停滞し、業績は低下し、おそらく死に至るかもしれません。リーダーシップが強すぎて十分なマネジメントがないのも危険です。企業には組織力や業務上の規律、効率性が足りなくなり、ビジネスが極めてリスキーになりかねないからです」と指摘する。[5]

この第三部では、まずコンシャス・リーダーの資質について考察し、次により意識の高いリーダー《コンシャス・リーダー》になるにはどうすればよいかについていくつか提案をしたい。そして第四部では意識の高い企業文化《コンシャス・カルチャー》と、コンシャス・カンパニーが最高に機能するために必要な経営哲学について論じる。

第一三章　コンシャス・リーダーの資質

意識の高いリーダー《コンシャス・リーダー》は、模範的な人物に見出すことのできる、最も称賛できる資質を数多く備えている。彼らはたいてい自分の仕事はもちろんのこと、より良き未来を実現するために仕え、そのような未来を導き、その実現のために力を尽くせる機会に大きな喜びと美しさを感じる。使命を実現するために生き、情熱をほかの人々と共有することを強く望む。仕事に没頭してもちっとも疲れないどころか、元気と活力を回復してしまう。そのような「自分らしさを貫く」人々だ。

コンシャス・リーダーは、だれもが高度な分析的知能、情緒的知能、精神的知能、システム知能を兼ね備えている。サーバント・リーダーシップ（奉仕型のリーダーシップ）的な姿勢を持ち、極めて誠実で、愛と思いやりを示せるだけの心の余裕がある。

リーダーシップに万能なモデルは存在しない。似たような要素を共有しているものの、各自が備えている資質のほとんどは固有のものだ。そして自分のことをよく承知し、自分を最も突き動かすモチベーションと信念を認識し、それを偽って振る舞おうとすることはない。メトロニックのCEOを務めていたビル・ジョージは、「偉大なリーダーシップとは、自分らしさを貫くリーダーシップのことです。〝自分らしさ〟とは性格ではありません。自分は何者か、ということです。自分がだれであるのか、自分の目的は何かを知っているということです。あなたのあるべき姿（Your True North）とは、あなたが心の最も深いところで信じていること、信念、価値観、情熱、原則など、あなたが心の拠り所とする、本当の意味であなたをはっきりと特徴づけるものなのです」と言っている。[1]

■知能の種類

ここ数年、ハーバード大学の教授で心理学者のロバート・ケーガンとハワード・ガードナーを中心とする研究者たちのおかげで、人の能力と可能性について、これまでよりもはるかに多くのことがわかるようになった。ケーガンとガードナーが独自に行った調査によると、ヒトには何種類もの知能がさまざまな割合で備わっている。[2] ほとんどのコンシャス・リーダーは高い分析的知能（IQテストで測定される類の知能）を持っている。これは、今日のような大規模で複雑な組織のリーダーとして成功するための必要条件と言っても過言ではない。しかし、仮にIQが高くても高い情緒的知能（EQ：いわゆる「心の知能指数」）、精神的知能（SQ）、システム知能（SYQ）を備えていないと、組織がうまく回らずかえって悲惨な結果になりかねないことを今の私たちはわかっている。長期的に見て独立したステークホルダー全員のためになるのか、というシステム全体への目配りに乏しい、短期的な意思決定がなされてしまう。このタイプの偏狭なIQリーダーシップの場合、ビジネスが「部分最適」、つまり短期的利益、あるいは一部のステークホルダーだけの利益に傾いてしまうのだ。二一世紀の複雑な世界で効果的なリーダーシップを発揮するには、ステークホルダーとの関係維持、ステークホルダーのマネジメント、価値観と目的に対する鋭い観察眼が必要不可欠で、分析的知能だけではこうした事柄にうまく対処できないのである。

分析的知能とほかの知能の極めて重要な違いを指摘しておくと、人のIQは成人になってからは容易に変化しないのに対し、情緒的、精神的、システム知能はいずれも生涯にわたって発達させ、高めることができる。

情緒的知能

EQ（心の知能指数）は内省的（自分自身を理解する）知能と対人的（他人を理解する）知能を組み合わせたものだ。情緒的知能の最初の柱となるのは自己認識で、これが意識を高めるための出発点となる。二番目の柱が共感、つまりほかの人々が何を感じているのかを感じ取り、理解する能力だ。今日のように社会が複雑になり、さまざまなステークホルダーが互いに理解し合い、効果的に意思疎通を図らなければならない時代には、高いEQの重要性がどの組織でも高まっている。[3]

ホールフーズ・マーケットは、高いIQよりも高いEQを持ったリーダーのほうがはるかに重要だということを身をもって学んできた。私たちの店舗では高レベルの顧客サービスを提供することに全力投球する、自己管理型のチームが組織されている。分析力に優れていたとしても、傲慢で無神経で、あるいは機転の利かない人々は社員としてなじまない。それが社風であり、したがって、ホールフーズでは高いＥＱを持った人がリーダーとして選ばれる傾向がある。次章では、高いＥＱを持った人をどう養成するかについて詳細に論じる。

精神的知能

コンシャス・リーダーは高い精神的知能（ＳＱ）を持っていることが多い。これはダナ・ゾーハーとイアン・マーシャルによる『精神的資本』(*Spiritual Capital*)（未邦訳）という素晴らしい本の中で明確に定義されている。「精神的知能は、生きる意味、価値観、目的、気高い動機を探究するうえで必要不可欠だ。それは（中略）私たちの道徳的知能であり、正しいことを間違っていることから区別できる内なる能力を与えてくれる。人生の中で善、真、美を実現し、思いやりを発揮する知能なのである」[4]。ＳＱは仕事や人生において、自分たちの存在目的を発見する手助けとなる。高いＳＱを備えたコンシャス・リーダーは、組織をその存在目的に沿うように運営できる類い稀な能力を持っている。そして物事が軌道から外れると驚くべき洞察力ですぐさまそれを察知する。高いＳＱを持ったリーダーの端的な例を、スターバックスを大成功に導いた企業家、ハワード・シュルツに見ることができる。

二〇〇八年、スターバックスは業績が落ち、実に厳しい試練に立ち向かっていた。業績の悪い六〇〇店舗の閉鎖、一万二千人もの解雇（ただし、それまでに創り出された雇用は二〇万人である）、そして閉鎖した店舗の償却損として三億四千万ドルを計上した。シュルツは、スターバックスが存在目的から外れ、成長と高い財務利益を追うあまり軌道から外れてしまったと考えた。これはシュルツがＣＥＯを退任してから数年後に起きた出来事だ。シュルツがスターバックスに戻ることを決意したのは、自らの説明どおり、会社をコアの目的に再びつなげるためだった。「創業当初から、お客様の期待を超えられる唯一の方法は、働く人々の期待を超えることだといつも考えていました。ですから、あの悲劇的な金融危機という外的な圧力を受けた時こそ、社員と直接触れ合って親密な関係を取り戻し、コアの目的に向かって組織を元気づけ、何が重要であるかをみんなに理解してもらうのにはちょうどよいタイミングだったのです[5]」

シュルツが復帰して、「自分たちの会社は何のために存在し、どうすることが〝スターバックスらしさ〟なのか？」に再び本格的に向き合うと、スターバックスは目を見張るほどの変貌を遂げる。既存店売上高は、二〇〇九年には六％の減収だったものが二〇一一年には八％の増収へと加速し、純利益は三倍以上に伸び、株価はおよそ七ドルから三年で五〇ドルを超えた。

システム知能

コンシャス・リーダーが豊富に持っているもう一つの重要な知能は、前章で紹介したシステム知能（SYQ）だ。コンシャス・リーダーには、システム的にものを考えるクセが身体に染みついている。物事を大きな視野の中で捉え、システムのさまざまなパーツが互いにどのようにつながり、時間とともにどう動くのかを理解している。何らかの行動が即座にどのような影響を及ぼすか、そして長期的にどのような結果をもたらすかを予想できる。このようにシステムを直感的に理解しているので、組織の優れた設計者になれる。問題の根幹を理解し、それが組織デザインとどう関係があるかを理解する。だからこそ対症療法を当てはめるのではなく、根本的な解決方法を作り出せるのだ。

コンシャス・リーダーは、システム内の相互の関連性と全体的な調和を感じ取れるので、多くの問題を未然に防ぐことができる。[6]この能力は、今から二三〇〇年前の中国の医師、扁鵲《へんじゃく》の物語によく示されている。いずれも医師であった三兄弟にまつわる話だ。長男は見事な手並みで病気がかなり進行した人々を治療し、患者を助けようとする英雄的な努力で広く知られていた。次男は、初期症状が現れるとすぐにそれを見つけて治す業に優れていた。したがって軽度の病気の治療に向いているとして、地元では尊敬されていたがそれ以上の知名度はなかった。そして三男は、病気の最も初期の兆候を見つけ出し、患者が症状をまったく感じないうちに治せる能力があった。彼はほとんど感謝されることもなく、事実上無名の人であった。しかし三男が治した患者の数は有名な二人の兄たちよりもはるかに多かったのだ。[7]

民間企業や政界では、リーダーが相次ぐ危機に翻弄され、末期的な状況になるまで事態を悪化させてしまい、そのあとに解決しようと大胆な動きに出たとしてもうまくいかないことが多い。扁鵲の物語の三男のように、ベストのリーダーとは、そもそもほとんどの問題を発生する前に防いでしまう。あまりにも手並みが見事なのでその天才は気づかれることも報われることもない。しかしこうした人こそが、高度なシステム知能とシステム感受性を備えた、最も効果的なリーダーなのだ。

リーダーがSYQをどうすれば養えるかについては次章で検討する。

■サーバント・リーダーシップ

偉大な人道主義者でノーベル平和賞受賞者であるアルバート・シュバイツァーは「あなたの運命がどうなるかを私は知らない。しかし一つだけ私にわかっていることがある。それは、皆さんの中で、本当に幸せな人というのは、いかにして他人に奉仕するかを探究し、それを発見した人だ、ということである」と言った。コンシャス・リーダーは、分析的知能（IQ）、情緒的知能（EQ）、精神的知能（SQ）、そしてシステム知能（SYQ）が非常に高いため、組織に最大の能力を発揮する時には奉仕の重要性を痛感している。ほかの人々に手を貸すと個人的に幸せな気分になれることも知っている。

こうしたリーダーたちは、「ヘルパーズ・ハイ」の秘密を肌でわかっている。ほかの人々を幸せにする時に幸せな気持ちになれるのだ。奉仕は、する側にもされる側にも、そして私たちを取り囲むコミュニティにも価値を創り出す。サーバント・リーダーは、寛容さという気高い美徳を養っている。善や正義、真実、愛、他人の救済や啓発、といった意識を高い水準まで引き上げてくれるような個人と個人をつなぐ価値観を理解している。[8]

バックミンスター・フラーの逸話は、奉仕型のリーダーシップ《サーバント・リーダーシップ》の力をうまく示してくれる。フラーは三二歳の時、シカゴの低所得者向け公営住宅に住んでいた。娘は、すでにポリオと脊髄膜炎で亡くなっていた。フラーは大酒飲みで、慢性的にうつ状態にあり、自殺を真剣に考えるほどだった。ある晩、橋の上に立って身を投げようとした刹那に、人生の意味を自問する。どんなことに生きがいがあるのだろう？　そして一瞬の霊的なひらめきによって答えを得る。「いったい、一人の人間には世界を変え、人類すべてを利するような貢献がどれだけできるのか？　それを確かめる実験を始めよう」[9]。フラーの得た答えは「実に多くのことができる」だった。フラーはその後死ぬまでの五五年間で二千を超える発明で特許を取得、二五冊の本を執筆し、歴史上最大の思想家、発明家、そしてサーバント・リーダーの一人として名を残した。世の中のためになることをできるだけたくさん実行するというバックミンスター・フラーの生き方は、だれでも真似することができる。サーバント・リーダーはまさにそのやり方を教えてくれるのだ。[10]

■誠実さ：美徳の統合体

コンシャス・リーダーが備えるべき最も重要な美徳は、おそらく誠実さだ。「正直」はしばしば「誠実」の同義語として使われる。むろん「誠実」には「正直」という意味が含まれるが、「本当のことを話す」以上の幅広い意味での美徳を表している。「誠実」(integrity)は、「完全なもの」を意味する単語integerと語源が同じで、「偽りのなさ」、「公平」、「信頼」、「道徳的勇気」という意味が含まれている。どのような環境の下でも、自分の価値観に忠実だと思えることをする、仮にかなりの個人的犠牲を払うことであったとしても、なおなすべき正しいことをする、そういう意味がある。

高潔(つまり極めて誠実)であるためには聖人になる必要はない。誠実は生活の中にとりわけ多く見かけるものでもないが、めったに見ないほどに珍しいものでもない。だれでも生活の中に誠実さを求めることができる。自分の価値観と美徳を統合し、職場を含むコミュニティという大きな文脈の中で誠実さを発揮する――だれでもそうしたいし、そうすべきなのだ。世の中で誠実になりきれない人々は、偽善者、日和見主義者、イエスマン(イエスウーマン)、「道徳的な卑怯者(ethical cowards)」といった言葉で表現できるかもしれない。[1]

高潔さを備えた歴史上の偉人としてはソクラテス、アブラハム・リンカーン、ガンジー、マーティン・ルーサー・キング・ジュニア、ネルソン・マンデラ、アレクサンドル・ソルジェニツィン、マーガレット・サッチャー、そして劉暁波《りゅうぎょうは》〔中国の著作家。人権活動や民主化運動の活動家として有名〕などが挙げられる。傑出したリーダーたちの、とりわけ道徳的勇気に関する言動に触れると、私たちもまた、より高いレベルの誠実さを身につけたいと強く思うようになる。

■愛と思いやりを示せる能力

コンシャス・リーダーには愛と思いやりを示す偉大な力がある。組織から恐怖を取り除くことがいかに重要かもわかっている。リーダーたちが自分の知能と、自分以外を思いやる能力を組み合わせると、本当の力を発揮できる。マーティン・ルーサー・キング・ジュニアはこのことをよくわかっていた。「力とはつまり、目的を達成するための能力にすぎない。そう理解するのが適切です。社会的、政治的、経済的な変化をもたらすために必要な力なのです。権力は、正しく使われている限り何の問題もありません。（中略）最高の力とは、正義が要求し実現する愛であり、最高の正義とは、愛を否定するあらゆるものを正す力なのです」[12]

愛の対極にあるものが恐怖だ。恐怖に覆われた組織では、真の創造力やイノベーションをそもそも発揮できない。恐れおののく人々は、驚くほど用心深く、自己弁護的で、実に自分勝手だ。愛と思いやりについては第一五章で詳しく考察する。

■コンシャス・リーダーがなすべきこと

コンシャス・リーダーは、自分たちの組織を通じて世界に良い影響を及ぼそうと努める。共有の目的を心の奥底に刻みつけ、社員が仕事から意味を得られるような環境を作る。各人が個人として成長、進化を遂げて自らの力でリーダーになれるよう背中を押してやり、一貫した明確な奉仕に基づいて厳しい道徳的選択を行う。

前向きな変化を生み出す

成功には多くの定義があって、狭い意味での成功には、たとえば「財産を成す、有名になる、出世する」といったことが含まれる。しかし、コンシャス・リーダーは、人が意識を高める旅を続けているうちに成功の定義が変化することを理解している。今日では、世界にいつまでも前向きな変化を生み出し続けられることが成功だ、と考える人々が多くなってきた。

コンシャス・リーダーは、何かとてつもない方法で世界を良くしたいという情熱を持っている。現状を維持するのではなく、有益な影響を及ぼす責任を自ら背負い、人類の苦しみを和らげ、ほかの人々の繁栄を手助けしたいと思っている。成果を上げるリーダーが他人に何かを強制することはほとんどない。リーダーに接した人々のほうが感銘を受け、自ら変革を起こそうという気になってしまうのだ。

共有の目的を植えつける

最も優れたコンシャス・リーダーは仲間に希望や自信を与える「希望の商人」であり、意味を生み出す企業家でもある。そして同僚に「自分たちは何者なのか」「何のためにこれをしているのか」を常に問い続ける。存在目的がＤＮＡの中に植えつけられているような組織を構築する。これは物語を語ることによって最も効果的に実践できる。ハワード・ガードナーの調査によると、人々は感情が伴った時に初めて本当に変われるのだという。物語は情緒的なレベルで人々と関わる最も協力的な方法だ。人々に考えさせ、感じさせ、それまでとは異なる行動をさせるほどの影響力を持っている。ガートナーは、成果を上げるリーダーは「私はだれか」「私たちはだれか」「私たちはどこに行くのか」という三種類の物語を語っていることを見出した。[13]

ほかの人々の成長と進化を後押しする

人は、継続的な成長と自己啓発の旅をしなければならない。私たちは生活の中だけでなく、仕事を通じても素晴らしい成長の機会を与えられる。利益を生み出さない仕事、家での仕事、あるいはボランティア組織での仕事に最も大きな喜びと使命感を見出す人々もいる。

コンシャス・リーダーは、組織の中での立場や役割とは関係なく、どんな人にも尊敬の念を持って接する。伝説的なインド人のビジネスリーダーで、極めて意識の高い《コンシャスな》タタ・グループを長く率いてきた、ジャハンギール・ラタンジ・ダーダーバーイ・タタ（故人）は、この資質を何度も発揮した。一部の社員がオフィスの外で旗を振り、スローガンを唱えながらデモ行進をしたことがあった。タタには、窓の外に見えるデモの参加者が、単なる抵抗する労働者としてではなく人として見えた。人事担当のマネジャーを呼ぶとこう言った。「おい、あの人たちにはデモを行う権利がある。しかしあんな灼熱の太陽の下に立っていてはいけない。冷たい水を持っていき、日陰に立つように言ってくれないかね？」[14]

コンシャス・リーダーは各個人に備わっている適性や天賦の才能を高く評価し、人の強みに働きかける。そうしてその人が成功し、組織に貢献できるような地位や立場に配置する。インド・コジコデ経営研究所（Indian Institute of Management Kozhikode）のディレクター、デバシシュ・チャテルジーは次のように指摘する。「私たちには皆それぞれの能力や才能があるものですが、ある人に対して彼の生来の資質にないことは要求できません。たとえば馬に〝飛べ〟と言ったり鳥に〝走れ〟と命じたりしても、馬や鳥を苦しめるだけです。それと同じことなのです。（中略）企業が成長するのは、人々がその企業を育て、人々がその企業の中で育っているからなのです」[15]

難しい道徳的選択

リーダーは、すべてが正しいと思える選択肢の中から一つを選ばなければならないというジレンマに遭遇することが多い。ハーバード大学の企業倫理を担当する教授、ジョセフ・バダラッコは、道徳上の問題の多くは、明らかに正しいものと明白に誤っているものとの選択なので簡単なのだと指摘する。「リーダーシップがあるかないかを本当に試すテストは、「正しいものと正しいものとの間の選択です。（中略）こちらのほうがはるかに難しいのは、方向性の異なるさまざまな〝正しい〟責任に配慮しなければならないからです」という。[16] そうした場合、コンシャス・リーダーは会社の目的とコアバリューに沿って行動し、ステークホルダー全員にとって長期的に最も価値の高い結果を生む選択を行う。低い価値のために高い価値を犠牲にするのではなく、多数の価値を同時に満たせる戦略を追求する。

たとえば、ホールフーズ・マーケットが迫られている厳しい道徳的選択は、あらゆる種類の動物性食品を販売するというお客様への約束（何しろ私たちの店舗を訪れるお客様のうち九五％以上がこうした食品を食べるのである）と、お客様の健康増進と長寿に貢献するという約束、そしてアニマル・ウェルフェアを改善したいという私たちの希望を同時に達成しなければならない、ということだ。動物性食品の消費が摂取カロリーのおよそ一〇%を超えると、肥満、心臓病、心臓発作、癌との相関性が高くなるという研究結果もある。[17] 私たちはお客様を満足させ、喜ばせ、お客様に栄養を提供しながら、できるだけ健康な生活を送ってほしい、そのためのお手伝いをしたいと考えている。これらがホールフーズの最も重要な二つのコアバリューだ。この価値ある、しかし互いに衝突し合うこともあるコアバリューを両方満たすにはどうすればよいのだろう？ 私たちはこれを二つの方法で実現しようとしている。まず、なるべく加工も精製もされていない植物性食品を中心の食生活がいかに重要かをお客様に知ってもらい、これらが最も健康な食品であり、理想的には摂取カロリーの九〇%以上を占めてほしいというメッセージを伝える。一種の教育だ。第二に、販売する動物性食品の質とウェルフェアを高めるための努力を続けている。たとえば、現在ホールフーズの全店舗では一〇〇%草で育てた牛肉とラム肉を置いている。草食の牛肉とラム肉は、飽和脂肪酸〔生活習慣病の原因となりやすい脂肪酸で、中性脂肪やコレステロールを増加させる作用がある〕の割合と脂肪の総量が少ない。自然の草で育てた鶏、卵、豚肉、七面鳥も提供している。さらに、水銀濃度が低く、オメガ3脂肪酸の豊富な魚介類（持続可能な天然のサーモンなど）を選ぶようお客様に勧めている。なるべく加工も精製もされていない植物を中心とする食生活の価値についてお客様を教育しながら、販売する動物食品の健全性の改善に努めることが、ウィン‐ウィンのアプローチだと思う。

■カリスマ的リーダーの危険性

成果を上げるリーダーは特にカリスマである必要はない。人間の意思の力とカリスマ性はとてつもなく強力だが、同時に破壊的でもある。権力と高潔さが一人のリーダーに共存していないと、おそろしい結果になりかねない。ヒトラー、スターリン、毛沢東など、歴史上には（特に二〇世紀には）こういうリーダーがいた。

コンシャス・リーダーは共通の理想に向けて「私たち人間が持っている本性の良い面」を高めてくれる。断固たる決意を胸に秘めているが、それはエゴや自己満足からくるものではない。自分の個人的な意思を組織に押しつけようとするのではなく、組織の集団的精神を感じ取り、それに奉仕しようとする。

コンシャス・リーダーは物静かで落ち着きがあり、個人的な魅力や個性の力ではなく具体的な事例で人々を導く人が多い。そうして、長期間保つ偉大な組織の構築に力を注ぐ。一方、カリスマ的なリーダーは、自分への依存度がかなり高い組織を作りがちになる。したがってリーダーがいなくなると組織はバラバラになってしまう。史上最も有名なカリスマ的なリーダーの一人がアレキサンダー大王だ。アレキサンダーは一一年かけて世界を征服したが、彼の死後すぐに帝国は分裂してしまった。だからこそ、リーダーが成果を上げられたかどうかの本当のテストは、後継者がいかに組織を運営できるかで判断すべきだと主張する専門家がいるのだ。[18]

もちろん、彼らの中には極めてカリスマ性の高い人もいる。カリスマ性はリーダーシップにとっての必要条件ではない、というだけのことなのだ。サウスウエスト航空を長く率いたハーバート・ケレハーは、過去五〇年間で最もカリスマ性の高いビジネスリーダーの一人であるが、自分らしさを最も貫いた人でもある。ケレハーの後継者たちには彼ほどのカリスマ性はなかったが、同社はそのユニークな文化と成功の歴史を持続している。ケレハーは、揺るぐことのない価値観と社員が目的にこだわる偉大な組織を作り上げた。サウスウエスト航空は価値観と本質を変えないままでこの先何十年も生き残ると思う。

どのようなリーダーも、なかでもとりわけカリスマ性の高いリーダーは、自己愛の罠にかかりやすい。この性癖と闘うための最善の方法は、コーチや同僚、そして自分とは独立した観点を持ち、耳を傾けるべきはっきりした真実を聞かせてくれる友人、といった信頼できる助言者を持つことだ。

■リーダーシップはなぜ重要なのか？

リーダーシップがこれほど重要な時代はない。従来のリーダーシップはもはや通用せず、今世紀のリーダーシップは目的、愛、思いやり、同情の持つ力に基づくものでなければならない。コンシャス・リーダーシップとは、男らしさと女らしさ、感情的な心と知能的な心、精神と魂、西洋のシステムに東洋の知恵を融合させた、完全に人間的なリーダーシップだ。

二〇〇〇年までのリーダーは、その大半（しかも圧倒的に男性）が権力への渇望や富への欲望を原動力とし、恐怖、抑圧、暴力を用いて自分の目標を達成しようとした。しかしその成功が長続きすることはまずなかった。というのもこうしたリーダーの行動は、常に次の騒動や反乱、そして次の残酷なリーダーの出現の種をまくのと同じことだったからだ。

人々と会社の存在目的への奉仕を何よりも重視するリーダー（ほかの人々を育て、やる気にさせるリーダー）が率いる企業では、フレッド・コフマンのわかりやすい言葉を借りれば、「個人レベルでは平和と幸福、コミュニティでは尊敬と団結、そして組織にとっては職務の達成」が実現するという。[19]

次章では、どうすれば個人が意識の高いリーダー《コンシャス・リーダー》に進化できるかについて具体的なアイデアを提示する。

第一四章　コンシャス・リーダーになるには

リーダー（とりわけCEO）が学んで成長しなければ、企業は本当の意味で発展することも、学習し成長することもできない。創業者が心理的、精神的に行き詰まると、組織的な進化がそもそも止まってしまう場合もあるだろう。なかには、創業者が離れて初めて成長や進化ができる会社もある。たとえば、フォード・モーター・カンパニーは、ヘンリー・フォードのリーダーシップの下で高みに上り詰め、世界に計り知れない影響を与えた。しかし、そのヘンリー・フォードが市場環境の変化に適応して発想することをかたくなに拒んだため、結局、大きな痛手を被った。ホールフーズ・マーケットの歴史でも、私自身が進化できず会社が前に進めない時期が何度となくあった。私が会社の進歩を阻んでいた。会社が前に進むためには、私が個人的に成長する必要があったのだ。

リーダーシップのせいで会社が能力を最大限に発揮できないことは多い。学びたい、成長したいという気持ちを持ち続けるための最も強いモチベーションは、自分の人生だけでなく、普段にコミュニケーションを取り合う会社やすべての人々の人生にとっても有益になるという思いだ。

意識の高いリーダー《コンシャス・リーダー》になるには、自分がそうなりたいと強く思わなければならない。はっきりとした自覚がない限り、事は成就しない。個人的に成長することは決して容易ではなく大変な努力が必要であり、過ちを犯し、そこから学ぶ過程で痛みを伴うことも多い。

■自分の心に従い、目的を見つけ出す

人生は短く、死は間違いなくやってくる。この世界から生きて脱出できる者などいない。だとするならば、人は人生をどう生きるべきなのだろう？　ホールフーズ・マーケットで働く私たちにとって答えは明確だ。自分の心に従い、人生の中で自分が最もしたいこと、自分にとって最も意味があると思うことに真剣に取り組むことだ。

自分自身の存在目的を発見するためには、自分が本当に大切だと思っているものは何かを自問すべきだ。最も情熱を感じる対象は何なのか？　最も強く望んでいることは何なのだろう？　何もかもを自分の思いどおりにできるとしたら、いったい何をするだろうか？　心の奥底を覗いてみれば、こうした質問に対する答えが見えてくるはずだ。この文章を読んでいる今も、あなたの心はあなたにささやき続けている。落ち着いて、自分の心のささやきに注意深く耳を傾け、その指示に従うべきだ。

心の声に耳を傾け、それに従うことには二つの重要な意味がある。まず、自己を知る能力を高め、自分の心に本当に従っているときと、迷っているときがわかるようになることだ。私たちはつい思い

上がってしまうものだが、そういう自分を戒め、心の核心に謙虚に従っていると、人生の真の情熱に触れることになる。自分が最もしたいことをしており、人生が活力と創造力、喜び、目的に満ちあふれたものであることに気づく。このような人生の流れの中を動いていると、素直に生きがいを感じるものだ。

心の声に従っていない時には、どうしてそうだとわかるのだろう？　逆の症状が現れるからだ。活力がなくなり、創造性が欠乏し、目的意識を感じなくなり、幸せな気持ちでなくなる。望んでいたはずの道から外れてしまい、単にぼんやりと過ごすか、心の声に逆らって無理に動いているかのどちらかになる。こうなった時の解決方法は単純だ。道を選び直すのだ。自分の心の声に改めて耳をすますのだ。

心の声にうまく従うための重要なポイントの二つ目は、恐怖との付き合い方を学ぶ、ということだ。人々は何かに怯えていると本来持っている力を十分に発揮できない。みっともないのではないか、失敗するのではないか、拒絶されるのではないか、単に十分な水準に達していないのではないか、そして時にそもそもそんな能力など備わっていないのではないかといった不安まで、恐怖にもさまざまな種類や程度がある。残念なことに、他のだれもこれを取り除いてくれないので、私たちは独力で乗り越える術を身につけなければならない。

何よりも重要なのは、恐怖を感じる瞬間に自分が「怖い」と思う対象が存在していることはめったにないということである。恐怖とはほとんどいつも将来に関するもので、いつか何かが起きるのではないかとの不安に他ならない。したがって、自分の意識を今のこの瞬間に集中すると、恐怖は急速にしぼむか消えてしまう。第二に恐怖とは、たいてい自分の心が作り出したもので、現実の世界には存在しない、と考えるべきだ。この点を自覚し、必要以上のエネルギーを費やさないように意識すれば心の中の恐れを取り除くことができる。むしろ、恐怖が生み出すエネルギーを利用して、それが存在していない「今」に意識を集中させるべきだ。自分自身の心の声に改めて耳を傾け、自分の存在目的を見つめ直すべきなのだ。

■ロールモデル

成長するために昔から有効とされている方法はロールモデル、つまり自分が最も尊敬でき、是非とも真似したいと思う人物を見つけることだ。私たちは、自分自身の中に実現したいと強く望んでいる資質や理想、長所を兼ね備えた人に魅力を感じる。そういった資質や長所はたいてい自分の中にすでに備わっているものなのだが、まだ十分に育っていない。

友人にせよ、親にせよ、あるいは教師にせよ、称賛に値する人々を尊敬することは極めて健全だ。尊敬の対象はアブラハム・リンカーンやマーティン・ルーサー・キング・ジュニア、ガンジーなど歴史上の人物かもしれない。ネルソン・マンデラやムハマド・ユヌスに実際に会ったことがなくても尊敬し、真似をすることだってできる。ハーパー・リーの『アラバマ物語』の主人公アカティス・フィンチやJ・K・ローリングの『ハリー・ポッター』シリーズのアルバス・ダンブルドアといった架空の物語にも称賛すべき人格を備えた登場人物がいる。そういう人々を尊敬したってかまわない。

大事なことは、自分が素晴らしいと思う人々の良い面を自分でも真似しようと決意して、努力することなのだ。

■コーチとメンター

私たちは、優れた技術指導者《コーチ》あるいは助言者《メンター》によって劇的な影響を受けることがある。ホールフーズ・マーケットでの私のビジネスキャリアの中で、二一歳で共同創業してから四〇歳になるぐらいまでの間、良きメンターとして私を支えてくれたのは父だった。大学では、哲学、宗教学、歴史学、文学といった人文科学を学んだものの、ビジネスのコースはまったく取らなかったので、会社を始めた時、私にはビジネスの経験も知識も皆無だった。実に幸運だったのは、父がビジネスについて多くのことを知っていたということだ。父はライス大学で会計学の教授をした後に実業界に入り、上場企業のCEOを務め上げた経歴を持つ。父の指導と、ビジネスについて読んだ数百冊の本の知識が組み合わさって、私は過ちを少なくするために必要な基盤と、過ちを犯した場合にすぐに反省するための方法を身につけることができた。父の指導と助言がなければ、会社をここまで成功させることはできなかったろう。実のところ、かなり若い頃にホールフーズをつぶしていたに違いない。

良きメンターと別れなければならない時もやってくるかもしれない。私自身の場合、それは四〇歳の時に訪れた。当時、ホールフーズが上場してから数年たっており、大きな成功を収めていた。父は私よりも三二歳年上だ。すでに引退し、資産の大半をホールフーズの株式で保有していた。自分の資産を失いたくないと思うのはある意味で当然だ。父の考え方はしだいに保守的になっていき、私の考えとは異なる方向に経営を進めてほしいと主張するようになった。父は会社がゆっくりと成長することを望んでいたが、私はもっと急速に大きくしたかった。

コーチとしてもメンターとしても父を求めないし必要ともしていない――そう気がついた時が決定的瞬間だった。ビジネスに関する意見の不一致で、私たち父子の緊密な関係にもヒビが入り始めていた。父と私は、特に取締役会の席上で頻繁に言い争いをした。数カ月にわたる関係悪化に苦しんだ末に、とうとう父にホールフーズの取締役を辞任してもらうことにした。これは極めて難しい決断だった。父を愛していたし、父を傷つけたいとも、二人の関係を壊したくないとも思っていたからだ。私は父のオフィスを訪ねてこう言った。「父さん、僕ももう四〇歳だ。ビジネスについてはもう十分に父さんから学んだと思う。これからどのような結果になろうとも、僕は僕のやり方で進んでいくよ。父さんにはこれからも僕の人生の近くにいて支えてほしい。でも今日はホールフーズ・マーケットについて大きな決断をしなければならない。これからはもう、父さんのアドバイスをいつもいつも受け入れるというわけにはいかない。そうしてちゃいけない。そう思うんだ」。私は父が無給の顧問として残れること、そして今後も重要な意思決定で助言を求めることはあるだろうが、取締役としては退いてもらう必要があると言った。父がしてくれたことに謝意を述べ、彼をいかに愛しているかを話した。父との面談は、私の個人的な成長の中ではとてつもなく大きな飛躍だった。というのもそれは父への情緒的な依存を断ち切ることでもあったからだ。この後、私は新たな方向に向かって自分の成長を加速させることができた。

父は当初こそショックを受けていたが、一年も経たないうちに、私が正しい決断をしたと言ってくれ、それ以前と同様の親しい関係に戻ることができた。

■徳を磨く

人々は徳と肯定的な感情を磨いて人格を高めることができる。愛、勇気、誠実、寛容、感謝、同情、寛大、自制など、人々が学び、成長するために役立つ最も重要な資質はどこにでも、どんな時にも通用する。これらの資質をすべて揃えていれば、だれもが善人になり、素晴らしい人生を送ることができる。人生を肯定するこうした「徳」が生活の中に自動的に現れることはめったにない。たいていは意識的な努力を通じて自分の内に眠っているものを磨くことになる。

しかも、生活の中で実践したいという熱意がないと、高いレベルへと到達することなどできない。徳を高めようと努力すること、日々の生活の中で実践することが肝心だ。それは決して容易ではない。決意と堅実さ、粘り強さ、意志の強さが必要だ。ラルフ・ワルド・エマーソン〔アメリカの思想家〕が言っている。「意識が変われば、行動が変わる。行動が変われば、習慣が変わる。習慣が変われば、人格が変わる。人格が変われば、運命が変わる」意思の力で人格を磨くことは、もはやとりわけ人気の高い考え方ではない。自己啓発本を選択して学習することは、多くの人々にとって人格を高めるきっかけとなるかもしれない。[1]

■情緒的知能を育てる

学び、成長するための伝統的な方法は、ソクラテスの「汝自身を知れ」という言葉どおりだ。自己認識も、ダニエル・ゴールマンが衝撃の話題作『EQ――こころの知能指数』で明確にした重要な資質の一つだ。感情とは、自分の心の奥底を覗くための一種の窓である。私たちの内面には、これまでとはまったく異なる新たな自分が存在している。自らの感情を客観的に把握し、なぜそのような気持ちになっているのかを理解することを通じて自分について多くのことを学ぶことができる。時間が経つうちに理解力が高まってくると、感情が動いた時の自分の心的状態を客観的に把握できるようになる。「なぜ私はこのことに怒っているのだろう？」「なぜこれに興奮しているのか？」「なぜあの人にいらだっているのだろう？」「なぜこんなに嬉しいのだろう？」「どうして愛情を感じているのか？」といったことを自問することは有益だ。感情の一つ一つが、自分はだれで、何を気にかけているのかに対する窓になるからだ。

自分の感情や価値観、願望、理想に対する自覚が欠けていると、自分がしていることの理由をわからないままに、衝動や願望に従って人生を生きることになる。自己認識力を育てることは、生涯続く継続的なプロセスだ。

私たちはいろいろな状況や出来事をさまざまに解釈する。感情はそこを出発点としている。状況や出来事をどう解釈しようと自由なはずなのだが、往々にしてそのことには気がつかない。たとえば、「怒り」は、自分が何らかの形で不当な扱いを受け、その原因を作った人はそれなりの罰を受けるべきだという解釈に基づく感情だ。しかし、もし私たちが「怒り」の原因となった解釈を変えられると、怒りも収まっていくはずだ。自分の感情を完全に抑制することなどできないかもしれない。だが感情に対して自覚的になり、責任を持ち、そこから学び、適当な時にそれを乗り越えて、自分の意識を高めることはできるはずだ。[2]

感情について自覚的になると、ねたみ、憤慨、欲、悔しさ、恨み、怒り、憎しみといった多くの感情が人生を味気なくしていることに気づき始める。これらは私たちの幸福を高めてくれない。いずれも人の自然な感情だが、あまりにとらわれすぎると人生が生きやすくなることはまずない。その一方で、愛、寛容、感謝、同情、寛大などは周りを包み込み、人生を充実させ、豊かなものにしてくれる。私たちは意識的に人生を充実させる感情を養うとともに、人生を味気なくする感情については、それに気づいた時に中立化する方法を学ぶ必要がある。これこそが、「自己マスタリー」(自己の能力向上努力)と情緒的知能(心の知能指数)の本質である。

コンシャス・リーダーになるには、とりわけ「共感力」、つまり他の人がどう感じるかを感じ取る能力を養う必要がある。[3] 自己中心的な発想を乗り越えて成長しなければならないのだ。小さな子どもが極めて自己中心的なのは当然だが、感情が豊かになるにしたがって、他の人々の気持ちを理解し、同情する能力も発達してくる。自分のこと以外のものに心を配り始める。家族や友だちへの愛情に始まり、しだいに大きなコミュニティへと対象が広がっていく。すべてを包み込む大きな愛の対象には事実上限度がない。ただし、すべては共感から始まる。

このような愛は自分自身を好きになることから始まるのだろうか？　この質問に対する答えはそれほど単純ではない。むろん、たいていは自己愛から始まるのだが、近年は自尊心とか自己愛があまりに強調されすぎている。私たちは自分を愛したい。それは当然としてもそれだけではない。あまりに多くの人々が自分を愛するまでで止まってしまい、アメリカでは極めて自己愛の過剰な社会ができあがってしまった。[4] 私たちは有名人を賛美する。そして数百万人の人々が、スキルを身につけ偉業を成し遂げた結果としてではなく、単に名声を得るために有名になりたいと考えるようになってしまった。これでは情緒的知能が高いとは言えない。いや、人としての発達レベルが極めて低いと言わざるを得ない。我々は自己愛がだめなのではなく、第一歩にすぎないと言っているのだ。愛し、思いやる能力が育ってくるに従い、その対象範囲を拡大しなければならないのである。

■システム知能を育てる

システム知能（SYQ）は私たちの社会が昔から認め、讃え、促進し、あるいは報いてきた「知能」とは異なる。しかし、二一世紀に入り、組織が複雑さを増して世界がしだいに相互依存的になっている今日、このタイプの知能にいかに価値があるかをいくら強調してもしすぎることはないだろう。

ではどうすればシステム知能を鍛えられるのか？　その方法の一つは、原理原則を明確に具体化している生態学のような分野を学ぶことだ。生態学は、生物や生物と環境との相互関係に関する科学である。システム知能は、とりわけ**関係性を見る知能**だ。物事がどのように分かれているのかではなく、どのようにつながっているのか、その関係を見るのである。

ビジネスの場面でシステム知能を養う良い方法は、ステークホルダーという仕組みの中で物事を考える訓練を積むことだ。ある企業を取り囲むステークホルダーは、すべてその企業との関係、およびステークホルダー相互の関係の中に存在している。ビジネス上の戦略的判断は、主要ステークホルダーのそれぞれにどのような影響を与え、どれだけの価値を創り出すのかを考慮したうえでなされるべきだ――コンシャス・リーダーはこのことをよくわかっている。この判断は主要ステークホルダーのだれかに何らかの形で害を及ぼすだろうか？　何らかのトレードオフはあるのか？　別の戦略を選ぶと有害なトレードオフの発生を防げるのか？　お互いに依存し合っているビジネス体系全体の価値を増やす他の戦略を作り出せるのか？

情緒的知能（ＥＱ）と精神的知能（ＳＱ）を鍛える訓練もシステム知能（ＳＹＱ）を養うことができる。心を落ち着かせることが何よりも大事だ。せかせかと浮き沈みの激しい心は物事を壊してしまう。慌てずに注意深い心のほうがその場での事態に対処できる能力が高い。物事を認識し、関係性を見つけ、大きな視点から見ることができるからだ。

ここでも、意図が重要な役割を果たす。物事の関係を見極めるにはシステム知能を発達させたいと強く望まなければならない。自分の心に向かってその方向に進む許可を与え、働きかけるのだ。そうすることに価値があると信じるのである。

■意識のレベルを段階的に引き上げていく

コンシャス・リーダーが一カ所にとどまっていることはない。なぜならば人は静的ではないからだ。私たちは動き回りながら進化を続けている。人間には意識の高い《コンシャスな》、複雑な段階へと上昇する傾向があるという確固たる証拠を、多くの理論家や研究家は見出してきた。発達心理学の最も重要な貢献の一つは、意識が「発達」という明確な段階あるいは波を通じて成長していくことを示した点にある。以下に、最も重要な指摘をいくつか紹介しよう。

□スイスの心理学者、ジャン・ピアジェの研究成果によると、自分と他人を区別する能力が未発達な「感覚‐運動期」の段階（0～2歳のころ）から、子どもは徐々に認知的知能を発達させていく。[5]

最も高レベルの認知的あるいは分析的知能は論理的（仮説‐演繹的）思考能力で、ピアジェはこれを「形式的操作」と呼んだ。

□アメリカの心理学者、アブラハム・マズローによる人間の欲求の階層に関する研究によると、人間の欲求には、最下層にある生理的欲求から自己実現の欲求、そしてさらに高レベルの欲求へと上昇する傾向がある。[6] コンシャス・カンパニーは、自社のステークホルダーのあらゆるニーズ（自己実現のニーズを含む）を満たそうとする。

□クレア・グレイヴスとその学生だったドン・ベックとクリストファー・コワンは、価値に立脚した世界観がいくつかの階層で成り立っていることを示し、個人と文化がその階層をどのように上昇していくかを説明した。[7] 彼らの理論では、価値の発達には明確な八つの階層（波）がある。これらの階層は、個人と文化の全体に適用できる。クレアらの研究は、伝統的意識と近代的意識、ポストモダン的意識、そして、彼らの言う「スパイラル・ダイナミクス」の第二層の統合的意識を区別したという点で極めて重要だ。

□ローレンス・コールバーグとキャロル・ギリガンの研究によると、人々の道徳性は「懲罰を回避するための服従」という初歩の段階から、「普遍的な正義と愛」という最高の段階まで、時間の経過とともにいくつかの水準または段階を通り過ぎる傾向があるという。[8]

□ジェーン・ローヴィンガーは、エリック・エリクソンの研究成果をもとに、私たちの自我（エゴ）は時間の経過とともに明確な段階を経由して発達することを示した。[9] 彼女の理論によれば、エゴは、幼児レベルから完全に統合されたレベルまでの九段階を経て発達する。コンシャス・リーダーはローヴィンガーの示した最高段階で経営を行う傾向がある。

現在の自分よりも高レベルの複雑な発展段階を完全に理解したり評価したりすることは実に難しい。高いレベルは下から見てもよく理解できないため、たいていは無視されるか、否定されるか、軽蔑されてしまう。自分は人間の発展段階の最高位には達していないのではないかと考えるだけで自尊心は脅かされる。その結果、人は一定の段階まで成長すると自ら進歩する努力をあきらめ、自分なりの理屈をつけてこれを正当化してしまう。

一方、コンシャス・リーダーは、いかなる種類の教条主義にもはまらないようにし、自分の意識をさまざまな方法で高めようと努力している。個人的な意識が進化すれば、個人的に利益となることはもちろんだが、他の人々や組織の意識変革にも大きく貢献する。

■人生とは学習と成長のこと

私たちは、人生の中で安全な道を採るか、苦難の道を選んで成長するかという選択に常に直面している。マンネリにはまり、退屈で決まり切った刺激のない生活を送り、あるいはアメリカの思想家、ヘンリー・ソローが言ったように「静かな絶望の生活を送る」状態に陥るのは簡単だ。数百万人の人々はただそうしているのだから。しかし、学習と成長を続けていれば、そのようなことは起きない。これは最も豊かなタイプの人生だ。というのも学習と成長は愛情を豊かにし、友情を深め、目的を高めることにつながるからだ。コンシャス・リーダーは一生を通じて学習と成長を続けようと断固決断し、より高レベルで、より多くのことに取り組もうとする。

学び、成長するには、自ら機会を捉え、間違えることを恐れてはならない。残念ながら、多くの人々は保身に走る傾向が強く、基本的にはミスを認めたがらず、成長の芽を自ら摘んでいる。何がなんでも自分の判断を正当化し、過ちや失敗を指摘しようとする人を攻撃する。しかし実のところ、過ちは学び、成長するための素晴らしい機会なのだ。反省し、学ばなければ何度も過ちを繰り返し、起きてしまったことに対処できなくなってしまう。

人としてもリーダーとしても成長するために最も有効な方法は人間関係を通じて学ぶことだ。とりわけ配偶者や両親、子ども、同僚など最も親しい人々との関係は重要だ。また、心を十分に開けば、どんな人でも自分が変化し、進歩する後押しをしてくれるはずだ。社会活動家のような批判的な人々とのやり取りが、私たちの世界観やビジネスのやり方を大きく改善するきっかけになったというエピソードを思い出してほしい。

次のような練習を試してみたらどうだろう。出会うすべての人々を自分の師と仰いで接するのだ。他人から何を言われたり、されたりしても、自分を育てるためにそうしてくれていると考えるようにする。ただ、意識して実践すればよい。すると、予想もしなかった面白いことが起こる。多くの人があなたの姿勢や態度に応えてくれるようになるのだ。実際に、親切で優しくなってくる。ある意味では、私たちはそう行動することによって、周りの人々が一段高い人になる機会を与えているとも言える。[10]

自分を知るために有効なもう一つの訓練は、感じたことや考えたこと、夢、あるいはふと心に浮かんだことを日記に書き記すことだ。何年も経ってからそれを読み返し、書いた当時に何を考え、何を感じたかを振り返るとまったく新しい学びを得られるかもしれない。日記は、かつて自分がどこにいたのかを示す歴史的記録の役割も果たすので、過去を振り返り、自分の個人的な成長を確認できる。だが何と言っても、この作業をすると意識が高まる点《コンシャスになれる》は重要だ。自分の行為の意義や影響を客観的に捉えて学び、順応しやすくなるのである。一日の最後に感謝の気持ちを日記に書き加えることも勧めたい。この作業をすると、その日にあった出来事の中で良かったことを考えるきっかけになる。眠りにつく前にリラックスし、幸せな気持ちになれるだろう。そして、人生や他の人々との関係について新たな視点を得られるはずだ。

危機は素晴らしい成長の機会

周囲に問題が山積して圧倒されていると感じ始めると、これまでうまく機能していた戦略が働かなくなるときがやってくる。おそらく何か愚かな間違いを犯したのであり、自分の行動の必然的な結末を受け止める必要が生じる。あるいは「成長せよ」と内なる声が要求してくる。現在備わっているスキルでは問題を解決し、目の前の状況を乗り越えられないかもしれない――そういう事態に直面するのである。

二〇〇七年、ホールフーズ・マーケットによるワイルド・オーツ・マーケットへの買収提案に連邦取引委員会（FTC）が「待った」をかけた時に、私はこのような経験をした。FTCは取り調べ期間中に、私のコンピュータから電子メールの大半をダウンロードし、調査とは無関係の情報を大量に取得して、私が匿名でヤフーファイナンスの掲示板に投稿していたホールフーズとワイルド・オーツについての書き込みをマスコミにリークした。

私はおよそ八年間にわたってこうした匿名の会話を個人的な楽しみで書いていたが、その行為には何も悪いところはないと思っていた（もっとも掲示板上である「賭け」に負け、マスコミのリークの一年近く前に投稿をやめざるを得なかったのだが）。こうしたファイナンス掲示板に投稿する人はだれもが偽名を用い、正体がわからない仕組みになっていた。私はホールフーズやワイルド・オーツ、他の食品スーパーについて掲示板上で他の参加者といろいろと討論することを本当に楽しんでいた。もし皆が私の正体を知っていたらそんなことはできなかったろう。参加者のだれもあの一連の書き込みを深刻に捉えていなかった。一種のお遊びだったのだ。しかし残念なことに、これはとてつもなく大きなスキャンダルへと発展した。マスコミは私が書いたワイルド・オーツに対する、ほんの少数の批判的なコメントとホールフーズを強烈に支持するいくつかのコメント（文脈を無視して引用された）に注目した。気がついてみると、証券取引委員会（SEC）とホールフーズの取締役会から正式に取り調べを受けていた。

私は何でこんなことになるのか不思議でしょうがなかった。ただ楽しみのために掲示板に投稿していただけだからだ。あの書き込みでだれかが傷つくとは思えなかったし、実際だれも傷つかなかった。それでも事はあまりにも大きくなってしまった。私の評判はマスコミによって徹底的におとしめられ、とんでもない人間だと呼ばれるようになった。憤慨した人々は「ジョン・マッキーをクビにせよ」とおおっぴらに要求した。それまでに培ってきた生きるためのスキルはあの状況にはまったく効かなかった。来る日も来る日もただその時の状況に耐え、大半の時間を弁護士と話すことに費やした。

取締役会とSECの調査が進んでいたので、公に向かって弁解することなどできなかった。何かを書くことも、マスコミに向かって発言することも、ビデオに映ることも、テレビに出ることも、とにかく私サイドの意見を世間に向かって発表することは一切許されず、来る日も来る日も、マスコミから投げつけられる極端に歪められた攻撃に黙って耳を傾けなければならなかった。その間も、調査は着々と進んでいた。何十人もの弁護士が動員され、すべての投稿について、単語やコンマ、ピリオドにいたるまでをこと細かく調べ、私が外の世界に対して伝えようとしていたに違いない「秘密の意味合い」を探っていた。

私がこの危機を乗り越えられたのにはいくつかの理由がある。一つには、そのプロセスに素直に付き合ったことだ。自分の意識をなるべく広げるようにし、受け身になりすぎないよう努力した。強烈なストレスの下に置かれると、人はつい縮こまり、安心や安全を感じられる場所を探そうとする。ところが、たいていの場合、最善の戦略はその逆だ。つまり外に向かって自分の心と気持ちを解放し、逆説的ではあるが、自分をあえて弱い立場にさらすのである。これはとても難しく、かなり傷ついたことも何度もあったが、私はそうした。

精神修行にもチャレンジした。以前よりも頻繁に、しかも長い時間瞑想を行った。「ホロトロピック・ブレスワーク」というそれまでも何度も試したことのある驚くべき呼吸法も実践した。この心理的で精神的な技術のおかげで、人生において自分の最も深い感情と最も高い願望の多くに再び触れることができた。[11] そう、そのプロセスに単に身を委ねたのだ。そして、心の中にある、何が起きても大丈夫だと思える場所にたどり着いた。そして、保身に走らず、しかし辞めることなく、ここで踏ん張ろうと決心した。私自身の存在目的の一部である夢と目標を実現する努力を続けることにした。どのような結果になろうとも、自分の心に従い続けよう、そう決めた。

人生で最も重要な目標に従って腹をくくると、事態が解決の方向に向けて比較的スムーズに回り始めた。SECは調査を終了し（徹底的な調査などしなかったのだが）、違法なことなど何もなかったという結論に達した。ホールフーズの取締役会も第三者調査委員会を終了してSECと同じ結論を出した。今から振り返ると、私は人として驚くほど成長したと思う。あんなことが起きてしまったからではなく、自分がそれに対応できたからだ。

我が身に起きることのうちで最も痛ましく、背筋が寒くなるほどの事態は、成長のための素晴らしい糧にもなり得る。リーダーシップに危機が訪れた時こそ、意識を高め、人として、リーダーとして成長できるチャンスなのだ。人生がつまずきもなく順調に進んでいると、成長が止まって現状維持に甘んじがちになる。大きな問題にぶち当たると、それが次の段階へと押し上げてくれる。危機が楽しいと言うつもりはない。危機とは困難であり、遭遇すれば不愉快になる。しかし、危機は学び、成長するためのまたとない機会でもある。無駄に過ごすのはもったいない。

今紹介したエピソードから学んだ最も重要な教訓の一つは、私が今や公人だということであった。これまでの人生のどこかの時点から、私は世間に少しは知られる存在になっていた。自分を名士などと思ったことなどないが、マスコミによって頻繁に報道される対象ではあった。この時以降、何をする場合でも、次の質問を自問しなければならないことに気がついた。「今自分のしていることが『ウォール・ストリート・ジャーナル』や『ニューヨーク・タイムズ』の一面、あるいはテレビに映ったら自分はどう感じるだろうか？　それでもこれをするだろうか？　これは、リーダーであれば取り組むべき実に有益な訓練である。なぜならば自分が困惑し、あるいは恥ずかしいと思うようなことを公人はすべきではないからだ。それが最大の教訓となった。

私はヤフーファイナンスの掲示板に投稿したことが過ちだったとは考えていないが、会社を窮地に陥れ、私の動機や行動を歪曲して報道する機会をマスコミに与えてしまったことは事実だ。したがって、判断ミスがあったことは認めざるを得ない。あの事件以来、私はホールフーズ・マーケットのCEOでいる間は偽名で掲示板に書き込まないことにしている。インターネット上に何かを書くときは、本名で投稿する。何かを書くと、人々はそれを他の人に転送できるし、おそらくそうするだろう。その点も十分に意識している。自分が話し、書く内容について以前よりも用心深くなった。むろん、だからと言って、他の人々から非難されるかもしれないことを一切しない、と言っているわけではない。今でも「正しい」と思った時には個人的意見を公の場で述べている。これが時に物議を醸すこともあるが、起こり得る結末のバランスを測り、自分がそれに耐えられるのか、あるいは困惑したり恥ずかしいと思ったりすることはないかを見極めてから行動している。

■身体的健康の重要性

コンシャス・リーダーとして十分に働けるためには、身体的にもなるべく健康でなければならない。一人のリーダーとしても人間としても、なるべく完全なコンディションを保つことは基本中の基本だ。健康であれば活力が増し、喜びも感じるだろうし、ストレスや病気への抵抗力も強いはずだ。たとえば、大企業のCEOは実にストレスの高い仕事だ。さまざまな方向からかなりのプレッシャーがかかるので、うまく対処するには身体的に極めて健康でなければならない。

まず、何と言っても食生活に気をつけるべきだ。食品が健康と活力の基礎を形づくるからだ。アメリカ人は一般に健康的な食品を摂らないため、六八%は太り気味で、三四%近くが肥満だ。[12]この国では心臓病、ガン、糖尿病、エイズになる人々の割合が相当高い。どれも生活スタイルを改善すればまずは防げる病気である。健康食品を食べることは絶対に必要だ。健康的な食事の四原則をまとめておこう。

一、**自然食品**：自然食品をなるべくそのままの状態、つまり人工添加物、甘味料、着色料、防腐剤を加えずに食べること。

二、**植物中心の食品**：生野菜や加熱調理した野菜、果物、未精白の穀物、マメ科の植物、種実類（ナッツと種）といった植物性食品を中心に摂り、動物性食品からの摂取カロリーを一〇％以下に抑えること。

三、**高栄養価**：ビタミン、ミネラル、抗酸化物質、植物化学物質などの微量栄養素が総摂取カロリーに対して豊富な食品を選ぶこと。これらは主に野菜と果物だ。

四、**ヘルシーな脂肪分**：有機（つまり、ほとんど加工や精白されていない）植物食品（脂肪分は実質的にあらゆる植物食品に含まれている）からのヘルシーな脂肪を摂取すること。ナッツ、種子、アボカドは特に栄養価が高く、健康的だが、食べすぎないこと。植物性油からの脂肪分（これらは有機食品ではない。カロリーが高く、微量栄養素は事実上含まれていない）は最小にするか避けるようにし、動物性食品は総摂取カロリーの一〇％以下に抑えること。

ホールフーズ・マーケットで最も重い疾患にかかっていた社員たちがこの食生活を始めると驚くべきことが起きた。糖尿病と心臓病の病状が改善した。体重が急速に正常化し、一〇〇ポンド〔四五キロ〕[13]の減量に成功した例も多く、免疫システムが強化されてあらゆる病気への抵抗力がついたのだ。有害な食物を食べないようにし、成長のために身体が必要としているヘルシーな食品を摂れば、私たちの身体は驚くほど急速に健康体を取り戻すだけの力がある。

第二に、定期的な運動を心がけること。仕事上のストレスにさらされていると怠りがちになるが、運動時間は何としても確保しておきたい。ちょっと外出して散歩するぐらいなら簡単にできる。やむを得ない時にはホテルの駐車場でもよいので歩き回るべきだ。エクササイズルームを置いているホテルも多い。本当に重要なことであれば時間は常に作れるはず。「時間がないから運動できない」というのは、運動に、あるいは自分の健康にそれほど価値を置いていないと言っているに等しい。

第三に、自分が摂取している有毒な食品を意識しよう。言うまでもなく、タバコが健康に相当悪いということはだれでも知っている。多くの喫煙者は、リラックスしてストレスをコントロールするのに役立つのだと正当化するが、タバコは健康を組織的に害する、中毒性の高い毒物だ。

アルコールも、心身をリラックスさせストレスを解放してくれる食品としてよく乱用されるもう一つの薬物だ。なるべく飲まないようにするか、陽気なパーティー会場などでたしなむ程度にとどめるべきだ。そうすれば、アルコールの最も良い効果が現れるだろう。

カフェインは、コーヒー、茶、コーラ、いわゆるエネルギードリンクなど事実上世界中の至るところで使われている、世界で最も一般的な「乱用薬物」だ。アメリカ人の成人のうちおよそ九〇%が毎日カフェインを摂取しているのも、その中毒性による。[14] カフェインを摂取して活力が湧いたと感じるのは幻想で、「湧いた」のではなく身体の中に蓄えられていたものを借りてきたにすぎない。したがってカフェインの効果が薄れると、エネルギーは結局枯渇してしまう。[15] 健康的な食品ではないので、毎日飲むのではなく時たま楽しむ程度にとどめよう。コーヒーも紅茶もカフェイン抜きをお勧めする。

言うまでもなく、非合法の薬物はどんなものでも避けなければならない。医薬品は慎重に服用すること。アメリカ人はあまりにも多くの医薬品を服用して健康と活力を維持しようとするが、そんなことは無駄な努力だ。医薬品は栄養素ではない。どんな薬も身体に何らかの有害な影響を及ぼす。[16]

第四に、睡眠、休養、ストレスを管理する技術がいかに重要かは、いくら強調してもしすぎることはない。瞑想をしたり美しい音楽に耳を傾けたり、といったくつろぎの技術を身につければ、ストレスをこれまで以上によく管理し、長く、深く眠れるようになる。

■瞑想の実践

瞑想やヨガ、太極拳、呼吸法、詠唱（詩歌に節をつけて歌うこと）、アファーメーション（肯定的な宣言）、ビジュアライゼーション、祈りといった行為は、個人がコンシャス・リーダーへと成長していくうえで実に有用だ。これらを実践するには一人になる時間を作らなければならない。自己を認識し、精神を統一し、自分の感情を意識して心を落ち着かせるうえで必要不可欠な準備なのだ。

どのようなタイプの瞑想でも、定期的にやりさえすれば効いてくる。「インサイト・メディテーション」と呼ばれる仏教の瞑想は日常生活の中で実践できる。[17] 一人になる必要も、呼吸法の訓練も、詠唱も、マントラの上での集中も必要ない。心の中で余計なことを考え途方にくれるのではなく、一瞬一瞬にしっかりと意識を向けるための訓練だ。私たちは意識を十分に集中していないことも多い。だれかの話をいい加減に聞き流し、心の中のおしゃべりに注意を向けてしまう。だれかに与えることのできる最高の贈り物の一つは、その人のことを一生懸命考えることだ。人は他人から本当に心を寄せられているとそれを感じるものだ。

注意散漫になっていることに気づいたらすぐ目の前のことに集中し直せばよい。こういう練習を毎日欠かさず積み重ねるのだ。インサイト・メディテーションは他の瞑想の補完的な役割も果たす。自分で何か瞑想を練習していると、日常生活の中でインサイト・メディテーションを容易に実践できるようになる。

■時代を超えた知恵

素直な気持ちになって周りを眺めれば、知恵はどこにでもあることがわかる。現代の世界では、過去の知恵が無視される傾向にある。高度に発達した技術社会に過去のことなど関係ないと考えるのだ。しかし、実際には、大昔から受け継がれてきた哲学的な知恵の多くには永遠の価値がある。人は自分が経験していない伝統から生まれた知恵を拒絶しがちだ。その一方で他の文化からの製品や食品を平気で受け入れる。私たちはあらゆる種類の知恵を積極的に受け入れるべきなのだ。そうすれば偉大な哲学的伝統や精神的伝統を学ぶことがいかに素晴らしいことかを発見できるだろう。

実に幸運なことに、今日では古代から現代までの世界中の知識や知恵をワンクリックで、いつでも、どこでも、事実上無料で見ることができる。周囲の助言者《メンター》の中には多くのことを提供してくれる人もいるだろうが、メンターだけに頼る必要はない。朝にはブッダと、午後にはピーター・ドラッカーと、夜にはジェイン・オースチンと付き合っても一向にかまわない。人類が生み出した最も賢明で、最も見識ある人々と接することはとても意味がある。賢者たちは高みへ向かいたいという私たちの気持ちを駆り立ててくれるだろう。そして私たちは自分の人生を豊かにしてくれる多くのことを学べるというわけだ。

■個人の成長は一つの選択

リーダーとしての最大の課題は、自分をどう管理し、どの方向へ進めばよいのか、つまりどうすれば賢明な選択を行い、学び、成長し、人として進化できるのか、ということだ。今日の世界は、ほとんど無限の選択肢を提供してくれる、とピーター・コーステンバウムは言う。「私たちは自由についてはとてつもない水準に達してしまったので、歴史上初めて、自分の質的変化を自分で管理しなければなりません。人として成功するとはどういうことなのか。それを決めるのは私たち自身です。まさに哲学的な作業なのです」[18]

これはまた、会社や家族、社会に奉仕する素晴らしい機会でもある。報酬は事実上無限だ。まず、私たちは意識を高め、世界をより良い場所へと変えるために行動し、自分の知恵を世界と共有しなければならない。これこそがまさに高潔な旅なのだ。

第四部

第四の柱 —— コンシャス・カルチャーとコンシャス・マネジメント

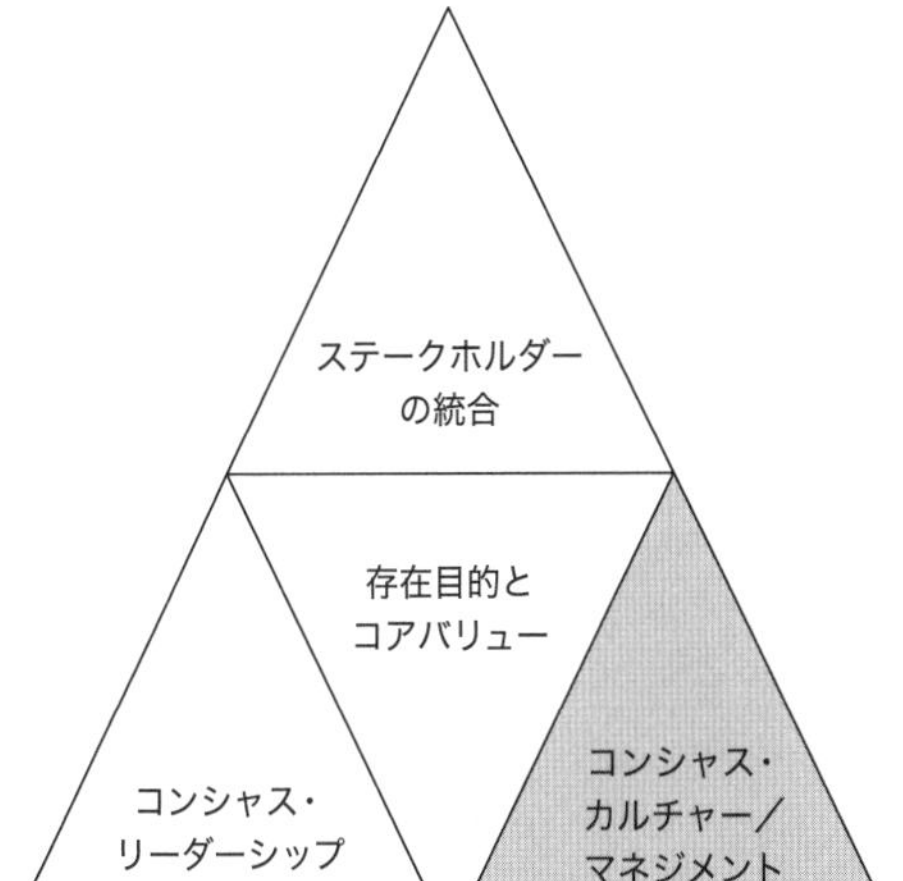

文化《カルチャー》は目には見えないものの影響力が相当強いので、かなり意識を高めて《コンシャスに》対処する必要がある。アメリカの心理学者で組織文化論の父と呼ばれるエドガー・シャインは、二〇一〇年にモントリオールで開かれたマネジメント国際学会で「文化とは社会の中で最も高圧的な強制手段である。文化的規範に従わないと、牢屋に入れられるか精神病院送りになっても不思議ではない」と言っている。ホールフーズ・マーケットの共同CEO、ウォルター・ロブは、「企業文化の中心を成すのは人です。人の豊かさと複雑さが共存し、人間性がはっきりと現れるからです。その意味では、会社の中で最も強力な構成要素が文化だと言えるでしょう。文化は、社員の間に存在が認められ、時間が経つうちに育てられ、発達してくると、真の意味での差別化要因にも、競争で勝ち抜くための武器にもなります」と言っている。

コンシャス・カンパニーには、社員が会社の存在目的にこだわり、ステークホルダー全員の利益の調和を図ろうとする独特の文化がある。意識の高い企業文化《コンシャス・カルチャー》は自立的で、自発的に問題解決を図り、進化する性質を持っている。リーダーや外部環境の変化への耐性がある（無関心ということではない）。

会社の文化とマネジメントの方法は調和しなければならない。軍隊のような、規律に基づく文化は、指揮統制を通じたマネジメントの下で最もよく機能する。コンシャス・カルチャーはこれとはまったく異なり、分散化と権限委譲、そして協力に基づくマネジメント方法を必要とする。第四部では、まずコンシャス・カンパニーを支える文化的な要素のいくつかを取り上げる。次に、コンシャス・カンパニーが潜在能力を最も発揮できるようなマネジメント方法について説明する。

第一五章　コンシャス・カルチャー

企業文化は、会社の成功を阻む深刻な制約にもなれば、強さと競争優位の源泉にもなる。人生やビジネスの他の多くのものと同様、ワクワクするような積極的な文化を作り、維持していくには、はっきりとした目的と意識的な努力が必要だ。ハーバード・ビジネススクールのジェームス・ヘスケットが述べているように「力強い文化は業績の後押しにも、逆風にもなり得る」。同じビジネスを手掛けている二つの会社を比較して、営業利益の差の半分を文化で説明できることもある。組織文化を作ることはリーダーの最も重要な仕事の一つだ。むろん文化がなくても目先は何とかなる。しかし、あとになってから痛い目に遭う可能性が高い」[1]

意識の高い《コンシャスな》経営思想家として、（メアリー・フォレット・パーカーやダグラス・マクレガーとともに）先駆的な役割を果たしたピーター・ドラッカーは、「文化は朝食に戦略を食らう」という表現を用いた。ドラッカーは戦略が重要ではないと言っているのではない。戦略は、過去も、現在も、そして未来もずっと重要である。しかし偉大な戦略も「絶対に譲れない目的（compelling purpose）」が伴っていないと、見かけは立派だが行き先のない高速道路のようなもので、どんなによく練られた、目的のはっきりとした戦略も、組織文化となじんでいない場合や、恐怖と不信と敵意をもって実施しようとすると失敗に終わる。

ホールフーズ・マーケットの共同CEO、ウォルター・ロブは会社の文化について次のように説明する。

ホールフーズの中心にあるのがコアバリューです。私たちの意思決定を導く確固たる信念、私たちを支える本当の柱です。そしてコアバリューを取り囲んでいるのが私たちの文化です。文化は、コアバリューが長い間に私たちの習慣や行動として現れるようになってきたものです。会社のあらゆる業務の中に息づいており、決断や実行に勢いを与えてくれます。社員は職場の中でお互いに緩やかにつながっているという感覚を持ち、自分の存在が認められ、先行きに希望が持て、職場にいることが楽しくてしようがないとさえ感じてしまう、そのような雰囲気を醸し出してくれる一種の生命体なのです。文化とはつまり「ウチではこうやっているんだ」という見えざる行動規範にほかなりません。バランスシートに載っている他の物理的資産ほどには、はっきりと見たり触ったりはできないのですが、それでも、会社が持っている最も価値の高い資産なのです。なぜなら文化が共通の信念、価値観、目的で人々をまとめ、社員にもお客様にも本物の経験を与える基礎となるからです。[2]

意識の高い企業文化《コンシャス・カルチャー》が浸透している会社は、「働きがいのある」会社とはどう違うのだろう。もちろん、両者はかなり重なり合う。しかし、働きがいのある会社は、単に従業員が甘やかされているだけで、他のステークホルダーは粗末に扱われているのかもしれない。コンシャス・カルチャーは、仕事に深い意味を与えているという意味で、単に「働きがいがある」という環境よりも優れていると思う。コンシャス・カンパニーが際立っているのは、コンシャス・カルチャーのDNAに、目的意識とすべてのステークホルダーに配慮するという姿勢が組み込まれているからだ。会社だけでなく、そこで働く人々の継続的な成長と進化を促すのである。

■コンシャス・カルチャーの質：TACTILE

コンシャス・カルチャーには七つの特徴がある。その頭文字を取ってTACTILE《触り心地のよい》と覚えておくとよいかもしれない。この用語が示唆するように、コンシャス・カルチャーはかなり強烈なので、はっきりとそれとわかる、物理的と言えるほどの存在感がある。たとえば、ザ・コンテナ・ストアやホールフーズ・マーケットの店舗に足を踏み入れたり、サウスウエスト航空の飛行機に乗ったりすると、社員や顧客から発せられる前向きなエネルギーを感じずにはいられないはずだ。それでは、七つの特徴を見ていくことにしよう。

□信頼（Trust）：コンシャス・カンパニーは社内とも社外とも高い信頼で結ばれている。社内の場合は、タテの関係（リーダーと前線の社員との間）でも、ヨコの関係（リーダー間でもあらゆるレベルでの社員間）でも高い信頼感が存在する。対外的には、会社と顧客、サプライヤー、その他のビジネス上のパートナー、営業対象地域、投資家、政府との間に高い信頼関係が築かれている。

□**説明責任**（Accountability）：コンシャス・カンパニーでは、周囲との高い信頼と配慮、そして説明責任の重視がうまく噛み合っている。社員は社員同士だけでなく顧客に対しても説明責任がある。人々は必ず約束を守り、業績、効率性、成果について互いに責任を負っている。サプライヤーは会社に説明責任を持つし、会社側にも同様の責任がある。コンシャス・カンパニーの規範である高度な機能の分散化と権限委譲は、説明責任があってこそ成立する。

□**思いやり**（Caring）：他人を思いやりたい、だれかに思ってもらいたいという気持ちは実に強力なモチベーションであり、時には自己利益を追求するのと同じくらい、あるいはそれ以上に重要な欲求だ。コンシャス・カンパニーは、すべてのステークホルダーに対する純粋で、心あふれる愛と思いやりを特徴としている。会社や社員の思いやりが思いやりを生み、今後はステークホルダー側が会社に対して純粋な思いやりを示す。そこで働く人々は、思慮深く、自分を偽らず、相手の立場に立ち、思いやりのある行動をとる。

□**透明性**（Transparency）：コンシャス・カンパニーには秘密がほとんどない。隠すものなど何もないに等しいからだ。財務データは（未上場会社の場合でも）たいてい公開され、給与情報は閲覧が容易で、戦略計画は多くの人々の間で検討されて周知される。実際、世の中はますます透明になっており、本当に重要な情報もその大半がすぐに人々の知るところとなっている。コンシャス・カンパニーはこの現実を受け入れ、そこからの利益を享受している。

□誠実さ（Integrity）：コンシャス・カンパニーは真実を述べること、そして公平な取引をすることに徹底してこだわる。判断の誤りをすぐに許すが、誠実さの欠如を容赦しない。誠実さへのこだわりは、単に法律を守るよりもはるかに強く、各国政府の求める法的要件よりも厳しい国際基準を定めている。各社が指針としているのは、単に法的に義務づけられているか、社会に認められるかといったことではなく、道徳的に正しいと思えるかどうか、という点だ。

□忠誠心（Loyalty）：コンシャス・カンパニーは「高い忠誠心」で成り立った組織だ。すべてのステークホルダーは互いに、また会社に対しても忠誠心が高い。これは、コンシャス・カンパニーに浸透している人間関係への基本的姿勢が自然に現れた結果である。そこでは「君は僕のために最近何をしてくれたんだい？」という考え方は育たない。ステークホルダーは、一時的な異常や異例の事態が起きたとしても、互いに対して我慢強く寛大に接する。もちろん、起きてしまったことへの説明責任は厳しく問われるので、いつも期待に応えられない人々を盲目的に信じることにはならない。

□平等主義（Egalitarianism）：コンシャス・カンパニーはリーダーと社員を分け隔てせず、だれもが尊敬と威厳をもって扱われる。トップと現場社員との給与の差は、従来型の企業ほどではない。幹部社員が他の社員には手の届かない特典や恩恵を享受していることはまずない。社員は全員、会社の経営状態や方向性を大体わかっている。オープンドア・ポリシーが採用されることが多く、社員は経営陣とざっくばらんにコミュニケーションができる。

本章の残りでは、コンシャス・カルチャーの中で二つの鍵である信頼と思いやりを取り上げる。

■信頼

残念なことに、今日の社会では信頼が危機に瀕している。あらゆる種類の政府や医療保険制度、金融制度、学校など主要機関の多くが私たちを裏切っているかのようだ。企業、とりわけ大企業とその経営者に対する人々の不信感は強い。社内ですら、社員間はもとより、社員と顧客、サプライヤー、投資家、マネジャーとの信頼が欠乏している例も多い。いずれも深刻な問題だ。というのも、信頼は社会資本、つまり「社会的な協力を促す共有された規範または価値観」[3]の構築になくてはならないものだからだ。社会資本は、会社の発展にとって極めて重要だが、社会全体にとってもなくてはならない存在なのである。

信頼は、円滑に機能しているコンシャスな組織に必要不可欠な潤滑油だ。社員同士が高い信頼で結ばれている高信頼企業の多くは、精力的で、何事に対しても楽観的で、大きなハンディキャップを克服でき、社員が「何でもできる」と思えるような組織だ。そして、社内で培われた信頼がすべてのステークホルダーに広がっている。高信頼企業の社員ほど、仕事に前向きで、成果を出しやすい。またステークホルダー間の相乗効果からの恩恵を受けやすく、人々は個人で動く場合よりも皆でまとまった時のほうが多くのことを達成できる。会社の評判が高まってくると、献身的で、互いに協力的な社員、顧客、サプライヤー、投資家が集まってくる。するとステークホルダー間の信頼がさらに高まる、という好循環が生まれる。そうして時間が経つうちに、ステークホルダー全員にとっての価値と幸福を生み出すような、本当に偉大な企業へと進化していく。

信頼の欠けた文化は自己防衛的で、疑い深く、孤立して、臆病な姿勢が促され、会社の活力や創造性が削がれ、妨害される。高い信頼関係が築かれていないと、人と人、部署と部署との間の摩擦が増え、調整のための費用が拡大する。特に監視費用や弁護士費用といった直接的な経費負担が大きくなる。信頼の足りない会社では顧客ニーズに対する反応が鈍くなり、反応しなくなり、やがては無関心になって、いずれ没落する運命をたどる。

信頼を築くために企業は何をできるだろうか？　言うまでもなく、信頼は金では買えない。最近、コンサルティング会社に依頼して五億ドルのマーケティングキャンペーンを打ち、信頼を築こうとした大手企業があったが、そのような努力が失敗するのは当然だ。会社の文化に深く根ざしている問題を手っ取り早く直すマーケティング手法や金銭的手当など存在しない。信頼は、単なる言葉ではなく行動の結果として獲得していくもので、しかもそのプロセスにはかなり時間がかかる。

ところが、これを壊すのは簡単だ。経営幹部による高圧的で利己的な行動、管理職の横暴を見て見ぬふりをする経営陣、管理職による矛盾だらけの行動や部下への不公平な態度、重要情報のねじ曲げや隠蔽などは急速に信頼を失わせる。

次に、コンシャス・カンパニーが高い信頼に立脚した文化を築くためのいくつかの方法を紹介する。

目的達成を心からの動機にする

高信頼企業は常に存在目的を持っている。しかし、多くの企業は、時間の経過とともに、自らの存在理由を見失う。今日、多くの社会的な組織は目的を見失い、自分や自分の属する組織の利益になりさえすればよいという動機で活動している。政府は、市民のためではなく政治家や公務員労働組合の利益のために奉仕しすぎる。学校は、子どもの教育ではなく、文部官僚や教職員組合のために働くことで忙しい。医薬品業界も同様だ。患者の健康や幸福のため、というよりも医薬品会社、病院、医師、保険会社の利益を最大化しようと努力する医療関係者の何と多いことか。金融業界は、社会的貯蓄を社会的価値の最も高い投資に本来回すべきなのに、短期的なアービトラージの機会から利益を得ようと躍起になっている。最後に、多くの企業がすべてのステークホルダーのために価値を創造し続けるのではなく、まずは経営幹部の報酬、次に株主価値の最大化を図るために存在しているように見える。

存在目的と共有されたコアバリューがあれば会社は一つにまとまり、全員に共有されている道徳的な行動規範も高い水準へと押し上げられる。この組織的な統一感が高いレベルの信頼を生む。

コンシャス・リーダーを育てる

偽善的で、自分を偽ったリーダーシップと信頼とは共存できない。リーダーが会社の目的を明示してそのために尽くさなければ、目的には何の意味もない。会社の目的とコアバリューへのこだわりが信頼を築き、そこから離れると信頼は崩れる。コンシャス・リーダーは、信頼されているという実感をもって経営をしている。単に次の四半期の利益ではなく、自分の行動が将来にどのような影響を及ぼすのかを考える。経営を任された会社に大きな責任を感じ、会社を現状よりも健全で強くすることが神聖な義務と考えている。

信頼してこそ、信頼される

信頼は一方通行ではなく双方向的なものだ。信頼されるためには、信頼しなければならない。リーダーはあまりにも多くの指示や規則で同僚を支配しようとするのではなく、各自が最善の判断力を使ってくれると信じなければならない。社員の成績は、上司からの信頼度との相関がかなり高いという研究もある。過度に密接な監視は両サイドの信頼を損なう。信頼は相互的なものだと認識し、社員のオンラインでの活動を監視したり偵察したりといった行為をやめた企業も多い。偵察をされると社員は警戒し、やる気をなくす。人は自分が信頼されていると感じるだけで、極めて積極的に反応するものだからだ。

信頼に基づく経営の力をよく示す例として、ダラスに拠点を置くマーケティング会社ミープラスユー（MEplusYOU）がある。創業者でCEOのダウグ・レビーは、「ほとんどどの会社にもオフィス外勤務ポリシーがあり、従業員が休みを取れる日の順番を定めています。最近、当社はオフィス外勤務の方針を改定し、どのような条件もつけず、いつでもだれでもが休暇を取れるようにしました。ポリシーにはこう書いてあります――あなたを信頼しています」。社員はこの信頼を愛し、尊重してくれています。実のところ、社員に何とか休みを取ってもらいたいと休暇を勧めなければならなかったぐらいです」と語った。[4]

透明性

信頼を高めるには、透明性を確保しなければならない。透明性自体は会社の目的ではないが、会社に対する信頼度を高める重要な特質である。人が何かを隠し続けるときは、まず間違いなく相手への不信感が動機となっている。それが知られると利益よりも害が生じると考えているわけだ。会社の重要な情報が競合他社や悪意のある第三者に漏れるのを防ぐために、ある程度慎重になることは必要だろうが、秘密性は往々にして過大評価される。高信頼企業は、価値の高い情報が悪の手に落ちるリスクを積極的に取る。というのも、透明性と信頼のもたらす利益のほうがはるかに大きいからだ。

透明性を保つ努力は継続しなければならない。社内で起きていることが事実上まったく見えない会社に漂う不気味さたるや半端なものではない。情報をすべては開示せずに、命令や規則に従順に従うことを旨とする会社も少なくない。こうした会社では、情報は必要がある場合に限って提供される。一方、コンシャス・カンパニーは公になると会社が不利益を被る情報に限って留保される。あらゆる情報を開示できるわけではないが、人々は開示できない理由を信頼できなければならない。何でもかんでも公にする必要はないし、望ましくもない。実際、社員の個人情報を公表するのは不当だろう。どのような会社も適切なバランスを決めなければならない。

人は信頼できる相手には真実を話す。コンシャス・カルチャーは、ごまかしがないこと、そして自分らしさを貫くことへの徹底的なこだわりを特徴とする。リーダーやマネジャーが言うこと、社員がすること、そして顧客が経験することのすべてが、会社を導く哲学や存在目的と一致しなければならない。社内外を問わずコミュニケーションは正直かつ率直で、今やビジネスの世界でも政治の世界でも当たり前になってしまった情報操作などは一切ない。宣伝には誇張はなく事実そのままを伝えるものが多い。本当に素晴らしい物語を語るのであれば、わざわざ飾る必要はないのである。言うこととすることが異なる企業は、ステークホルダーから冷笑される。いつまでも船底にへばりついているフジツボと同様、会社がこの手の冷笑を取り除くのは極めて難しい。

透明性のカルチャーが生まれると、意図しなかった不公平がすぐに見つかりただちに矯正される。これが透明な組織を作ることで得られる大きな利点だ。この点は重要である。というのも「社内には不公平がある」と認識されると、信頼がすぐにほころびるからだ。人は尊敬されたい、話を聞いてもらいたい、公平に扱われたいという欲求が強い。ほとんどの人々は、不公平なプロセスを経て自分が得をするよりも、たとえ個人的に不利な結果になろうとも公平で透明なプロセスに基づく意思決定を望むという研究結果もある。[5]

公平という倫理観は、採用、昇進、報酬、規律、契約解除といった組織内のあらゆる主要プロセスに当てはまる。えこひいきと縁故主義は組織の信頼を土台から蝕むので、許されてはならない。人はねたみやすいものだが、何かしら不公平な扱いが感じられるとこの傾向が増幅され、関係者の自己正当化に拍車がかかるからだ。

■愛と思いやり

愛と思いやりが会社と関連して考えられることはまずない。人々は愛と思いやりを、自分の家族や友人やコミュニティ組織としか共有できないものと考えやすい。この文化的な偏見は、現実世界では愛と思いやりが効率性を低下させるという俗説からきている。人々は市場を競争のジャングルと見ており、愛と思いやりなど持っている企業は競争に勝てるわけがないと怯えているわけだ。しかし実際は逆である。愛と思いやりは弱々しいどころか、人間的特性の中で最も強い美徳なのだ。恐怖に基づいて運営されている企業は絶滅への道を歩んでいる。

センター・フォー・ワールド・スピリチュアリティのディレクター、マーク・ガフニは、ビジネスと思いやりについて、わかりやすく説明してくれる。「ビジネスでは新たな意味が創造され、相互依存関係が起こり始めています。まさに世界を動かす力であり、偉大な精神的伝統が持つ価値観の一つを実現しています。そしてその価値観とは、親しさ、信頼、共有されたビジョン、協力、協調、友情――要するに愛、ということです。では、ここで愛とは何なのでしょう？　それは高いレベルでの共感、感謝、団結心、他者を受け入れる気持ちです」[6]

私たちは「病的なほど心配性な人だけが生き残る」とか「正直者は馬鹿を見る」といった古い神話を断ち切り、会社やリーダーとはもっと豊かで人間的に振る舞える存在なのだ、ということを認めなければならない。ミシガン大学のジェーン・ダットンは「人はだれかを思いやるために生まれたのだ。我々の社会は、思いやる能力を拡大するか、さもなくば抑圧する」[7]と述べた。

ほとんどの企業文化は愛や思いやりに十分な価値を置いていない。なぜならばリーダーたちはこれらの美徳を自分の生活の中に十分取り入れていないからだ。愛に満ちあふれながら強い人、しかも愛と強さの間には一切の矛盾など必要ないことを証明できる、完全に均衡の取れた人とはいったいどういう人物だろう？　アブラハム・リンカーン、ガンジー、マーティン・ルーサー・キング・ジュニア、ネルソン・マンデラ、マザー・テレサは強靭でありながら、真の意味で愛に満ちあふれた情け深い人々とみなされている。ビジネスリーダーの中にはこれほど傑出した人物はほとんどいない（サウスウエスト航空のハーバート・ケレハーぐらいだろうか）。ビジネスリーダーは、強く効率的でありながら、思いやりがあって愛にも満ちあふれているリーダーたちの殿堂に入ることを目指すべきだ。

ビジネス界でリーダーとなる女性の数が増えていることは実に好ましい傾向である。女性は平均して、愛や思いやり、同情を素直に示しやすいようだ。女性の社会進出は今後も大きく進み、大企業の文化が大きな影響を受けることは間違いないだろう。企業トップに昇進する男性でさえ、愛や思いやり、同情といった美徳を重んじる人がしだいに増えている。

恐怖を払いのける

残念なことに、恐怖のほうが愛よりも優れた動機づけになると考えているリーダーがあまりにも多い。恐怖は愛とは対極に位置する感情だ。完全に愛と思いやりをベースにして物事を考えている時、人は恐れない。ほとんどの会社には愛も恐怖もあるが、たいていどちらかのほうが優勢だ。コンシャス・カンパニーは恐怖を取り除こうと努力する。人も会社もこの感情があるために潜在力をフルに生かし切れていないからだ。恐れは創造性にとって特に致命的だ。創造力を本当に発揮するには、人々は没我の状態にいる必要があるのだが、「恐い」という気持ちがあるとそのようなことが起きる余地がない。[8]

恐さとストレスで成り立っている会社は、シロアリに侵された家のようなものだ。外側からは何の問題もないように見えていても、内側から見ると食い尽くされており、いつか倒れてしまう。ある文化に恐怖が充満していると、仕事は耐えるべき苦しい試練となってしまう。悲しいかな、こうした事例はあまりにも多い。月曜病にかからない人を見つけるのが難しいほどだ。

もちろん、愛と思いやりには、卓越さと強靭さが伴わなければならない。さもないと、ビジネスは弱く非効率なものになってしまうかもしれない。人は他人から裁かれ非難されているうちに引っ込み思案になってしまう。常に好成績を残す会社は、静かに、しかし着実に、愛と思いやりを保ちながら優れた結果を実現している。社員を裁き非難するのではなく、自らの過ちを認め、そこから学び、成長していくように導いているのだ。

スターバックスで社長を務めたハワード・ビーハーは、思いやりをもって示される強さについて語っている。「思いやりは弱さではなく強さのしるしだ。会社の中でも、お客様に対しても、そして地域やグローバルなコミュニティの中でも、思いやったふりは通用しない。信頼と思いやりがなくてはできることもできなくなる。恐れていては、夢を持つことも、潜在能力を発揮することもできない」[2]

さらなる愛と思いやりを作る

会社は二つの重要なことを実践して愛と思いやりを表現できる。愛と思いやりのある人を採用して昇進させること、そして愛と思いやりを公然と表現することを認める、ということだ。

だれを昇進させるかについては本当に注意しなければならない。昇進の基準には、専門能力だけでなく、情緒的知能や愛と思いやりを示せる能力の高さも入れるべきだ。リーダーは、強さと愛、男らしさと女らしさ、成果に関する高い基準と情緒的知能の重視といった典型的な二元性を超越できる、均衡の取れた人でなければならない。

愛と思いやりを示すことは、タブーではなく奨励され祝福される態度として職場の中で積極的に認められるべきだ。多くの会社は、セクシャル・ハラスメントを恐れるあまり、どうかすると反対の方向に行ってしまう。職場はピリピリとし、男性と女性が互いに触れたり、感謝の気持ちを表現できたりする雰囲気がない。どのような組織も、このような明らかな矛盾を解決し、適切なバランスを見つけ出す必要がある。

愛と思いやりで厳しい判断を下す

一部のステークホルダーに大きな痛みと混乱をもたらす行動を取らねばならない時、会社は厳しい選択に迫られる。そのようなときでも、愛と思いやりをうまく表現することはできる。たとえば、業務の縮小や人員削減に迫られる企業は多いはずだ。社内で済ませていた業務をアウトソース（外注）する場合もある。だれかの成績が振るわず、リーダーの地位から外さなければならない時にも辛い判断を下さなければならない。こうした難しい状況は意識の高い《コンシャスな》、愛と思いやりにあふれた方法を用いるとどうやって乗り越えられるのだろう？

人員削減

企業業績を高めることはどのステークホルダーの利益にも大きく関わってくる。うまくいくはずだったかもしれない会社をつぶすことは、愛や思いやりに満ちた行為ではない。しかし残念なことだが、競争の厳しい市場の中で失敗を回避し成功するために業務を縮小しなければならないことはあり得る。

理想的なシナリオは、社員の自然減で人員削減ニーズが満たされることだ。企業に体力があると、一、二年も待てば余剰人員は自然減で解消できることが多い。「それほど長く待てない」と経営陣が判断した場合には、雇用凍結と一定の人員削減を実施し、通常の自然減と合わせれば、持続可能な水準まで雇用者数を減らすことができる。

二〇〇八年後半に起きた大不況を受けて大変な難局に遭遇した時、ホールフーズ・マーケットはグローバル・サポートチームを縮小せざるを得なかった。もっとも、本社スタッフで職を去った人々は全従業員の〇・一％にも満たなかった（当時の社員五万人のうち四八人）。当時は、創業以降初めて既存店舗の売上が減少し、資本を維持するために新規の店舗開発のペースを落とす必要があった。従業員の総数も売上高に応じて減らさなければならなかった。全ステークホルダーのために長期的な価値を生み出し続けようとすれば、業務を縮小する必要がある、そう考えていた。しかし、愛と思いやりでその状況にどう対処すればよいのだろう？

人員削減を余儀なくされた時に会社ができる第一の戦略は、組織全体で起きていることについてなるべく正直にすべてを明らかにすることだ。たとえば、次のようなメッセージを送るのである。

皆さんもご承知のように、当社はこの数カ月間大変な状況に直面しています。売上は低調で利益とキャッシュフローも大幅に下落しました。これほどの落ち込みは、主に私たち全員が経験している不況の影響だと思います。この苦境を乗り切るため、私たちは従業員総数をZ日までにX人からY人に減らさなければなりません。何としてもこれを成し遂げなければならないのです。これは社員の皆さんの自然減である程度実現できますし、一部の皆さんには人事異動で空席のポジションに移ってもらうこともあるでしょう。採用を一時的に凍結し、現在の社員数を可能な限り確保するつもりです。さらに、皆さんの雇用を守るために、チーム内の投票によって自発的に労働時間を減らしてもらうこともできます。これを選択するかしないかは皆さんの決断に任されています。ところが、このZ日までに、従業員総数をY人まで減らす必要があるのですが、もしこの人数にならなかった場合、一部の皆さんには意に反する形でお辞めいただかなければなりません。こうした形での削減をしなければならないことを心から残念に思っています。皆さんからのどのような真剣な提案や代替案も歓迎し、検討させていただきます。

コンシャス・カンパニーは、このような議論を、誠実な態度で、かつ正直に、だれにでもオープンな形で行い、問題解決のための提案を歓迎する。これは経営陣の問題でも社員の問題でもない。会社の問題なのだ。社員のほうが問題解決に貢献する考えや提案を持っていることは多い。たとえば、あるチームは、だれも辞めることのないように全員の労働時間の短縮を決めるかもしれない。投票して「自分たちのしたいこと」を社員の総意として決められればそれに越したことはない。全員の労働時間を強制的に減らそうとすると遺恨を残しかねない。リーダーを尊敬していない場合、社員はこう言うかもしれないからだ。「経営陣は難しい選択をすることを恐れているだけだ。過去の経営者の判断ミスが原因で会社は今苦境に陥っているのに、そのツケを私たちに回そうとしている。能力のない社員を辞めさせる勇気がないので、全員が我慢しなければならないなんて、不公平じゃないか」

人員削減の二番目に有効な方法は、社員が自発的に辞めるような大きなインセンティブを提供することだ。どのような会社にも、さまざまな理由で近々辞めようと考えている社員は常にいる。もし会社がそのような社員に数カ月分の給料をまとめて払うと提案できれば、自らの意志で辞める社員が増えるかもしれない。人員削減の目標数に達するまで、割り増し退職金の額を上げるという方法も考えられる。これは、フライトが予約超過となった時に航空会社が採る方法に似ている。航空会社は、あとから出発するフライトを選んでくれた乗客には、数百ドル分のクーポンを提供する。そして、乗り換えてくれる乗客が十分な数に達するまでクーポンの価値を引き上げる。

人員削減は明らかに会社のモラルを大きく低下させる。リーダーが会社に恐怖をもたらす時はいつでも、それがどんなに適切で配慮の行き届いた方法で実施されたとしても、社員は、次は自分の番ではないかと心配し始める。そうした気持ちで待つほどに不安は高まり、仕事に対する集中度は落ち、会社に対する愛着度は低下する。人員削減は段階的に行うのではなく一度にとどめ、さらなる人員削減はないことを明確に示すほうがはるかによい。したがって、人員削減の数はやや多めにし、必要以上に削減したことがわかった場合にはいつでも再雇用できる準備をしておくべきだ。社員は、人員削減がこれ以上はないと確約されれば、緊張を解き恐怖から解放され、いったん地に落ちた会社のモラルは回復し始めるだろう。

最後に、人員削減は、会社が社員全員を常に活性化させ、能力を高めるための良い機会だと捉えることもできる。どのような会社にも、社風になじめず、あるいはそれほど貢献できない人というのは存在するものだ。したがって、コンシャスなやり方で人員削減が実施されれば、社員の全体の質を高められる良い機会になるかもしれない。

ただし、これは日常的に実施されてはならない。ホールフーズ・マーケットの場合、過去三二年の歴史の中ではたった二度しかない。会社都合で辞めてもらわねばならない時、他の仕事を探すのを手伝うのは会社の責任だ。かつてどうしても人員削減をしなければならなかった時には、相当の金と時間をかけた。辞めた社員のほとんどは自発的に申し出てくれた。むろん、十分な退職条件を提示してはいた。また社内に空いているポジションがあって、社員に他の都市へ引っ越す意志と能力があれば、可能な限り配置転換で人員を吸収しようとした。それが適わない人には、社外でのポジション探しを手伝うために再就職支援会社と契約した。

アウトソーシング

企業が競争力を維持するために他の会社や他の国に仕事をアウトソースする必要がある場合も、こうした戦略の多くが役立つだろう。アウトソーシングの結果仕事を失う社員には、可能な限り十分な対応と配慮をできるだけ示すことが基本中の基本である。コンシャス・カンパニーは、会社全体のモラルを守る方法でそれをやり遂げる。何が問題なのか、どのような解決策があるかを社員全員と話し合い、アイデアを求めなければならない。企業がアウトソース戦略で行こうと決めた時には、その計画を前もって発表し、社員を動揺させないことが重要だ。次に、できるだけ多くの社員の配置転換と再教育を実施して失職者数を最小限に抑えるとともに、自然減による社員数の縮小を待つ。社員をアウトソース先企業に配置転換して、業務をその会社に引き継いでもらう。第三に、十分な退職条件を提示したうえで自発的退職を促すこともできるだろう。最後に、他社への再就職のための支援やコンサルティングを提供する。コンシャスなやり方でアウトソースを実施しても痛みをすべて排除することはできないが、少しは和らげられることは確かで、またアウトソースした結果、企業は厳しい競争環境に揉まれながら長期に存続し成功できるかもしれない。

成功しなかったリーダーを「リサイクル」する

だれかをリーダーの地位から退いてもらうことが必要になると不愉快な状況が起きる。会社がある人をリーダーに昇進させたものの、彼または彼女の能力が地位に見合っていないような場合だ。昇進がうまくいかなかった場合の責任は、昇進を決定した側、つまり会社にある。その場合は、価値の高い、やる気のある社員を辞めさせるのではなく、失敗体験から学び、成長する機会を与えるために新たなリーダーの機会を与えたほうがよい。

ホールフーズでは、リーダーがうまくいかなかった場合の解決策に解雇は含まれていない。現在担当している職務から外すだけだ。そして三〜六カ月は待遇を保証し、社内で別のポジションを探す機会を提供する。これを私たちは「ブリッジ」と呼んでいる。ブリッジ期間があれば、たいていの社員は社内のどこかの部署に移り、そこでうまくやっていける。

もう何年もこのようにしてリーダーを「リサイクル」してきた。失敗を取り返しのつかないことではなく、価値ある学びの体験と捉えているのだ。リサイクルされた社員は、学習と成長を続ける機会が与えられ、将来再びリーダーシップを発揮する立場に立ちたいという気持ちを後押しされる。ホールフーズで最も優れ、最も地位の高いリーダーの中には、かつてこのリサイクルを経験し、以前よりもはるかに有能なリーダーに成長した者が何人もいる。

感謝の機会を利用する

ホールフーズでは、ある単純な取り組みが、職場に愛と思いやりの雰囲気をつくりだした。それは、あらゆるミーティングを自発的な感謝の表明で終わらせるのである。ミーティングの最後に時間を取り、参加者のだれかが別の参加者に感謝する機会を与えるのだ。内容は、最近一緒に成し遂げたこと、好意や親切を示してくれたこと、あるいはその人について自分が好きであるとか、尊敬できる点についてなど、何でもよい。たいていは、一人が一人だけでなく何人かに向けて感謝の言葉を述べる。

気分が良くなくて感謝の気持ちを表したくないこともあるだろう。しかし、それでも他の人から感謝の気持ちを伝えられると意識が変わり、気持ちが明るくなって、他の人に感謝したいと強く思うようになる。人は、だれかから愛情を示されればそれを返したくなる。それが感謝の上昇スパイラルを喚起して、お互いの心の中に感謝の気持ちが積み重なっていく。これは、困難を克服するための雰囲気作りにはもってこいのやり方で、その影響は実際のミーティングの場を超えて日常生活にまで広がっていく。

人は、ミーティングでは批判的に物を考えがちになり、他の人々の発言に黙って耳を傾けながら、ついついあら探しを始めてしまうものだ。感謝には、そのような意識を覆すほどの力がある。感謝の言葉でミーティングを終えると、批判的な場が愛と思いやりの場に戻るのだ。

興味深いことに、感謝から最も多くのことを得られるのは、感謝される側ではなく、感謝する側の人であることが多い。心からの感謝の気持ちになると、意識が愛と思いやりに切り替わるからだ。これは他人に一種の親切を施すようなもので、それに関わるすべての人に強い影響を与える。自己啓発に関する著作や講演で知られるウエイン・W・ダイアーは、「研究によると、親切心からの行為は、ただそれだけで、親切を受けた人と施した人の双方の免疫システムの機能を改善し、セロトニン〈脳内の神経伝達物質で、精神を安定させる作用がある〉の分泌を促す。さらに驚くべきことに、他人の親切な振る舞いを見た人にも同じような効果が現れる。想像してみたまえ！　親切が拡大し、施され、観察されるとそれに関わるすべての人々の身体と感情に素晴らしい影響を及ぼすのだ！」と述べている[10]。

すでに愛と信頼に満ちあふれた職場では、感謝の気持ちが示されると、それだけでそうした雰囲気が一段と増幅される。ホールフーズでは社内中にこの習慣が根づいており、取締役会ですら感謝の言葉で閉会する。その結果、ミーティングは協調的となり、友愛と信頼の精神が醸成されてきた。これは、会社の中の信頼と友情、愛情、思いやりの水準を高める単純な方法だ。リーダーには自分の会社でこれを試しに取り入れてみることを大いに勧めたい。

数年前、ニューヨーク市内のバスの待合所で、キャリアビルダー・ドットコムの広告を目にした。そこには「あなたの会社が面倒を見てくれるなら、それは介護ビジネスでしょう」と書いてあった。これは、悲しいがおおむね的を射ている。あまりにも多くの会社が自社の繁栄以外の何物をも気にしていないし、そもそもそんなことを気にするような仕組みになっていない。しかし、社会は着実に良い方向に向かっている。あの広告の文言をより正確に述べるなら「あなたの会社が面倒を見てくれないのなら、その会社は長くはもたないでしょう」ではないだろうか。会社は顧客と投資家ばかりでなく、社員やその家族、サプライヤー、コミュニティ、環境を大切にする必要がある。

「はじめに」で、一九八一年のメモリアル・デーに大洪水に襲われた時のことを書いた。あの時は、ホールフーズのお客様、投資家、近隣の人々、サプライヤー、社員が会社を救うために集まってくれた。会社を始めた時、私たちは自問した。「僕たちは愛に基づいた会社を作れるだろうか?」と。もし愛の力がなければ、私たちの会社は今頃存在していないだろう。

第一六章　コンシャス・マネジメント

コンシャス・キャピタリズムの四つの柱は、相互につながって依存し合う、一種の有機的統一体を構成している。すべての要素は協調し、支え合う必要がある。したがって、コンシャス・カンパニーのマネジメント方法は、コンシャス・キャピタリズムのほかの柱と矛盾しないことが重要だ。特に、意識の高い企業文化《コンシャス・カルチャー》を決定づける情緒的、精神的要素は特定のマネジメント方法を採らないと十分に表現も強化もされない。

社内文化を形づくる信頼と誠実、透明性、愛、思いやりといった要素は、人が創造的な活力と情熱、ひらめきを得るための条件と言える。意識の高い経営《コンシャス・マネジメント》は、組織的な取り組みを通じて社内に好循環を作り出し、最も効果的な方法で創造的活力を喚起する。権限を分散し（分権化）、各機能の自律を促す（エンパワーメント）体制を整えるとイノベーションが促進される。協力を通じて、イノベーションは組織全体で共有され、改善され、広められるのでその効果は何倍にもなり、会社が成長、進化、発展していく礎となる。

すでに触れたように、コンシャス・カンパニーは自ら組織化し、自ら動機づけし、自ら問題点を修正できる組織だと言ってよい。最も発展している会社は、おおむね自ら管理も行っている。もちろん、こうしたことは自動的に起きているわけではない。オペレーティング・システムを作り出すには、コンシャス・カンパニーの文化と人間のファンダメンタルズとが調和する一種の「インテリジェント・デザイン」が必要だ。

■コンシャス・カンパニーにおける経営者の役割

コンシャス・カルチャーでは、従来型のマネジメント方法を採ると手痛いしっぺ返しを食う可能性がある。ホロクレイシー・マネジメント・システムの創始者であるブライアン・ロバートソンは「病的な環境の下での健全な態度は、健全な環境下では病的な態度に見えるものです」と述べている。[1] マネジメントに関する従来の定義には、組織目標を達成するための組織化、計画立案、統制、指示といった活動や機能が含まれる。このようなアプローチは、マネジャーが管理をし、ほかの人間が実際の作業を行うことが前提とされている。こうした考え方は、大多数の労働者が単純作業に携わり、個人が創造性を発揮する余地のほとんどない階層的な組織では意味があるかもしれない。そこで働く労働者は、「アメとムチ」で知られる外因的な動機づけを用いるマネジャーによって統制され、モチベーションを与えられる必要がある。しかし、工場での単純作業のような仕事が減ってくるにつれこの思考様式はしだいに時代遅れとなってきた。

『モチベーション3.0——持続する「やる気！」をいかに引き出すか』で、ダニエル・ピンクは、広範な研究成果をもとに、今日私たちが遭遇するほとんどあらゆる文脈の中でうまく機能するのは「内発的動機づけ」だと述べている。平たく言えば「やる気」である。[2] すでに述べたように、ピンクは内発的動機づけを、主に、①自律性（自分の生活を自分で統制したいという欲求）、②マスタリー（熟達）（問題となっている何かを継続的に改善したいという欲求）、③目的（自分よりも大きな何かを成し遂げるために物事を行いたいという欲求）という三つの要素に分類している。

したがって、コンシャス・カンパニーでの経営者の役割は限られているが実に重要だ。社員がやる気を出せるような環境を作り出し、維持し、強化しなければならないからだ。それにはまず会社にふさわしい人、つまり個人的な情熱が会社の目的と一致しているような人を採用する。次に、それぞれの強みを十分に発揮してもらえるようその人に合った役割を与え、自分のやりたいようにできる自由を与える。そして、社員が思い切り活躍し、成長しながら、組織が効果的でしかも効率的に目的を達成できる機会を作り出す。

マネジメント思考の分野に画期的な貢献を果たした書籍がダグラス・マクレガーによる『企業の人間的側面——統合と自己統制による経営』だ。同書は、人々を管理するための最も効果的な方法についての暗黙的／明示的な前提に疑問を呈し、これらを今や古典となったX理論とY理論とに分類した。X理論とは「命令統制に関する伝統的見解」、Y理論は「従業員個々人と企業目標との統合」を意味している。[3] コンシャス・マネジメントの考え方はY理論に近づいており、有意義な仕事と幸福感の結びつきを認識する。つまり、過去五〇年間で人も仕事も性格が驚くほど進化したのだ。

以下では分権化、エンパワーメント、イノベーション、協力というコンシャス・マネジメントを構成する四つの重要な要素に焦点を当てる。

■分権化

マネジメント理論の世界では、分権化と集権化との正しい均衡点がどこにあるのかについて長く論争が続いている。言うまでもなく、どのような組織もある程度は集権的で、ある程度は分権的だ。どの組織にも当てはまる正しい割合は存在しない。規模の経済性がどの程度働くのか、リスクが高まった状況でどの程度の統制と精密さが要求されるのか、製造業主体かサービス業中心かによって変わってくるはずだ。

社員一人一人に明確な役割が与えられ、円滑に機能する中央集権的な組織は、オーケストラにたとえられる。それぞれの演奏家は優れた技能を発揮する。しかしあくまでも大もとのデザイン、ここではオーケストラ全体の方針に忠実に演奏する限りにおいて、ということになる。しかし、今日のビジネス世界では、企業の目的を共有し、それと調和した形で個々の創造性とイノベーションを発揮することが求められるようになってきた。権限が分散されて、各機能が自律を促されるような組織は、交響曲を演奏するのではなく、いわばジャズの即興演奏を奏でているようなものだ。[4] そして、完成した作品が耳ざわりな雑音ではなく美しい音楽であるための防御壁となるのが、組織内に共有された価値と存在目的なのだ。

幅広く分散した集団的知能

自由競争資本主義が、これまでに創られたほかのどの経済システム（特に政府の官僚組織、あるいはタテ型の組織構造）よりも優れている理由の一つは、社会と組織の中の集団的な知識や知能の幅広い分散を認めている点だ。これは、フリードリヒ・ハイエクが二〇世紀半ばに示した卓見である。[5] 最も行動的で成功した企業や最も活発な国は、集団の中に分散している知識や知能の表明を積極的に認めている。停滞した企業や国では、政策立案者や官僚は「皆さんが何を考えているか、何をしたいのか、何を作りたいのかなんてどうでもよいことなのです。何が最善かをわかっている私たちが、私たちのやり方で物事を進めますから」といった趣旨のことを言う。こうした姿勢は真のイノベーションの可能性を大きく後退させる。

高パフォーマンス企業は、社員の集団的知能を活用するマネジメント手法を採る。創造性とイノベーションを促進するために、意思決定権と権力は分散されている。中央集権的に物事を進めて圧倒的な規模の経済を得られるのでない限り、仕事はなるべく分散させて幅広い実験を促すほうがよいと経営者は認識している。要するに「千花斉放」[6]を認めることで会社もステークホルダーも最も大きな利益を得られると考えているのだ。

権限を委譲された社員は、顧客と積極的にやり取りし、ニーズをよく理解しようとするだろう。組織のあらゆる階層でのさまざまな試みも促される。たとえば、ホールフーズ・マーケットは、現在一二の地域に三二九の店舗を構えている。各店舗は一〇程度の自主管理チームに分かれている。店舗と地域は、共有された目的、コアバリュー、グローバル・サポートオフィスにある程度集約された機能を通じて、会社全体とつながっている。しかし、分権化が相当進み、各店舗や社員にはかなりの裁量権が与えられているので、現場レベルで何が効き、何が効かないかを実際に試して結果を確認できる。会社全体で企業家精神にあふれた実験が頻繁に行われているため、新しいアイデアが次々と生み出される。

私たちは、組織のコアバリューとの一体性を失わずイノベーションを促し続ける限り、権限をできるだけ分散することが望ましいと考えている。意思決定は、組織の中心で行ったほうが明らかに会社にとってプラスになるという確固たる証拠がない限り、原則としてこれをなるべく現場に近いレベルで行うようにしている。要するに、ホールフーズには分権化への強いバイアスが存在している。グローバル・サポートオフィスが世界戦略を決定するが、各地のことを決めるのは地域担当チーム、店舗のことを決めるのは各店舗で、店舗内の各チームがそれぞれのチームに適切な決定をし、チーム内のメンバー、つまり社員が自分たちに必要なことを決めている。

分権化と集権化を均衡させる

もちろん、会社はビジネス上必要と判断した場合には分権化のバイアスとは逆行する判断をしなければならないが、社内で高水準の内発的動機づけ（社員のやる気）を維持するには個人が裁量権を与えられているという感覚をなるべく削がない方法を採るべきだ。たとえば、ホールフーズ・マーケットの各店舗が独自のプライベートブランド商品を持つことはあまり意味がない。本部がとりまとめれば、素材の調達で規模の経済を生かし、お客様に魅力的なプライベートブランド商品を手頃な価格で提供できるからだ。地域本部や各店舗は、それ以外のいろいろな商品を自由に試すことができる。地元の食材を支援する活動の中にこの方針は発揮され、その結果「ご当地もの」の画期的な商品が次々と生まれ、各地で最も成功した商品が全米に広がるようになった。

分権化に伴う問題は二つ考えられる。一つはすでに世の中に知られているのだが、社内文化の一部にはなっていないアイデアに一から取り組む場合があること。もう一つはうまくいかない実験も多いということだ。実験が多いほど、必然的に失敗の数も増える。その結果、分散型企業は、自社システムの内部に一定の「無駄」あるいは非効率が発生することには耐えなければならない。

エンジニアや官僚は、常に最善の一手があると考えがちになるため、分散型企業に起こり得るこうした問題に出くわすといら立ち、これを受け入れたがらない。しかし、コンシャス・カンパニーは学習能力が高く、無駄なことをやめるだけの判断力を備えているため、短期間で問題解決を図ることができる。その結果、成果が失敗を大きく上回り、イノベーションと進歩が持続することになる。

権限を分散すると各部門が自分のことだけを考えがちになるので、会社全体として目指すべき方向性が時に見失われる。W・L・ゴア・アンド・アソシエイツのCEO、テリー・ケリーはこの課題を克服する方法を開発した。「医療、繊維を始め、私たちには強力な部門がたくさんあって、それぞれが小さな世界の中に閉じこもりがちになります。（中略）注意しておかないと、自分の部門やビジネス、チームのことばかりを心配するようになってしまいます。ですから経営者は〝会社〟という帽子をかぶって部門間の調整を図り、会社としての意思決定をしなければならないのです」[7]

■エンパワーメント

　エンパワーメントとは、仕事のやり方については自分で決められる権限を社員が与えられていることを意味する。分権化しても、エンパワーメントがないと時間の無駄だ。イノベーションや創造性の余地がほとんどなくなり、人々は単に与えられたことを型どおりにこなすだけの存在になってしまう。権限を分散する際には、人々が最善の判断をし、新しいアイデアを試す自由を与えられることが何よりも重要だ。コンシャス・カンパニーの社員は、一人一人が会社全体を代表しているつもりで、会社全体の利益のために行動する権限を与えられている。会社は、社員が会社全体の目的やステークホルダーのために、思慮深い、知的な行動をとってくれると信じている。スターバックスの元社長、ハワード・ビーハーは、「掃除をする人がほうきを選ぶべきだ（中略）ルールを極力なくし――現実のルールも思い込みだけのルールも――自分と他人が自主的に考える風土をつくろう」[8]と言っている。特に、サービス業の場合には、顧客を満足させるために何をすべきかの判断を社員に任せることは極めて重要だ。会社が設定したルールが顧客を満足させる障害になると悲惨だ。ルールを口実に自らは動こうとしない無関心な社員が増えるからだ。

　エンパワーメントは創造性とイノベーションを促し、組織の進化を加速させる。この仕組みが定着した会社は、社員の間に競合他社がとうてい実現できないような活力と意気込みが生まれるため、とてつもない競争優位を得る。

　エンパワーメントを話題にする企業の多くは統制を取れなくなるのではないかと恐れている。大半の人々は常に統制を維持したいと考える。しかし、統制と創造性は互いに対極に位置することが多い。職場環境にとって最大の障害は、指揮と統制というリーダー哲学だ。なぜならば、この仕組みはチームメンバーを信頼していないという前提に立っているからだ。たいていは詳細なルールと、ルールを強制する官僚的な組織構造を伴い、チームメンバーはルールを破って罰せられるのを恐れるようになりイノベーションと創造性が阻害される。出世は革新的かどうかではなく、ルールに従って安全第一で物事を進められるかどうかで決まる。命令と統制は、従業員に法令遵守の精神を植えつけるが、組織の目的達成に向けての情熱や創造性を爆発させる誘因になることはめったにない。

ノードストロームは、顧客サービスについて最善の判断をする権限を現場社員に与えることこそが正しいと、ずっと信じてきた。長年にわたって、わずか一ページの従業員ハンドブックには次のような文章が書かれている（これですべてである）[9]。

ノードストロームへようこそ

あなたを歓迎します。私たちの一番の目標は、お客様に格段のサービスを提供することです。あなた個人としても、また私たちの社員としても、高い目標を設定してください。あなたには達成できると確信しています。

ノードストロームのルールは、ただ一つ。「あらゆる場面で的確に判断せよ」。これだけです。

ご自分の部門のマネジャーや、店舗マネジャー、あるいは地区のゼネラルマネジャーにも、どのような質問であれ、いつでも気軽にお尋ねください。

説明責任

説明責任を伴わないエンパワーメントは、約束違反、不幸な顧客、業績悪化を招く。ビル・ジョージはメドトロニックのCEOになった時にこれを発見した。

私は文化を価値に規範の伴ったものと捉えています。私が入社した当時、メドトロニックには価値を重視するという実に素晴らしい文化が根づいていましたが、パフォーマンスを重んじる文化は存在していませんでした。締め切りが守られないことは日常茶飯事で、二年で終わるはずの研究開発プログラムが四年かかっていました。社員は約束を守らず、言い訳ばかりしていました。「説明責任を果たすべし」という空気がなかったのです。健全ではなかったし、そんなことが長く続くとは思えませんでした。もっと厳しい基準、人々が取り組むべき困難な基準を設定する必要がありました。私は「説明責任を伴わないエンパワーメントなどあり得ないのだ」と社員に向かって説き続けました。もし私たちがあの時に変われていなければ当社は今頃この世に存在していないでしょう。

社員に責任を取らせるようになると、逃げ出したり、責任に耐えられずに降格されたりする人が出ました。私たちは一つのチームとして一緒に働いているけれども、チーム内では自分の責任を果たさなければならないのだ、そう私は訴えました。そして仲間たちにこう言ったのです。「僕はこれから君たちの仕事ぶりに目を光らせるよ。いいかい?」。すると、彼らはこう答えます。「時間がないんですよ」。私はこう言います。「それなら、時間を見つけたほうがいいですね。時間がないはずはないのです。仕事なんですから」。全員が関わらなければなりません。このようにして我が社の社風はできあがっていきました。[10]

運命共同体

ホールフーズ・マーケットでは、運命を共有することの重要性を説いている。会社がうまくいけばいくほどお客様も幸せになり、そうなれば社員も幸せに、そうして投資家も幸せになるという意味だ。

多くの会社では、社員の心の中には「エンタイトルメント・メンタリティ」が育ちやすい。これは、景気の良い時にはその恩恵を受けたいが、不景気の時にはだれかに守ってもらいたいという心理だ。しかしこれはコンシャス・カンパニーには当てはまらない。良い例がイントレピッド・トラベルだ。同社は「実体験」をテーマに年間数十万人をオーストラリアから九〇カ国に送り込む事業を手掛ける、社歴二三年のコンシャス・カンパニーだ。イントレピッドは「無邪気な好奇心」を持つ普通の人々に冒険《アドベンチャー》旅行を提供する。創業者のジェフ・マンチェスターとダニエル・ウェイドは、「先行きが不確実な現在、日常生活から脱出して素晴らしい世界を探検することの重要性がますます高まっています。旅行を通じて偏見をなくし、理解を深め、これまでよりも素晴らしい、思いやりのある世界を作るのです」と言っている。イントレピッドは、旅行業界の慣例に反し、参加者がたとえ一人でもあらゆる旅行の出発を保証している。社員にはかつて同社のサービスを受けて旅行をしていた者が多い。[11]

とは言え、イントレピッドもまたほかの旅行会社と同様、二〇〇一年の同時多発テロや鳥インフルエンザ、SARS（重症急性呼吸器症候群）、二〇〇二年のバリ島爆破テロ事件、最近では二〇〇八年の世界金融危機といった外的ショックの影響は免れなかった。こうした試練を生き残ることを通じて同社の回復力は鍛えられ、すべてのステークホルダーが運命共同体であるという強い団結力が生まれたのだ。たとえば、SARS危機の時には、社員の七〇％が一〇％の給与カットを自ら申し出た。

二〇〇八年には世界的な金融危機に遭遇し、一五％のビジネスを失った。同社は生き残りを図るために間接費を減らす必要に迫られた。給与カットをするほどの時間的余裕がなかったため、九名の人員削減をせざるを得なかったのだが、その方法はまず、対象者に六週間の事前通知期間を与えたうえで人材紹介会社と契約し、通知期間の間に九名のうち七名の再就職先を決定した。そして四カ月後に業績が上向き始めると、九名のうち二名を呼び戻し、給与カットを申し出た社員には利息をつけてその分を返済した。

ハートフォードでの「ちょっといい話」

二〇〇七年一二月一三日の午後、コネチカット州ウェスト・ハートフォードにあるホールフーズ・マーケット、ビショップス・コーナー支店のキャッシュレジスターが突然動かなくなった。この店舗は、買収したワイルド・オーツの店舗から転換したばかりで、ITシステムなどが完全には統合されていなかった。支払いのためにレジカウンターに並ぶお客様の列が長くなってくると、副店長のテッド・ドノギューはチームメンバーと相談し、問題が解決するまではお客様に支払いをお願いしないことをすぐに決断した。台風も近づいていたので、お客様にはなるべく早く精算し、安全に帰宅してもらう必要があった。店長のキンバリー・ホールは当時を「あれは明らかに店側の大失態でした。したがって（お客様を待たせることは）正しいことには思えなかったのです」と振り返る。最前列のお客様がレジまで来ると、担当者はレジに問題があることを告げる。そうして食料品をバッグに詰めて、「よい休暇をお過ごしください！」と送り出し、安全運転で帰宅するよう呼びかけた。レジスターが復旧するまでおよそ三〇分かかったが、その間にお客様が持ち帰った食料品の金額はおよそ四千ドル相当だった。

ドノギューは本社にも、地域リーダーにも、あるいは店長にすら自分の行動について許可を取る必要はなかった。また、あとからこの判断について批判する者もいなかった。ホールが述べているとおり、「私たちは、お客様のために正しいことをしているという全面的な信頼を得ていたのです」[※1]

これでこのエピソードは終わりのように思われた。ところが数日後、その日に店舗で買い物をされていたあるお客様が地元紙『ハートフォード・ローラント』の記者に何が起きたのかを話した内容が「クリスマスにピッタリの物語」になった。そのお客様は七〇ドル相当分の食料品の代金を請求されなかった。そのことに驚きもし、感謝した彼女は七〇ドルをあるフードバンク（貧困者のための食料給付所）に寄附したというのだ。「ホールフーズがしてくれたことに心から感謝しています。あれこそまさにクリスマス精神の賜物だわ」記者はこの話を次の文章で結んでいる。「もしすべての企業がホールフーズのように運営されていたらこの世界はどうなるかを想像してみよう」[※2]

この話はその後数日以内に同紙のウェブサイトに掲載され、一日で最も転送された記事の一つになり、テキサス州オースチンの本社幹部の知るところとなった。

こうした類のことはホールフーズでは珍しくない。私たちは、主要ステークホルダー全員に常に奉仕していると、大小を問わずさまざまなプラスがあることを知っている。社員は、最善の判断に基づいて正しいことをしている限り社内であれこれ文句が出ないことを知っている。ハートフォードの物語は全米のさまざまな人々の目にとまり、私たちの評判を大いに――そう、いくら広告費を使っても足りないほど――高めてくれた。少なくともあの日に失った四千ドルをはるかに上回る価値となって返ってきたのだ。しかし副店長はそんなことを狙っていたわけではない。世界にホールフーズ・マーケットが何をしたかを知ってもらおうと記者発表をしたわけでもない。ただただ、「そうすべきだ」という最善の判断を下して、私たちのお客様に奉仕していただけなのだ。

※1　ジョージ・ゴムボシィ「ホールフーズで起きたクリスマス前の『ちょっといい話』」（ハートフォード・コーラント、二〇〇七年一二月二一日）

※2　同紙記事

■イノベーション

企業にとって長期的で持続可能な最大の競争優位は、効率性の向上と顧客への付加価値創造で競合他社に先んじる能力だ。もちろん、どんなイノベーションであってもいつまでも優位性を保てるわけではない。特許はいつか権利が切れるし、イノベーションも新しいものが現れればその時点で古くなる（実際のところ、小売業者の多くは特許すら持たない）。そして会社がしていることはすべて研究され、真似される。しかし、継続的かつ急速にイノベーションを行い、その結果を自社システム全体にすぐに浸透させられる組織は、相当の競争優位を長期にわたって維持できる。競合他社がある分野で追いつくころには、ほかの分野ではるかに先に進んでいるはずだからだ。

ホールフーズ・マーケットの最強の競争優位は、特に革新的ではない業界にあって革新的で創造的な会社だという点にある。食品小売ビジネスでは、効率性と経費削減を基本とする戦略にこだわる企業が多い。ウォルマートはその最たる例で、サプライチェーンの効率性、物流規模、運営費用全体の削減といった点で長年トップを走っている。クローガー、セーフウェイ、スーパーバリュといった労働組合の強いスーパーマーケットがこの手の効率性を追求して成功することは実に難しい。ホールフーズでも、生産性と効率性を改善する努力を当然怠っていない。ただし、この三〇年間の競争戦略は、イノベーションを通じて競合他社からの差別化を図ることだった。

ほとんどの会社では、イノベーションの責任と機会は、研究開発チームのような一握りの認められた改革者《イノベーター》に集中している。それ以外の人々は全員、単に命令を実行する要員とみなされる。指揮統制型の組織でチームメンバーに発せられるメッセージはたいてい次のようなものだ。「皆さんは余計なことを考える必要はありません。ここに置いてある箱を棚に入れてください。あるいは来店客のために会計をしてください。皆さんの給料はそのために支払われているのです」そのような会社は、高額な外部コンサルタントを「指定イノベーター」として雇っていることが多い。

トップに少数の天才と外部コンサルタントを頂くような組織は、彼らがどんなに優秀であったとしても、組織内に広く分散している知的財産や知識をフルに活用できる企業に比べると競争上不利だ。

本章ですでに述べたように、社員全員の創造的な才能をうまく活用できる組織が二一世紀を支配するだろう。ある会社に勤めている社員一人一人がクリエイターにも、イノベーターにもなれた場合の影響力を想像してほしい。チームと店舗、そして会社をよくするために社員が企業家的なエネルギーと創造力をフルに発揮することを認められ、権限を与えられるとともに、それを要求されるべきなのだ。これがホールフーズの秘密である。一言で言えば、私たちのチームメンバー《社員》に権限を与え、愛と思いやりに基づいて、楽しく、人々が恐れることなく協調することが基準となるような職場。そういう職場を作る方法を見つけ出した、ということだ。これがはるかに大きな創造性とイノベーションを発散させ、私たちを急速に改善・進化させている。

　コンシャス・カンパニーは企業家精神と安定および統制（私たちが官僚主義と呼ぶもの）の精神との間の絶妙な均衡点を保っている。どんな会社でも成功し成長すると、組織に統制、命令、安定をもたらすある程度の官僚主義が必要になる。問題は、官僚主義は往々にして会社の企業家精神を削ぎ始めるという点だ。政府に勤めているか民間企業に勤めているかにかかわらず、革新的な官僚などほとんどいない。官僚は、創造性やイノベーションにとっては致命的な融通の利かないシステムやルールを作りがちだ。

　ホールフーズ・マーケットは、売上高が一一〇億ドルを超え、社員数が六万七千人を上回る大企業に成長してくる過程で、企業家精神を維持するために必死の努力を重ねてきた。現在も、悪戦苦闘しながらも、私たちが創業時から守り続けている企業家精神を官僚主義が押しつぶさないよう努力を続けている。そのためにいくつかの戦略を立てた。たとえば、企業家的な行動を認知し、称賛し、これに報いている。社内ベンチャーを促し、認めるだけでなくそのアイデアを実践させる機会を提供し、成功したら報酬を与えるが失敗しても決して罰しない――そういう社風を作り上げている。

■協力

分権化とエンパワーメントは、正しく導入されれば大きなイノベーションと創造性に結びつく。しかし、協力の文化の伴わないイノベーションにはそれほど大きな価値はない。会社の一部で優れたアイデアが生まれてもそれを知る人がおらず、だれも使えなければたいした影響力を持たないからだ。互いに協力し合う文化があれば、アイデアやイノベーションが成功すると組織内にすぐに伝播して共有される。たいていどのような会社にも「小粒だがピリリと光る個人やチーム」が存在しているものだが、組織内のほかの部署からは隔離され、放っておかれることが多い。しかし、今日のテクノロジーを用いれば、優れたアイデアをほとんど瞬時に組織内に広げ、改良を加えることができる。このように、協力的な文化は継続的な学びと改善の文化でもある。素晴らしいアイデアが実を結ばずに終わることはないのだ。組織全体で認められ、研究され、模倣され、広められ、高められる。

その優れた実例が、ホールフーズ・マーケットの店舗内に設置された「タップ・ルーム」(バー)の急速な広がりだ。私たちは数店舗の加工食品コーナーでビールやワインを置いていたが、ビールやワイン専門のバー・スペースを設置している店舗はなかった。当初は、スーパーマーケットの中にバーを併設することはそれほど素晴らしいアイデアとは思えなかった。バーと言えばレストランの一角にあるか、そうでなければ近所で営業している独立した店舗というイメージが一般的だ。しかし、私たちの北カリフォルニア地域本部は、二〇一〇年にサンタローザに開いた新店舗のバーで実験を始めることを決めた。ビール&ワインコーナーのちょうど真ん中にバーを配置し、「タップ・ルーム」と名づけて一部を囲んだスペースを作った。バーでは一六種類の自家製ビールを飲め、店舗内ではあらゆるビールやワインを買うことができた。お客様はすぐにこれに飛びついた。開店初日から千客万来となり、売上、利益率ともに強烈な伸びを示したのだ。お客様はホールフーズを(スターバックスと同様)、楽しく時間を過ごせる「第三の場所」(一番と二番は家庭と職場)と見ていることが判明した。タップ・ルームのおかげでお客様が私たちの店舗を親しみやすい「第三の場所」と感じてくれていることは間違いない。

この取り組みの成功はホールフーズ中ですぐに研究され、模倣され、改善された。事実上一晩のうちに写真、バーの概略図、財務数値がデジタル写真とウェブを通じて全社で共有され、ほんの数カ月の間に、ほかの地域でもオリジナルに改革と改善が施された独自のタップ・ルームがオープンした。そして本社からの指示が一切ないにもかかわらず、七五を超えるタップ・ルームと、それ以外のさまざまな専門バーが全社中でオープンするまでには二年もかからなかった。

■学習組織としてのコンシャス・カンパニー

分権化とエンパワーメント、そして協力が規模を生かせる経営システムに統合されると、革新的で鋭敏で、思いやりがあり、極めて競争力の強い組織になれる。分権化とエンパワーメントが組み合わさると、実験とイノベーションが促される。そこに協力的な社風が加わって学習する組織が生まれるというわけだ。これらすべてが一緒に機能すると、個人も組織も学び、成長できる。継続的な成長が認められるだけでなく、期待もされ強く支持される。これは個人の幸福とビジネスにとって極めて強力な成功の公式だ。アメリカの社会哲学者エリック・ホッファーは継続的な成長と学びの重要性を強調した有名な句を残している。「激烈な変化の時代にこの地球を引き継げる（未来の後継者となりうる）のは、学び続ける人間だ。学ぶことをやめた者には、過去の世界に生きる術しか残されていない」

この文章には、常に外界に適応しながら進化していく複雑な生態系システムが隠喩されている。これとは対照的なのが、工場の生産システムに基づく機械的なビジネスモデルだ。機械は微に入り細に至るまで設計されなければ動かない。だれかが設計を手直しして改善できるかもしれないが、機械自身は進化しない。機械は、プログラマーや機械工といった外部の専門家に依存している。コンシャス・カンパニーは、自ら学び、成長し、進化し、自己管理し、自己実現すらできる、自己管理型の生命体のようなものだ。分権化、エンパワーメント、協力、愛と思いやりが適切に実現していれば、組織は外部環境の変化に適用し、イノベーションを起こし、加速度的に進化し、力強く、持続的な競争優位を享受できるはずだ。

■自己管理に向けて

経営思想分野の先駆者ゲイリー・ハメルは、今日の世界のマネジメントで新たに必要となった条件について説明している。「『どうすれば社員にもっと組織に尽くしてもらえるだろうか』ではなく『社員が仕事に傾ける並外れた資質に見合う組織をどう築くか』と自問する必要がある。単刀直入に述べるなら、今日のマネジャーにとって最も大切な仕事は、社員の卓越した貢献を引き出し、情熱、想像

力、主体性を使う価値のある職場環境を生み出すことである」【12】
コンシャス・マネジャーはほとんど統制をしない。その役割はほかの人々を従わせることではなく、自己管理の余地が広がるような条件を整えることなのだ。

第一七章　コンシャス・カンパニーになるには

我々は、コンシャス・カンパニーが次々と誕生すれば、この世の中は良くなると心から信じ、本書の中でもそう訴えてきた。新規ビジネスを立ち上げる時には、最初から会社のＤＮＡにコンシャス・キャピタリズムの精神をしっかりと植えつけて創業すべきだ。また、すでに設立された会社であっても、人生を肯定するこの哲学に魅せられてコンシャス・カンパニーに転換するという、難しいけれどワクワクするような楽しい旅に乗り出してもらいたい。第二章の冒頭で用いたたとえを使うなら、なるべく多くの企業が芋虫で終わるのではなく、それぞれが異なる特徴を持った、高い価値を世の中に提供できる美しい蝶に育ってほしい。本章では、そのような「変態」をどのように起こせばよいのかについて、いくつかの実際的な提案をしたいと思う。

■コンシャス・カンパニーを興す

コンシャス・カンパニーも営利企業であることに変わりはない。したがってほかの新規ビジネスと同じく次々と困難な課題に直面する。新規ビジネスの立ち上げは決して容易ではない。どの企業も直面する最初の試練は、十分な資本がないことだ。第二に、顧客に魅力ある価値を提案できなければならない。第三に、ステークホルダーに価値を生み出せる組織構造、意思決定プロセス、戦略、ビジネスモデルを構築する必要がある。コンシャス・カンパニーは、ほかの多くの会社とは異なる姿勢でこれらの課題に取り組んでいる。

世の中に影響を及ぼすような企業は、魅力的なビジョンや夢を胸に抱いた創業者によって設立される。そのような企業家は、すでに世の中に知られているニーズを満たそうなどという発想はこれっぽっちも持ち合わせていない。最も偉大な進歩は独創的な発想をする企業家から生まれる。世界がどうなったら素敵だろうと夢見て、それを実現するために会社を興す。企業家は夢想家だが、本当に成功する人は現実的でもあり、少々のことではへこたれず、驚くほど粘り強い。どんな時にも「こんなことはできっこない」と否定する人はたくさんいるが、夢見る企業家たちは自分に自信を持っているので、そのような声にも抵抗できる勇気がある。

もちろん、夢を持つだけでは何も実現しない。ほかの人々にも自分の夢を共有してもらえるよう説得できなければならない。しかし、本当に魅力的で、目指す目的がほかの人々の共感を呼ぶような夢でないと、他人を動かすことなどできやしない。企業家の夢がほかの人々、とりわけ投資家と社員候補となる人々の心に植えつけられるある種の「インセプション」[1]、企業家一人の夢だったものが人々の間に共有される瞬間だ。夢は内容を膨らませながら大きくなり、最後には具体的で目的の明確なビジネスとなって結実する。

会社の目的は、だれもがすぐに理解できるようなるべく簡潔に表現することにしよう。ビジネスの目的を一文で説明できなければ、おそらく自分でもよく理解していないことになり、ほかの人々に理解される望みもほとんどないと考えるべきだ。

設立当初から、将来のステークホルダーのために価値を創り出しているか、という点から物事を考えることは絶対に必要だ。まずは顧客について考える。このビジネスは顧客にどのような価値を生み出し、生活の質をどう改善するだろう？　次に、サプライヤーとほかのパートナーについて考える。自分たちと同じような価値観を持ち、自社の目的に強く共鳴してくれるような会社や人はだれかを見極める。最初からお互いに信頼でき、依存し合えるような長期的な関係を築くことを目標にしよう。

偉大なコンシャス・カンパニーを作るには、リーダーは明確な意図を持って自社の文化を形成する必要がある。すべてのステークホルダーの性格や特徴を完全に反映し、支持し、活用する文化だ。残念なことに、独自の社風づくりにそれほど注意を払う新興企業はほとんどない。会社の目的や経営陣の価値観、セレンディピティー（偶然大発見をする才能）の結果として勝手に進化するに任せているのだ。

当初から意識の高い《コンシャスな》原則を決め、それに基づいて会社を設立した優れた例を紹介しよう。グーグルは、最初から明確で魅力的な目的とステークホルダーに対するコンシャスな哲学を持って設立された。創業者たちは働きがいのある素晴らしい職場を作った。社員は優秀で、権限を与えられ、革新的で、会社からは手厚い保護を受け、顧客の立場に立つという姿勢がしっかりと身についている。自分たちの望む投資家像が明確で、目論見書の中でビジネス哲学をわかりやすく説明している。ステークホルダーとしてのコミュニティに対しては、IPOの前から博愛主義に基づいた取り組みを実践していた。株式の一％をグーグル基金の設立に当てるとともに、毎年利益の一％を基金に寄附すると確約していたのだ。

ツイッターの共同創業者、ビズ・ストーンは、企業は最初から社会全体に及ぼす影響を考えるべきだと強調する。「企業家は、困っている人たちを助けるには大金をつかむまで待つ必要のないことに気がついている。実際、自分の会社を社会の大義に一致させるのが早ければ早いほどよいはずだ」[2]。ビズ・ストーンは企業家に次のヒントを述べている。「投資をしてもらうには、まずは自分の仕事に惚れてもらうべきだ。仕事を愛し、社会に好影響を及ぼし、お金を稼ぐ。この三つが等しいことを成功と定義せよ。そして人々に共感せよ——他人の立場に立ってみるのだ」[3]

■コンシャス・カンパニーに変身する

コンシャス・カンパニーに変身するタイミングはいつがよいのだろう。正しいことは何かを考え、時間をかけて自己変革を図るなら、個人的にも、組織的にも足元に火がついている時はやめておいたほうがよい。大きな変化の必要性を人々に受け入れてもらうことは実に難しい。リーダーは、慣性と甘えの文化から組織を揺り動かし、社員を行動に駆り立てる切迫感を作り出す必要がある。

次に、コンシャス・カンパニーになるためのいくつかの要件を記す。

リーダーによる心からの決意表明

本当のコンシャス・カンパニーになるには、ものの考え方を根本的に見直す必要がある。コンシャス・キャピタリズムの精神は知的にも、情緒的にも、精神的にも経営陣と共鳴しなければならない。経営陣がコンシャス・カンパニーになるという考え方に初めて接した時に、心の底からの、ほとんど打ち震えるような感動を覚えなければ、おそらく脱皮の時期がまだ来ていないか、ふさわしい経営陣を据えていないのであり、変身プロセスは失敗する運命となろう。

ペディグリー：「犬を愛する会社」になる

一般的には、すでにある会社がコンシャス・カンパニーに転換するよりも、企業家が新たにコンシャス・カンパニーを新たに設立するほうが容易である。組織が大きくて古いほど、文化ができあがってしまって本質的な変化への抵抗力が強く、転換は難しい。しかし、ペディグリー社の例が示すように、そうした転換はできないことではない。

二〇〇四年に広告と販促費に一億七八〇〇万ドル以上を費やし、世界でトップクラスのドッグフード企業であったにもかかわらず、ペディグリー（マーズ・インコーポレイテッドの完全子会社）の業績は急降下していた。市場シェアは下落、利益率は縮小し、小売業者との間は緊張関係にあって、顧客の忠誠度は低迷しており、画一的な商品ばかりを提供していたために業績は厳しく倒産も視野に入っていた。※

同社は徹底的な自己分析を行った結果、自分たちがしていたことは単に「水分の含んだ食品を缶に詰め、乾いた食品をバッグに入れて利益を出していただけ」だったということに気づく。鏡の中のみすぼらしい姿を確認し、「私たちの目的は何か？」「私たちはなぜこのビジネスに携わっているのか？」という疑問を持つようになった。

広告代理店のＴＢＷＡ／ＣＨＩＡＴ／ＤＡＹの協力を得て、同社は二〇〇五年に「犬を愛する会社」になるというアイデアを採用する。この新たに発見した「犬のために存在する会社」という存在目的を一つの宣言にまとめ、「ドッグマ（Dogma）」（定説）としゃれたタイトルをつけた。

私たちは犬を応援する会社です。
クジラが好きな人や、
木々のために働く人もいるでしょう。
私たちは犬が大好きなんです。
大きい犬、小さい犬、
番犬も、かわいらしい犬も、
純血種でも雑種でも。
散歩をしたり、走り回ったり、あちこちを飛び跳ねたり、
穴を掘り、ひっかき、鼻をクンクンさせ、物を取ってきてくれたりね。
犬の公園、犬用のドア、そして犬の日—ああ、私たちは犬が大好き！

「世界ドッグ・デー」のような
犬が私たちの生活を潤してくれたことに対して感謝する、
そんな日があるのなら、
できるだけのことをしたいのです。
私たちは犬のためにいるのだから。
何と言っても犬が一番！

この宣言は、大胆で新しい広告キャンペーンの中心的存在となった。同社は商品の宣伝よりも考え方を訴えることを重視するようになり、広告宣伝費は減ったもののはるかに大きな影響を及ぼすようになった。ペディグリーはビジネスのあらゆる局面にこの考え方を適用し、犬や犬の幸福をすべての活動の中心に置いた。社員全員の名刺には自分の飼っている犬の写真が印刷してある。するとほかの犬愛好者ともつながりができる。その中には小売店のドッグフードの調達担当者もいるだろう。オフィスの装飾も犬を讃えるデザインに変更された。犬にとって快適な環境が整えられ、社員はいつでも自分の犬を職場に連れて来られるようになった。社員が子犬を新しく飼うと、子どもの誕生と同じとみなされた。犬の里親制度を支える基金まで設立された（日本でも「ペディグリー®ドッグアドプション」保護犬救済プロジェクトを展開している）。

こうした新しい取り組みはゆっくりと根づいていったが、しかし数年のうちに、ペディグリーは強力なブランド力と安定した業績というとてつもなく大きな利益を摘み取れるようになった。社員のモラルと愛社精神は大いに盛り上がり、二〇〇九年には史上最高の利益を計上したが、これはまさに、同社の犬に対する愛情の深さを犬の愛好者たちが認めた結果だった。

この新しく志の高い目的がコアビジネスを活性化させ、同社は犬の歯科、犬の健康、犬専門のペットショップなどの関連分野にも事業を拡大できた。目的も、将来の見通しも持てなかった時代は、もはや遠い（とは言え思い出すと背筋が寒くなるが）思い出となった。ペディグリーが顧客の心をわしづかみにしてしまったため、ドッグフードの競合ブランドは実に苦しい挑戦を強いられている。

※ティム・カルキンズとアン・デミング、「ペディグリーの成長戦略（A）&（B）」ケースKEL497-8（エバンストンⅢ：ケロッグ・スクール・オブ・マネジメント、二〇一〇年）、レッグ・ブライソン、コンシャス・キャピタリズムに関するランチイベント（二〇一〇年四月三〇日、オーストラリア、シドニー）。

コンシャス・カンパニーが長期にわたって素晴らしい財務実績を達成しているため、コンシャス・キャピタリズムのメッセージに関心を示すビジネスリーダーは少なくない。もし業績だけが共鳴できる点だとしたら、その哲学をうまく導入して豊かな可能性を実現することはできないだろう。

断固たる決意を持ったリーダーであれば、一つか二つの部門で意識《コンシャスな》の高いアプローチを採用し、それをきっかけに会社全体の変革を図れるかもしれない。しかしそうしたことはなかなか起きない。この手の変革ではボトムアップ・アプローチが機能しないのである。草の根的なキャンペーン活動は上級幹部に変革の必要性を納得させるか、部分的にはその可能性を示せるかもしれない。しかし、トップ経営陣が、正当な理由で純粋にコンシャス・カンパニーになりたいと思わない限り、変化は起きないだろう。

意識を高めようという経営陣のやる気には偽りがなく、持続的でなければならない。経営陣は変化を具体化させてコンシャス・リーダーになる必要がある。なぜなら組織内のだれもが「経営陣は本気なのか？」を見定めようと彼らに目を向けるからだ。矛盾や偽善と取られる行動があると、変革は（完全に脱線はしないとしても）大きく後退するだろう。

コンシャス・キャピタリズムの四つの柱はあくまでも精神であって戦術ではないのだ。この点を忘れてはならない。[4] それぞれの精神は十分に理解され、偽りなく実践されることで真価が発揮される。四つの精神すべてが両立し、互いに補強し合っているのだ。

取締役会は、企業が変革しようとする最初の段階でコンシャス・キャピタリズムに完全に共鳴している必要はない。もちろん、長期的にはそうなってくれなければ困る。コンシャスなCEOを任命し、会社が変革を実現していこうと動く際には経営陣に十分な時間と揺るぎない支持を与えなければならない。時間が経つうちに、取締役会はコンシャス・キャピタリズムに完全に順応し、この考え方がしだいに会社のDNAに組み込まれていくよう努力していく必要がある。

経営陣がコンシャス・カンパニーへの変革に本気で取り組もうと決めた場合には、外部のコンサルタントと契約して、組織が必要としている支援や環境を提供してもらうことにしよう。第一段階としては、「コンシャス・カンパニー監査」を実施して、会社がコンシャス・キャピタリズムの四つの柱のうち、どれに立脚しているのかを確認するのもよいだろう。[5] そのような監査を実施すれば、集中すべき分野に関する実用的なヒントを得られるかもしれない。

存在目的の探索

監査が終わると、次は存在目的を検討する。自分の会社は明確に定義されだれもが心から共感できる目的を持っているのか？　その目的は今日の世界に何らかの関係があり、本当に世の中から求められているのか？　すべてのステークホルダーを奮起させるのか？　私たちは「目的探し」、すなわち第四章で述べたように、企業が自社の存在目的を発見、あるいは再発見する試みをお勧めする。[6]

ステークホルダーに向き合う姿勢を見直す

次に、経営陣はステークホルダーについての考え方を改め、彼らと効果的に意思疎通を図る方法を学ぶ必要がある。ニーズをよく理解し、ステークホルダー自身が気づく前にそれを予測できる能力を身につけるなど、彼らが何を感じ、何を考えているかを理解しようと努めなければならない。行為の背景にある動機は、行為そのものと同じくらい重要であることも理解しよう。たとえば、利益第一主義の企業では、顧客の幸福は利益の最大化という最終目標の手段にすぎない。コンシャス・カンパニーでは、顧客の幸福はそれ自身が目的であり、利益中心主義の企業よりも強い責任感、高い情熱、深い共感をもって追求されている。社員やサプライヤー、ほかのすべてのステークホルダーも同様だ。相手から何かを引き出し、利用するのではなく、価値を創造し、奉仕するという姿勢へと転換する必要がある。

文化を変える

どのような組織にもある種の文化があり、過激な変化には抵抗するという免疫システムが働いている。したがって、コンシャス・カンパニーになるうえでの最大の試練は、企業文化の変革であることが多い。リーダーが魅力ある目的を明確に説明し、ステークホルダーに心からの決意表明を行っても、会社の文化がコンシャス・カンパニーの原理に無関心、あるいは敵対的である場合、おそらく転換は不毛な努力になる。

前述の「コンシャス・カンパニー監査」には、対象となる会社の文化がTACTILE――信頼（Trust）、説明責任（Accountability）、思いやり（Caring）、透明性（Transparency）、誠実性（Integrity）、忠実さ（Loyalty）、平等主義（Egalitarianism）――の七つをどの程度実現しているのかについての評価が含まれる。コンシャスなあり方に特に有害であるか逆行している側面が自社の文化に潜んでいれば、それをよく認識することも重要だ。

HCL社の立て直し

ここ数年で最も劇的な質的転換を遂げた主要企業の一つに、インドのHCLテクノロジーズがある。HCLは、情報技術（IT）に関するコンサルティングサービスとソリューションを世界の大企業向けに提供している先端企業だ。企業変革を担ったのはヴィニート・ナイアー。リーダーシップと経営について多くの型破りなアイデアを持つこの会社のCEOだ。ナイアーは、一見健全に見える会社の経営を引き継いだ。ところが、コンシャス・リーダーは、希望的観測ではなく、本当にそこに存在したままの現実を直視する。ナイアーは、ほかの人々には見えなかった点やほかの人々が認めてこなかった点、要するにHCLが危機に瀕していることを見抜いた。※1

変革の必要性を同僚たちにわかってもらうため、ナイアーは現状に大きな問題があることを社員全員が実感する不愉快な状況をあえて作り出す必要性を認識する。変革を構想するにつれ、あらゆる変化はA点（会社が今いる所）からB点（到達したい目的地）への移動であること、変革の旅が成功するには、主要プレイヤーはA点に深く失望し、B点に心から期待し、将来に対するプラスの、ロマンチックとさえ言えるほどの見通しを持てなければならないことに気づいたのである。

大半の企業はB点だけを注目して変革に取り組み、現状をよく検証しようとしない。しかし、出発点を知らずに目的への道を描こうとしても無理な話だ。ナイアーは、「鏡よ、鏡」と名づけたプロセスを通じてこれを成し遂げた。まず、部下である経営幹部に対し、収益の成長ばかりでなく、従業員のエンゲージメント（会社への愛着心）とカスタマーアドボカシー（徹底的な顧客第一主義）といった重要な点から会社の現状をつぶさに調べるように命じた。こうして明らかになった会社の姿は決して美しいものではなかった。黒字を出しながら売上を伸ばしてはいたものの、市場シェアは低下し続けていた。顧客は満足していたものの喜んではいなかった。職場は通うのが楽しみな特別な場所とは思われていなかった。競合他社の多くと同様、社員全員が極めて高度な教育を受けた専門家である知識ビジネスにありがちな経営方法で業務が進められていた。こうして、会社が直面している課題の大きさが経営幹部に明らかとなった。

会社変革プロジェクトに向け、ナイアーは従業員を各自の態度や姿勢によって変革者《トランスフォーマー》（およそ二〇％）、傍観者《フェンス・シッター》（六〇％）、喪失者《ロスト・オブ・ソウル》（二〇％）の三種類に分けた。ナイアーは、もし変革者たちに権限を与え、やる気を喚起できれば、傍観者たちはすぐに追随するだろう、そして喪失者の影響力はだんだんと小さくなっていくだろうと考えた。

会社の変革の必要性と将来への魅力的なビジョンについての期待が大きく広がるとともに、ナイアーは単純な、しかし型破りな発想を導入した。「リバース・アカウンタビリティ（逆の説明責任）」だ。HCLのような企業では、大半の社員は顧客にとってインパクトの強い、創造的な仕事を行うプロフェッショナルで、価値の大半を現場の中で作り出す。ナイアーはこうした社員を「バリューゾーン」にいる人々と呼ぶ。大半の会社では、そのような社員は、非生産的な会議や事務作業のために多くの時間を費やしている。ナイアーが言っているように、「経営者はバリューゾーンの中にも、その近くにもいない。経営者は、ときに価値創造の邪魔をしているのだ。私たちは、社員に彼らの業務とは無関係なことに関するプレゼンテーションをだらだら発表させたり、すでにしたか、していないことに関するレポートを書くように命じたりすることで、（バリューゾーンにいる人々の）貴重な時間とエネルギーを無駄にしている」[※2]。そこで、バリューゾーンにいる社員がマネジャーに報告するのではなく、マネジャーに社員への説明責任を負わせることにした。マネジャーは、専門性の高い社員が、付加価値とは関係のない作業に無駄な時間を割かれることなく、最高の環境で能力を発揮するために必要な物は何でも揃えてやらなければならない。

組織も人と同じで、自ら学び、自らを治癒する存在だ。コンシャス・カンパニーへの変革は、常に劇的で、持続的で、痛みを伴うような、細かく管理する努力を必要とするわけではない。単純だが深い意味のある変更を通じて達成できるかもしれないのだ。そのような触媒的なアイデアが、一連の変化を引き起こす場合がある。ＨＣＬのリバース・アカウンタビリティはそのようなアイデアの一つだった。ほかのアイデアも立て続けに実施された。

□**型破りな透明性**：ＨＣＬはすべての社員が、いつでも経営陣にどんな質問でもできる。すべての質問と回答はイントラネットに掲載される。これは、会社が直面している課題や機会に対する社員の意識を高めると同時に、透明性と信頼性の向上に寄与している。

□**３６０度フィードバック**：だれでも、社内のだれに対しても自由にフィードバックできる。このシステムのおかげで、会社は社員の影響力の範囲と価値創造が自分の直接的な人間関係を超えてどこまで広がっているかを測り、その結果、幅広い役割を担わせるための優れた昇進候補者を見極められる。

□**ＣＥＯの役割を改革する**：ナイアーはイントラネットに「私の問題」と称するセクションを設け、社員ならだれでも読め、反応できる戦略的課題を掲載している。この試みを通じ、ナイアーは自らの問題に関する大量の新鮮なアイデアに接することができ、社員の側も会社についてより広く、戦略的に考えることを促されている。

比較的簡単な変更が一連のほかの変更を引き起こした。社内の変革は二〇〇五年に始まった。当時の同社の売上高は七億六二〇〇万ドルだったが、この試みは、どんな尺度から見ても成功し、同社の業績は驚異的な伸びを見せた。二〇一一年、当時は世界経済がまだ厳しかったにもかかわらず、売上高は三五億三千万ドルに達した。[※3]

※1　ヴィニート・ナイアー著『社員を大切にする会社――5万人と歩んだ企業変革のストーリー』（穂坂かほり訳、英治出版、二〇一二年）、ゲイリー・ハメル著『経営の未来』（藤井清美訳、日本経済新聞出版社、二〇〇八年）も参照のこと。
※2　ナイアー『社員を大切にする会社』（前掲書）
※3　HCLテクノロジーズの二〇〇五年――二〇〇六年の年次報告書（米国会計基準）：ウィキペディア「HCLテクノロジーズ」（二〇一二年六月二四日時点での最新ページ）

■価値ある旅

コンシャス・カンパニー作りは、ゼロから始めるにせよ、変革を通じてのものにせよ、難しいがやればやっただけの見返りを期待できる、意味のある試みだ。多くの経営トップが「変革」という言葉にうんざりしている。「TQC（総合的品質管理）」、「ビジネス・プロセス・リエンジニアリング（BPR）」、「シックス・シグマ」等々、新たな流行語は何年かおきに必ず現れるようだ。しかし、コンシャス・キャピタリズムは「今月のおすすめ品」的な流行り物ではない。本書で説明してきたように、これは利益最大化モデルよりもはるかに強固なビジネスモデルの基盤である。なぜならば、自己利益だけよりもずっと強力なモチベーションを認め、そこに触れるものだからだ。ほかの種類の変革とは異なり、コンシャス・カンパニーへの変革は、すべてのステークホルダーの本来の人間性に沿った動きなので、とても無理なく感じられるはずだ。これを怠ると、どんな企業の将来展望も生存能力も脅かされることになろう。

第一八章　コンシャス・キャピタリズムの力と美

本書を通じて、我々はビジネスとは本質的に欠陥だらけでも罪深くもなく、救済を必要とする存在でもないことを強調してきた。ビジネスの本当の主役は、他人のために一致協力して価値を創り出す人々だ。ビジネスこそが世界最大の価値の創造者なのだ。だからこそ、道徳的で美しくもある。ビジネスとは本質的に善なるものであるが、自身の存在目的と価値創造の計り知れない可能性をよく認識することでさらに素晴らしい存在になる。

本書で繰り返し述べてきたように、私たちはさまざまな点で知的になり、獲得する情報も増え、互いの結びつきは一層深くなり、高い志と崇高な価値観に突き動かされるようになった。男性も女性も、自分の中の男性的な面と女性的な面を融合するのがうまくなった。意識も高まっている。道徳的に進化し、自分たちの行動の結果についての責任感が強まり、システムの相互依存性や微妙な差違を理解できるようになってきた。

現在のような変動の激しい時代には、企業は変化にあらがうのではなく、変化に沿って動くことを学ばなければならない。人間の進化に後れを取ったり犠牲になったりするのではなく、人間の進化という旅を先導しなければならないのだ。企業変革と成長を求める声は、社内から、ステークホルダーから、社会から、そして企業の進化自体からも湧き上がる可能性がある。ビジネスリーダーは、それがどの声であったとしても必ず耳を傾けるようにしなければならない。

コンシャス・カンパニーが素晴らしい好影響を世界に及ぼしているのは、単にリーダーが高潔に行動したからではない。賢明に動いた結果でもある。リーダーが知恵を働かせることによって、社員の情熱と会社の揺るぎない目的が一致する。すると存在目的を達成しようと意欲が一層強まり、社員のやる気に火がつく。リーダーの意識が高まるとステークホルダー間の相互依存関係がよく見えるようになり、トレードオフで一杯に見えていた状況から実はシナジーが生まれることに気づく。すると、創業者が表舞台から去った後も、意識の高い《コンシャスな》やり方でビジネスを続けようという、愛情にあふれた息の長い文化が生まれる。こうして、常に自らを管理し、動機づけ、進化させていく組織ができあがる。

■大いなる転換点

私たちは歴史的な転換点の真っただ中にいる。今は、古い規範《パラダイム》がもはや十分に機能せず、人々の心が新たな可能性を積極的に受け入れられる時代だ。私たちの時代の大きな課題と胸がワクワクするような機会は、独創的な思考と大胆な行動がないと実現しない。イギリスの劇作家、トム・ストッパードの『アルカディア』の中で、数学者のバレンタインは次のようなセリフを述べる。「未来とは無秩序だ。人類は二足歩行を始めて以来、五度や六度はこうした機会に遭遇してきた。自分がわかっていると思っていたほとんどあらゆることが間違っていた――それに気づいた時こそが素晴らしい、発展のチャンスなのだ」私たちは自分たちのメンタルモデル、前提、理論のすべてについて、それらが今でも正確で本当に重要なのかを批判的に再評価する必要がある。あまりに多くの新たな可能性を見ることは、恐いが刺激的でもある。今日の世界には、将来の道筋を決めてしまうほど根本的な変化が起きるまたとない機会が到来している。変化への社会の抵抗がこれほど低くなったことはそうそうないのではないか。

とは言え、抵抗はなお存在している。過去の歴史が示すとおり、これまで支配的だったパラダイムがそう簡単にはなくなるものではない。新しいパラダイムが現れると、その魅力がどんなにはっきりしていても、これまでの世界観が染みつき、現状維持のためにかなりの投資をしている人々からの抵抗にあう。新しいパラダイムを指示する世論が広がり、現実もそのように変化し始めると、抵抗勢力は（多くの場合悪意をもって）攻撃を開始する。そして、その二つが共存するという不安定な状況に陥る。だが最後には、新しいパラダイムを指示する証拠が積み重なってその比重が増していき、転換点に到達する。「何がそんなに問題なのか？　なぜそんなことが話題になるわけ？　明々白々なことじゃないか」人々はそう話し始める。コンシャス・キャピタリズムの転換はまだ始まったばかりで、資本主義に関する新しい、体系的な哲学がようやく打ち立てられようとしているのだ。もっとも、これが多くの人々に受け入れられて日常的に実践されるまでには、時間もかかるし多くの人々の協力も必要だろう。

転換は勢いを増そうとしている。現在の多くのリーダーや主要企業がコンシャス・キャピタリズムの思想に触れて、この方向に舵を切り始めている。しかし、この変化の主な創造者になるのは、最近成人に達したミレニアム世代（一九八〇年から二〇〇〇年頃までの間に生まれた世代）だろう。[1]この世代から、将来、社会や経済の進化を劇的に加速させるようなコンシャス・カンパニーやコンシャスNPOを作る企業家が現れるはずだ。ジーン・マイスターとカリー・ウィリヤードによると、「ミレニアム世代は、仕事を〝生活とバランスを取らなければならないような〟別個の活動とは考えていない。仕事は重要な生活の一部なのだ。職場とは、新しい友だちを作り、新しいスキルを身につけ、大きな目的へとつながる機会を与えてくれる場であってほしい——ミレニアム世代はそう考えている。そのような目的意識が、仕事で満足感を得るための重要な要素だ。我々の研究によれば、ミレニアム世代は、一九六〇年代以来で最も社会的に意識の高い《コンシャスな》世代なのだ[2]」

■みんなの夢

コンシャス・キャピタリズムについての我々の夢は単純だ。**「いつか、あらゆる企業が存在目的を意識して活動し、すべてのステークホルダーの利益を統合し、コンシャス・リーダーを育てて登用し、信頼と説明責任、思いやりの文化を築き上げる日がやってくること」**。現在、コンシャス・キャピタリズムは例外的存在にすぎない。我々の目標は、これをなるべく早く世の中の規範にすることだ。もちろん、本書で紹介している定義が最終のものだと言い張るほど思い上がるつもりはない。人々の意識が成長しビジネスリーダーやビジネス思想家の知恵が結集してコンシャス・カンパニーに対する理解が豊かになるにつれて、その定義は進化を続けていくだろう。

アメリカ合衆国の創始者の一人トマス・ペインが一七七六年一月に発行した「コモン・センス」と題する有名な政治パンフレットは、たちまちのうちにセンセーションを巻き起こし、一六カ月後に発表された独立宣言はこれに誘発されたものと考えられている。アメリカ（当時は植民地）のほぼ全域で読まれ、共和主義と大英帝国からの完全な独立という主張の強力な後ろ盾になった。「コモン・センス」は次の一節で始まる。「おそらくここに述べている意見はまだ世論になっていないので、一般から支持されることはないだろう。物事を間違っていると考えようとしない長い間の習慣によって、すべてのものが表面上正しいかのような様子を示すものだ。そして初めはだれもがこの習慣を守ろうとして、恐ろしい叫び声を上げるのだ。だがまもなく、その騒ぎは静まる。理屈よりも時のほうが考え方を変えさせるのだ」[3]。コンシャス・キャピタリズムとビジネスについての伝統的な見方との関係にも、まったく同じことが言えると思う。

コンシャス・キャピタリズムが支配的なビジネスのパラダイムになる日がいつか必ずやってくる。理由は単純だ。そちらのほうが優れたビジネスのやり方で、うまく機能しているからだ。長期的にはほかのビジネス哲学を圧倒してしまうはずだ。ザ・コンテナ・ストアの創業者兼ＣＥＯのキップ・ティンデルは、「世の中のすべての仕組みがあなたに手を貸してくれる。だれもがあなたに成功してもらいたいからだ」と言っている。コンシャス・カンパニーが市場で勝利すると、そのビジネス手法は時間が経つうちに真似されるだろうが、そのプロセスは緩慢で、コンシャス・カンパニーを目指している企業の多くは、コンシャス・キャピタリズムの何たるかを十分には理解できないかもしれない。口だけ賛同の意志を示して実行しないか、好業績を実現できそうだという期待感だけでこれを受け入れるかもしれない。コンシャス・キャピタリズム運動は、コンシャスな方法でこの変化を早めようとする。その結果「真のコンシャス・カンパニー」になるには本当は何をしなければならないかを企業が理解できるようになる。大半の企業がこの方法で活動を続ければ、人類と地球は繁栄に向かうだろう。

■前途に広がる道

コンシャス・キャピタリズム運動における我々の役割は、情熱的なコンシャス・カンパニーが今後通るはずの道路を建設しているようなものだ。先見性のある少数のパイオニアがこれまでの道を切り開き、今もなおさまざまな試みを続けている。脇道にそれて新たな発見をした会社もある。我々の仕事はその道を広げ、地ならしをし、地図を策定し、道中で支援を提供することだ。

幸いなことに、今は二五〜三〇年前とは異なり、この道をすでに突き進んできたコンシャス・カンパニーがたくさんあって、コンシャス・カンパニーになりたての会社は、優れた指針となる多数の会社を目撃できる。サウスウエスト航空、グーグル、コストコ、UPS、ポスコ、タタ、ザ・コンテナ・ストア、アマゾン、ホールフーズ・マーケット、ノードストローム、パタゴニア、トレーダー・ジョーズ、パネラ、ブライト・ホライズンズなどは、コンシャスなビジネス手法が長期的にはさまざまな面での成功に結びつくことを証明した。

■行動に向けての課題

コンシャス・キャピタリズムを広げるにあたっては、だれでも一定の役割を担うことができる。あなたがすでに企業を経営するか、既存企業の中で大きな部門を任されているのであれば、このマネジメントスタイルをすぐにでも導入する準備を始められる。なるべく早く、チームメンバー全員を集めて次の質問を発することだ。自分たちの会社はなぜ存在しているのか？　どのような価値を創り出しているのか？　ステークホルダー全員にとっての価値を高めるためにはどうしたらよいか？　現在は我慢しているトレードオフの状態からどうすれば脱却できるのか？　愛や喜びや意義に満ちた職場をどうやって作るのか？　顧客やサプライヤーに愛情と思いやりをどうやって示すのか？　採用や昇進のシステムをどう変えればよいか？　こうした疑問は、コンシャス・カンパニーとして発展するために検討すべき出発点にすぎない。本書で紹介した四つの柱に照らしながら、企業のあらゆる側面を密接に検討する必要がある。

変化を起こす仕掛け人は政治家でも官僚でも、あるいは規制当局でもなく、ビジネスに携わる人でなければならない。従来のようなビジネスのやり方が長く続くはずはない。多くの点で持続不可能だからだ。問題は何がそれに取って代わるかだ。企業が意識を高めていくうちに、資本主義の最も基本的な本質、その不可欠さ、とてつもない上昇可能性を守ろうと一歩踏み出さなければ、私たちの生活は、縁故資本主義のような混乱した形態や国家資本主義のような危険で歪んだ形式に占領され、劣化していくだろう。

■人の知恵の持つ無限の可能性

人間にはとてつもないことを成し遂げる能力がある。過去二〇〇年間で人類がいかに偉大な偉業を達成してきたかを考えてみるとよい。この間に人口はおそろしい勢いで増え、多くの人々が創造性を十分に発揮できる機会を与えられてきた。圧倒的な規模の建造物を建て、卓越した想像力を駆使して昔の人々には信じられないような偉業を次々と成し遂げた。いくつもの山にトンネルを掘り、地上数千キロにも及ぶ建築物を建て、人を月まで安全に送り届け、地球に連れ帰ってきたのだ。衛星や宇宙船を打ち上げ、魔法のように見えていたものの正体を暴く技術を発明し、原子の持つ計り知れないパワーを引き出した。数百人もの人々を合金の筒〔アルミニウム合金は航空機分野で主要材料となっている〕に乗り込ませ、驚くほどのスピードで地表から一〇キロ以上も上を飛ばすという芸当すらやすやすとできるようになった。最も未開の村落と最も奥深いジャングルと世界最高峰の山々を、まったく途切れることなく複雑な仕組みで結びつける通信システムを作り出した。こうした人類の偉業のどれも、おそろしいほどの短期間で、普通の人々が考案し世に送り出してきたものだ。

人類の偉大な勝利と計り知れないほどの可能性を振り返ると、残念なことに、日々がいかに脆いものか、そして大半の人々が与えられた才能と時間をいかに無駄にしているかが浮き彫りになってくる。喜びをもって創造できる環境なのに、現状をそのまま過ごして満足する。発見のスリルを経験できるはずなのに、何も考えずに日常生活を送ってしまう。

ビジネスの世界ほどこの事実があからさまで悩ましいところはない。この驚異のソーシャルテクノロジーをうまく使えば協力と価値創造がたやすくできるはずなのに、あまりにも頻繁にそれを退屈でつまらないものにしてしまった。仕事は素晴らしい業績を達成し心からの充実感を得る源ではなく、大半の人々にとっては堪え忍ぶべき試練になった。こうした状況は変えられるはずだし、変えなければならない。

■企業が直面する選択

意識の高くない企業《アンコンシャス・カンパニー》は、投資家のためにいかに多くの金融資産を生み出すかに全力投球する。それ以外のだれも、そしてそれ以外の何物もこの目的を達成するための手段にすぎない。ところが、利益ばかりを追い求めているにもかかわらず、各社ともしだいに目標を達成できなくなってきた。今後どうなるかは目に見えている。経営者は「利益の最大化」を目指すと何度も誇らしげに宣言する。トップのメッセージは、大々的、かつ明確な形であらゆる関係者に伝えられる。「諸君らもまた、自分の利益を最大化するために全力投球してほしい」と。社員は、なるべく働かずに、なるべく多くの報酬を得ようと心に決める。サプライヤーはできる限り商品を顧客に押し込み、手間を省略して自社の利益の最大化を目指す。政府とコミュニティは、どうすれば企業からなるべく多くを獲得できるかを考える。顧客は、隙あらば会社を利用しようと手ぐすねを引いている。こうして、だれもかれもが「何かを与えよう」ではなく「何かを奪い取ろう」という集団になっていく。すると、自分だけが良ければという雰囲気が社内の隅々まで行きわたり、利益目標を達成するという会社の能力はしだいに削がれ、ついにはなくなってしまう。お互いのために価値を創り出す能力も、自分のために価値を創り、目標を達成する能力も損なわれる一方意識の高い企業《コンシャス・カンパニー》は、社員、顧客、投資家、サプライヤー、コミュニティといったステークホルダー全員のために金融資産や知的財産、社会的富、さらには文化的資産、情緒的資産、精神的資産、物理的資産、そして環境にやさしい資産を創り出したいという思いが強い。どのステークホルダーも、手段（価値創造のためのツール）であると同時に目的（すなわち価値創造の受益者）でもある。各人の幸せは全員の幸せと密接につながっている。トレードオフの関係はほとんどなくなり、ビジネスの仕組みが自発的に繁栄し、育つ。だれもが自分の思いやりや忠誠心、勤勉さがさまざまな形で十分に報われるだろうという安心感に包まれながら、意欲的に、情熱を持って、企業の取り組みに大きな貢献を果たそうとする。

両者の差はあまりにも大きく、そして重大だ。どちらを選択するかは私たちしだいなのだ。

■気高い精神を解放する

偉大な法律家オリバー・ウェンデル・ホームズ・ジュニアは、「複雑なもののこちら側にある単純さは、手に入れるにまったく値しないが、複雑なものの向こう側にある単純さは、どんな犠牲を払ってでも手に入れたい」と言った。仕事、ビジネス、資本主義に対する単純化されたプローチは私たちの精神や社会に深く根づいてしまったが、私たちはそれに満足できなくなっている。実際、このアプローチはうまく機能しておらず、コミュニティの骨組みを浸食し、機能不全に陥れている。その結果、あまりにも多くのつまらないトレードオフが生まれ、あまりにも多くの人々に計り知れない不幸と苦しみをもたらす。私たちは、ビジネスと資本主義の世界で、皆で複雑さの向こう側に行くためにできることは何でもしなければならない。なぜならそこにこそ平和と繁栄、喜びと正義、愛と思いやり、お金と意義があるからだ。

本書の副題は、「ビジネスの気高い精神を解放する」だ。我々は慎重のうえにも慎重に、しかも特定の理由があってこの句を選んだ。営利企業《ビジネス》は、あまりに長い期間にわたって、受け身的な姿勢を取らざるを得なかった。これは悲しい現実だ。企業家や実業家は現代の世界の英雄であるにもかかわらず、冷酷で卑劣な商人として戯画化されてきた。

今日に生きる人々は、人類の歴史上最も意義深い人生を生きる本当の機会を与えられている、というのはよく言われるところだ。[4] 解決しなければならない課題もかつてないほどに大きいのだが、意識も高まっているので、それらを深く理解できる。つまり、課題に取り組もうという決意と能力がこれほど高まった時代もない。私たちには、ほとんどあらゆる問題を解決するために自由に使えるツールや技術があるし、必要だがまだ手にしていないものを作り出す能力と創造力もある。私たち一人一人の中に眠っている潜在エネルギーを結集し、創造的な組織形態にそれを流すことができれば、今世紀中に貧困を撲滅させ、地球をもっと平和な惑星にし、環境を回復し、危機に瀕している種に活気を与え、主要な疾病の多くをこの世からなくし、すべての人類が、健康的で、生き生きとし、生産的で意義深い人生をいつまでも送ることができるだろう。子どもや孫たちは、現在は想像すらできない方法で、皆が一緒になって繁栄への道を歩むことになる。

これがコンシャス・キャピタリズムの力、約束、美なのだ。

■コンシャス・キャピタリズムの理念

今の私たちは歴史上のどこに位置しているのか、現代世界はどういう状態にあるのか、ビジネスがこの世界にどのような影響を及ぼせるのか。コンシャス・キャピタリズムとは、このような視点から資本主義とビジネスを捉える一つの考え方である。コンシャス・カンパニーの行動原理は存在目的だ。存在目的はすべてのステークホルダーの利益に奉仕する。そしてこれらを連携させ、統合し、拡大する。意識を高めると、すべてのステークホルダーの間に存在している相互依存関係を確認でき、トレードオフに苦しんでいたはずの状況の中にシナジーを発見し、果実を得ることができる。コンシャス・カンパニーには、会社の目的を達成し、会社が接するすべての人々に利益を与え、人類全体が共有しているこの地球に全力で貢献したいと考えるコンシャス・リーダーがいる。コンシャス・カンパニーは、人を信じ、自分を偽らず、革新的で、思いやりのある文化を持ち、社員はそこに働くことで人間的にも職業人としても大きく成長しながら、ステークホルダー全員のために金融資産や知的財産、社会的富、さらには文化的資産、情緒的資産、精神的資産、物理的資産、環境にやさしい資産を創り出そうと汗を流している。

そうして、数十億人の人々が情熱と目的、愛情、創造性に人生を送れるような、自由と協調性、繁栄、思いやりにあふれた世界を実現できるのがコンシャス・キャピタリズムなのだ。

詳しくは、www.consciouscapitalism.org. を訪問してほしい。

付録A　コンシャス・キャピタリズムの具体例

企業は自社の業績を財務数値だけでなく、幅広い基準から検証する必要がある。金融資産から知的財産、社会資本、さらには文化的、情緒的、精神的、物理的な資産や環境に至るまで富や財産にはさまざまなものがある。本書で述べてきたように、企業はその多くを作り出せるが、同時にそれらを破壊してしまう可能性もある。そして規模が大きくなるほど影響は大きい。金融資産を生み出しても（金融資産よりも人々の幸福に大きな影響を与える）ほかの資産を破壊してしまうようでは、せっかく能力があってもたいした価値を世の中に提供できないことになる。もし「破壊力」のほうがあまりに大きいと差し引きの影響はマイナスとなって、社会の寄生虫とみなされかねない。これまで本書で意識の高い資本主義《コンシャス・キャピタリズム》の基本的な側面として解説してきた「システム思考」の原則の一つは、ビジネスには「主作用」「副作用」といったものは存在しないということだ。何かの行動を起こせば、何らかの影響がある。それだけだ。しかし、どのような行動でも、計り知れない大きな結果を招く可能性があるからこそ、すべてに説明責任が伴う。医学と同様、私たちはその一部を「主作用」としてほかよりも重んじ、それ以外の影響を「副作用」として（ほとんどすべてマイナスであるがゆえになおさら）軽視しがちだ。しかし、いわゆる「副作用」と呼ばれているものも、累積すると「主作用」を圧倒する場合がある。影響がすぐに現れるものも、将来のどこかの時点で現れるものもある。波及的にほかの影響を引き起こす可能性もあるわけで、それらについても十分把握しておかなければならない。

■優れた業績と株価パフォーマンスを支えるロジック

企業の財務実績は、その会社が売上を伸ばし生産性を改善する能力に左右される。コンシャス・キャピタリズムは売上も、利益にも素晴らしい結果をもたらす。顧客の明白なニーズにも、曖昧なニーズにも応えられる。意識の高い企業《コンシャス・カンパニー》が支出する際の優先順位は明らかだ。世の中に明確な価値を生み出せる分野（たとえば社員の幸福、素晴らしい顧客体験、高品質の商品など）に資金を投資し、価値を生み出せない分野（頻繁な安売りキャンペーン、高い離職率、巨大組織の運営に伴う管理費用など）には無駄なお金を投じないようにする、ということだ。

コンシャス・カンパニーは、サウスウエスト航空が創業以来航空ビジネスに新たな試みを続け、スターバックスがさまざまな場所にコーヒーショップを展開してきたように、市場全体を拡大し、意識の低い競合他社から市場シェアを奪うことではるかに早く成長する。もちろん、アマゾンが書籍の小売で、またアップルがｉＰｏｄやｉＴｕｎｅｓ、ｉＰａｄなどのイノベーションでそうしてきたように、コンシャス・カンパニーがまったく新しい市場を創り出すこともある。時間が経つにつれて、意識の低い会社はコンシャス・カンパニーに太刀打ちできなくなり、数が減っていくだろう。するとコンシャス・カンパニー間の直接競争が激しくなってイノベーションと価値創造が促され、すべてのステークホルダーの生活の質が高まるはずだ。

付録Aでは、コンシャス・カンパニーが長期的にも優れた業績や株価パフォーマンスを達成できるという証拠を示す。まずは「コンシャス・カンパニー」に極めて近い基準で選ばれた上場企業の過去一五年間の株価パフォーマンスを紹介する。次に、コンシャス・カンパニーと趣旨は一致しているが、異なる基準を適用して選択された企業の株価パフォーマンスや財務実績だ。

■コンシャス・カンパニーが圧倒的なパフォーマンスを示す証拠（一）

『愛に満ちた企業――世界規模の企業は情熱と志からいかにして利益を得ているか』（*Firms of Endearment: How World-Class Companies Profit from Passion and Purpose*）（未邦訳）の中で、ラジェンドラ・シソーディアらは、財務実績ではなく、「人道主義的な特性」（目的意識、顧客や社員、サプライヤー、コミュニティからどの程度愛されているか、リーダーシップなど）に基づいて企業を選択した。[1] 唯一用いられた財務基準は、企業が「継続できるか否か」、言い換えればすぐに倒産の危険にさらされていないかどうか、という点だった。数百社の中から、上場企業一八社と未上場企業一〇社が選ばれた。各社がどの程度「意識が高い《コンシャスである》」かはさまざまだったにせよ、どこもこの点でかなり進んでいた。

実は、著者らは自分たちの選択した企業の株価パフォーマンスは平均並みかそれより少し高い程度だろうと考えていた。理由はいくつかあった。

一、「株主利益の最大化」を目標に掲げていなかった。

二、社員を大切にし、手厚い福利厚生制度を提供していた。たとえば、コストコは社員にかかる医療費の九八％を支払っていた。これはウォルマートのほぼ倍である（ウォルマートも医療費補助を増加し始めたが、コストコに比べるとまだまだ低い）。

三、競合他社よりもはるかに多額の法人税を支払っていた。

四、自社が儲けるためにサプライヤーに値下げを強要することなく、サプライヤーの側もイノベーションを絶やさず収益を上げていた。

五、地元のコミュニティや環境保全に多額の投資を行っていた。

六、顧客価値を高め、傑出した顧客サービスを提供していた。

著者らは、「愛に満ちた企業」は忠誠心の高い社員や顧客との関係をしっかりと維持している優良企業として、投資家とも良好な関係を築いているだろうと予想していたが、ほかにもさまざまな価値を創造もしているのだから、それ以上に望む必要などないと考えていた。ところが、これらの企業は、実は投資家にとてつもないパフォーマンス、具体的には一九九六年から二〇〇六年までの一〇年間で株価が市場の九倍の値上がりをしていたことがわかったのだ。明らかにこれは、善行を積んでいる「素晴らしい」会社だからですむ話ではない。一見したところはつかみにくい、はるかに大きな価値創造が進行していたと言うべきだろう。

我々は対象期間を一九九六年から二〇一一年まで広げてデータを更新した。表A‐1が示すように、株価パフォーマンスはS&P500種指数の一〇・五倍になっている。[2]

■コンシャス・カンパニーの圧倒的なパフォーマンスを示す証拠（二）

優れた職場環境

コンシャス・カンパニーであることをよく示す一つの指標は「働きがいがある」とみなされている会社だ。働きがいのある会社（GPTW：The Great Place to Work）研究所は、「働きがい」に関する調査・分析を行っている。これと同様に、ギャラップは社員の会社に対するエンゲージメント（愛着心）に関する調査で三〇年の実績がある。

GPTW研究所は、信頼、誇り、仲間意識などの基準を用いて、ある会社が純粋な満足感と達成感を社員間に作り出しているかどうかを判断し、一九九七年以来、『フォーチュン』と協力して、毎年アメリカの「最も働きがいのある一〇〇社」リストを発表している。次ページの図A‐1が示すように、これらの会社は一九九七年から二〇一一年までのパフォーマンスで市場を劇的に上回った。二〇一二年のリストを見ると、本書で紹介しているコンシャス・カンパニーのランクは次のとおりである。グーグル

リターン	15年 累積	15年 年率	10年 累積	10年 年率	5年 累積	5年 年率
FoE※1	1,646.1%	21.0%	254.4%	13.5%	56.4%	9.4%
S&P 500種指数※2	157.0%	6.5%	30.7%	2.7%	15.6%	2.9%

注：リターンは配当を再投資した総合リターンで、複利計算したものである。
※1 『愛に満ちた企業』の株価データを本書の著者が更新。
※2 スタンダード・アンド・プアーズ社による米国500社で構成された株価指数

表A-1：コンシャス・カンパニー（「愛に満ちた企業」）とS&P500種指数のパフォーマンス比較（測定期間：1996～2011年）

（1位）、ウェグマンズ（4位）、ＲＥＩ（8位）、ザ・コンテナ・ストア（22位）、ホールフーズ・マーケット（32位）、ノードストローム（61位）、スターバックス（73位）。[3] 仕事とキャリアに関するアメリカの情報サイト「グラスドア」は従業員からの情報を基に最も働きがいのある五〇社のリストを独自に発表している。『フォーチュン』のリストに加え、グラスドアのリストには、トレーダー・ジョーズ（9位）、サウスウエスト航空（17位）、コストコ（23位）が載っている。[4]

すでに述べたように、ギャラップの調査で、アメリカ企業に勤める従業員の会社に対するエンゲージメント（愛着心）は過去一〇年で平均二六〜三〇％であることが明らかとなった。さらに、「会社に愛着を感じている人」の「愛着を感じていない人」への割合が、平均的な会社では一・八対一・五であるのに対し、好業績を上げている会社の場合は一〇対一であることが見出された。[5]

極めて道徳的な企業

ニューヨークのシンクタンク、エシスフィア・インステ

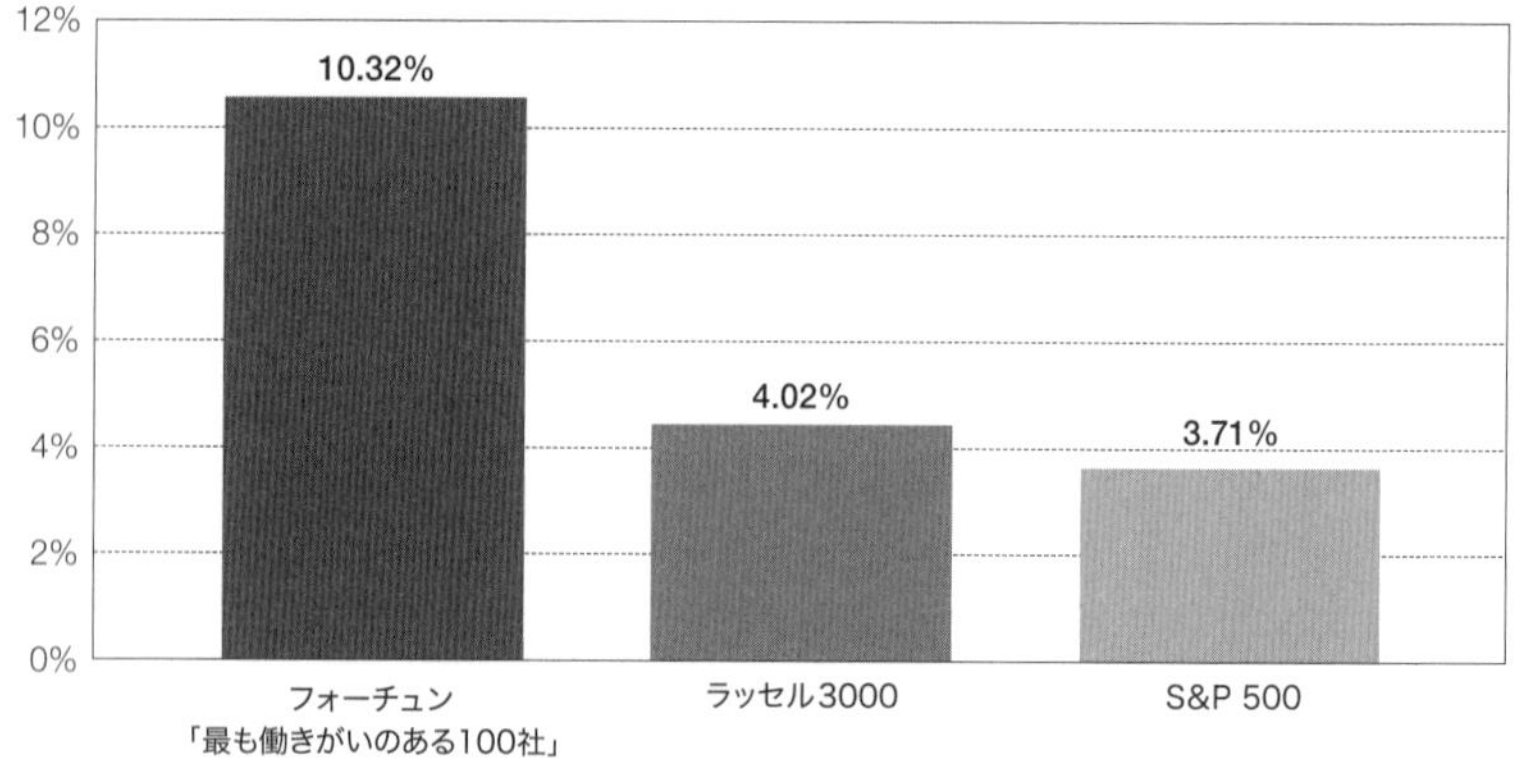

図A-1 『フォーチュン』の「最も働きがいのある100社」の株価パフォーマンス比較（1997〜2011年）
出所：© Great Place to Work Institute, Inc. 無断複写・複製・転載を禁ず。ラッセル・インベストメント・グループ

イテュートは、二〇〇七年以来、世界で最も道徳的な企業のリストを毎年発表している。評価基準は、企業としてのシチズンシップ（コミュニティへの貢献度）と社会的責任、企業統治、公的福祉に貢献するイノベーション、業界でのリーダーシップ、経営トップの質と姿勢、法律や規制の遵守状況と社会的評価の実績、内部システムと道徳的行動または法令遵守プログラムの七つである。二〇一一年には一一〇社が認定された。

二〇〇七年にこのプログラムが始まって以降、「道徳的な企業」として選出された企業の株価は、毎年S&P500企業のパフォーマンスを平均して年率七・三%上回っている。どの会社も優れたブランド認知度を誇り、顧客の忠誠心は高く、社員の離職率は低い。[6]

柔軟なステークホルダー中心主義を社風にしている企業

一九九二年、ハーバード・ビジネススクールのジョン・コッターとジェームス・ヘスケットは『企業文化が高業績を生む』[7]という画期的な書籍を上梓した。コッターとヘスケットはアメリカ合衆国の二二業種、二〇七の大企業について一一年間の業績や株価を調査した。あらゆるステークホルダーに対処し、すべての階層でマネジャーを勇気づけるような力強く柔軟な文化を持った企業は、次の三つの分野でそれを持たない会社の実績を大幅に上回った。売上成長（六八二%対一六六%）、株価上昇率（九〇一%対七四%）、純利益の伸び率（七五六%対一%）。著者らは企業のステークホルダー中心の文化を次のように説明している。「すべてのマネジャーが会社に利害関係のある人々（顧客、社員、株主、サプライヤー）のことを強く気にかけている」

ビジョナリー・リーダーを頂く企業

一七カ国五二〇社を対象とする多数の研究者が参加したある調査では、先見の明のあるリーダー《ビジョナリー・リーダー》と専制的なリーダーがそれぞれの企業業績に及ぼした影響を比較検討したうえで、単なるエコノミック・バリューではない、幅広いステークホルダー・バリューの重要性を指摘した。[8] 専制的なリーダーが営業成績や財務数値を強調するのに対し、ビジョナリー・リーダーは目的や価値を重視していた。調査に参加した研究者たちは、ビジョナリー・リーダーシップが「もう一歩先の努力（extra efforts）」と深い関係があること、そしてそれが企業の業績に好影響を及ぼすことを見出した。専制的なリーダーシップは、ステークホルダー・バリューに強い悪影響を及ぼし、財務実績にはまったく影響を及ぼさない。ビジョナリー・リーダーに導かれた企業は、時間が経つうちに、数字にしか目の行かない専制的なリーダーに率いられた企業の業績を著しく上回るようになった。

■直感に反する証拠

コンシャス・カンパニーが、あらゆる重要な基準で傑出した業績を上げている証拠はいくらでもある。それでは断固として利益中心主義を貫いている会社はどうだろう？　もちろん、こうした企業は自らが設定した最優先目標の達成度では優れているはずだ。

ジム・コリンズの『ビジョナリー・カンパニー2——飛躍の法則』は常にベストセラーリストに載るビジネス書だ。[9] コリンズは過去約八〇年間の上場企業を調べて、株式運用成績が少なくとも一五年にわたって市場平均の三倍を超えている企業を一一社選び出した。同書はこの一一社が、どのようにしてそこそこ良い《グッド》実績から偉大《グレイト》な実績への飛躍を遂げられるようになったかを分析している。

　では、どの会社が選ばれたのか？　そしてこれらの会社は本当に偉大《グレイト》と言えるのだろうか？（本書の原題は『良好《グッド》から偉大《グレイト》へ』）。リストには、サーキット・シティ、ファニーメイ、ウェルズ・ファーゴが含まれている。サーキット・シティは、破綻する前に経験豊かな社員を首にして、人件費の安い社員と入れ替えるといったコンシャス《意識が高い》とは言えない行為をしていた。ファニーメイは金融危機の渦中の会社となった。ウェルズ・ファーゴは二〇〇八年に米国政府から二五〇億ドルの救済資金を受け取った。

　しかし、何と言っても呆れてしまうのは、「偉大《グレイト》な」企業のリストにアルトリア（前のフィリップ・モリス）が含まれていることだ。この世界最大のタバコメーカーが過去一〇〇年間で地球に及ぼしてきた影響を考えてみてほしい。プラスか、中立か、マイナスか？　すべての要素を考慮すれば、その答えがとてつもないマイナスだったことは火を見るよりも明らかだ。喫煙と直接関係のある病気で死亡した人の数は毎年六〇〇万人に達し、喫煙を原因とする死亡者数は今世紀中に一〇億人になると予想されている。タバコを吸うと平均寿命は一五年ほど短くなり、健康保険制度がタバコ関連の疾病に直接使用している費用は、年間でおよそ六千五百億ドルと試算されている。[10]これは弁解の余地のない現実だ。にもかかわらず、ほとんどのタバコメーカーは、今の需要に応えるだけでなく、新たな需要を作り出そうと努力を続けている。

　もっと広い、社会全体の観点から見ると、世界はこの会社が存在したことで良くなっているのだろうか？　もちろん、一定の雇用は確保しているし、投資家は優れたリターンを享受した。しかし、そのためにどれだけのコストが支払われたのだろう？　もしこの会社が社会に押しつけてきたすべてのコストを財務数値に反映することを余儀なくされたら、それでもなお優れた実績を上げられるのか？

我々はそうは思わない。

どのように利益を上げているか？　**これが問題なのだ。**グレゴリー・デイヴィッド・ロバーツも書いている。「稼ぎ方を尊敬できなければ、何の価値もない。家族や愛する者たちの人生を良くするために使えなければ、金には果たすべき目的がない」[1]。偉大《グレイト》な企業の定義は何か。それは単に投資家の金融資産、株価パフォーマンスを増やせる企業ではない。それよりもはるかに豊かな、全ステークホルダーのあらゆる種類の富、いわば企業が創り出すトータルバリューを最大化できる企業のことなのだ。偉大な企業は社会全体の健康度と豊かさを高めてくれる。すべてのステークホルダーに繁栄をもたらし、その願望を実現させる。存在しているだけで世界を豊かにする――そういう存在である。企業の偉大さを判定するための優れた基準はいくらでもあるのだ。

ただしここで重要なことは、こうしたあらゆる基準も、いずれ財務実績や株価パフォーマンスに反映される、という点である。『ビジョナリー・カンパニー2』で持ち上げられていた企業は、一五年間で市場を若干上回るパフォーマンスを上げていたにすぎない。その証拠に『愛に満ちた企業』で取り上げられていたコンシャス・カンパニーに比べるとはるかにパフォーマンスが劣っているのだ（表A-2）。過去一〇年、五年、三年で比較すると、『ビジョナリー・カンパニー2』の企業のパフォーマンスは市場を大幅に下回っている。もちろん、その時々において「偉大だ」と言われてきた企業は数々あったが、本当の意味で「偉大《グレイト》」という言葉にふさわしい企業は、時の試練に耐え、高パフォーマンスを維持し続けられる企業だと思う。

■優れた財務実績の中味を検証する

コンシャス・カンパニーは、いったいどうやって優れた業績を上げながら、社会を含むステークホルダー全体の富や幸福を作り出しているのだろう？　それは、結局のところ次のような要素に帰着する。まず顧客に対する価値創造に優れているため極めて高水準の売上高を計上できる。粗利益が低く見えるビジネスに積極的に取り組み、従来型企業よりも高い純利益率を達成する。時間が経つうちに、世の中での評判が高まって成長率が加速する。忠誠心の高い顧客、仕事に全力投球する社員、優良なサプライヤーがどんどん増えてコミュニティでの信用が確立される。こうしてコンシャス・カンパニーは増益を続け、株価バリュエーションも拡大していくのだ。

高水準の売上高

コンシャス・カンパニーの優れたパフォーマンスを最もよく証明するのは顧客からの絶大なる支持だ。コンシャス・カンパニーは顧客から愛されている。顧客は製品やサービスに

	15年		10年		5年		3年	
リターン	累積	年率	累積	年率	累積	年率	累積	年率
FoE※1	1,646.1%	21.0%	254.4%	13.5%	56.4%	9.4%	77.4%	21.1%
GtG※2	177.5%	7.0%	14.0%	1.3%	–35.6%	–8.4%	–23.2%	–8.4%
S&P 500種指数※3	157.0%	6.5%	30.7%	2.7%	15.6%	2.9%	10.3%	3.3%

注：『愛に満ちた企業』※1　『ビジョナリー・カンパニー２』※2　S&P 500種指数※3
リターンは配当を再投資した総合リターンで、複利計算したものである。
※1 「愛に満ちた企業」の株価データを本書の著者が更新
※2 『ビジョナリー・カンパニー２』の企業
※3 スタンダード・アンド・プアーズ社による米国500社で構成された株価指数

表A-2 「愛に満ちた企業」、S&P500種指数、『ビジョナリー・カンパニー2』のパフォーマンス比較（測定期間：1996〜2011年）

満足し、忠誠心も高く、会社の大ファンで自ら宣伝までしてくれる。こうして、コンシャス・カンパニーは素晴らしい売上高を計上し続ける。小売業で言えば売り場面積一平方フィート当たり売上高、一般的な企業では従業員一人当たり収益といった基準で比較しても常に業界平均を上回る。

競合他社と同規模の資産ベースから高い収益を生み出せば、社員に高い給料を払い、なおコスト競争力を維持できる。十分な待遇を得て仕事と顧客への奉仕に本当の情熱を持って取り組む社員が顧客に素晴らしい体験を提供する。会社は、費用面で他社よりも高い「規模の経済」を達成しながら、顧客に提供できる価値を常に改善できる。その結果さらに顧客が増え、社員の給料は増え、会社はさらなる「規模の経済」を達成できる。コンシャス・カンパニーは、まさに好循環の中で運営されているのだ。

基本的に、コンシャス・カンパニーは従来型の企業よりもはるかに生産性が高いが、それは恐怖とインセンティブでイライラし、プレッシャーをかけられた社員から搾り取られた類の生産性ではない。人々が完全に集中して優れた製品やサービスを創り出し、イノベーションを起こし、自分のしていることを愛している時に得られる生産性なのだ。そのようなエネルギーを得られれば山でも動かせるだろう。

次に紹介するのは、好業績を達成しながら業務の効率性も高めているコンシャスな小売業者の事例である。

□食料雑貨スーパー、ウェグマンズの売り場面積一平方フィート当たり売上高は業界平均よりも五〇%高く、営業利益率は七・五%と競合他社平均のおよそ二倍を達成している。[12] 多くのコンシャス・カンパニーと同様、社員の給料は高く、パートタイマーにも手厚い福利厚生制度を備え、従業員教育にも力を入れている。

□コストコは倉庫一つ当たりの売上高が一億四千万ドル近くで、売り場面積一平方フィート当たりの売上高は一千ドルに達している。競合他社のサムズ・クラブはそれぞれ七八〇〇万ドル、五八六ドルで、BJ's ホールセール・クラブは五四〇〇万ドル、五〇〇ドルだ。コストコは、従業員一人当たり売上高が圧倒的に高いため、高い給料を払うことができ、圧倒的な高業績の要因となっている。[13]

□家具の小売を手掛けるジョルダンの売り場面積一平方フィート当たりの売上高は年間九五〇ドル。業界平均は一五〇ドルだ。在庫回転率は年一三回と、これも業界標準を大きく上回る。[14]

□トレーダー・ジョーズの売り場面積一平方フィート当たりの売上高は一七五〇ドルと業界平均の三倍以上だ。給与水準は業界トップクラスでありながら、総人件費率は業界でも最低水準に近い。[15]

利益率の幻想

ほとんどの企業は、コストの安いサプライヤーを探し、自社の交渉力を駆使して値段をたたき、粗利益を最大にしようとする。そうなると、最終的に取引相手として残るのは、黒字を保つために四苦八苦し、製品の改善やイノベーションに投資できる余裕のないサプライヤーばかりだ。これに対し、コンシャス・カンパニーは厳しい基準を設けてサプライヤーを選別する。革新的で、品質を重視し、しかもコンシャスな経営を行っているパートナーを求めるのだ。サプライヤーに対して金銭的にも十分報いているので、サプライヤーの側も自社の納入業者から値切る必要がなく、社員の待遇も良い。

大半の企業は人件費、とりわけ現場の社員の給与を抑えようと必死になり、健康保険給付額など重要な福利厚生費を出し惜しみする。パートタイム社員をなるべく多く雇い、労働時間を一定限度内に抑えて余計な費用を負担しないですむよう工夫をすることも多い。社員への教育訓練も最小限に抑えるのが一般的で、離職率が高いのはやむを得ないと考えている。

コンシャス・カンパニーは現場の社員にも十分な給与を支払っている。業界平均を大幅に上回ることも珍しくなく、福利厚生制度も手厚い。コンシャス・カンパニーは売上原価を自ら進んで増やしているため、粗利益はその会社がコスト削減に最大限努力した場合に比べれば低いのが普通だ。

損益計算書上の二番目の費用項目は、販売管理費だ。これこそコンシャス・カンパニーが人材、質の高い投入資本、目的の明確な文化への投資の結果が本当に反映される場所だ。従来型の企業は、マーケティング、経営管理、弁護士費用、役員報酬への多額の出費でせっかく獲得した粗利益を浪費している。社員の離職率が高いため、採用費と教育訓練費がかさむ。やる気をなくし、非生産的になる社員も多い。品質が劣悪の製品が多く、顧客の忠誠心が低下し返品率も高い。

圧倒的に低いマーケティング費用

コンシャス・カンパニーの多くは、広告宣伝費とマーケティング費がそれほど多くない。というのも、会社の商品やサービスに満足し、喜んでいる顧客をたくさん抱えているからだ。忠誠度の高い顧客が、熱心に会社の宣伝をしてくれるのである。コンシャス・カンパニーの多くがマーケティングに投じる資金は業界平均のわずか一〇〜二五％にすぎない。これは莫大な資金の節約となる。なぜならばマーケティング費用は他の支出分野よりも急速に拡大しており、今や大半の企業にとって最大の支出項目の一つになっているからだ。[16]たとえば、ホールフーズ・マーケットのマーケティング費は業界平均のおよそ二〇%だ。このうち、九〇%はグローバル・サポートオフィス（本部）ではなく、店舗で支出されている。そしてその大半が会社のコミュニティサービス活動に関連した費用だ。コンシャス・カンパニーは、金のかからない、理想的なマーケティングの恩恵を受けている。顧客だけではなく、社員も、サプライヤーも、メディアも自社を宣伝してくれるのだから。グーグルとスターバックスもマーケティングにそれほど資金を費やしていないが、ビジネスに対するコンシャスなアプローチを通じて大きな成功と尊敬を獲得してきた。

コンシャス・カンパニーは、自社の存在目的に沿った活動に加え、顧客を説得するのではなく、顧客に奉仕することを通じて、ソーシャルメディアの爆発的な拡大による恩恵を得ている。今後はソーシャルメディアへの出費を増やすかもしれないが、マーケティング予算の大半を占める有料広告にはそれほど金をかける必要がないので、マーケティング費用の総額は少額にとどまるだろう。さらに、製品の値引きをする必要もなければ、離れていく顧客の数を埋めるために新たな顧客を捕まえに行く必要もない。[17]

離職率が低く、会社への愛着心《エンゲージメント》が高い

コンシャス・カンパニーは採用に細心の注意を払っており、候補者の個人的な情熱が会社の目的とよく合致した人を雇い入れる。離職率が極めて低いので、採用費や教育訓練費も大幅に節約できる。たとえば、年間の離職率が一〇〇%を超えることすらある業界で、「最も働きやすい会社」リストの

常連、ザ・コンテナ・ストアの離職率は一桁台前半だ。こうした会社の社員は忠誠心が高く、経験が豊富で、情熱的で、活力があり、創造的で、業務に対する関心が高く、驚くほど生産的だ。もう一つの良い事例はスターバックスだ。アルバイト社員にも健康保険制度への加入を認めている（これはコーヒーよりも社員の健康に多額の支出を行うことを意味する）。すると社員が業務に積極的になって、バリスタが顧客の名前と注文内容を細かく覚えるなど、顧客への思いやりを示すようになる。このシステムで社員も顧客も勝利者（ウィン‐ウィン）になったのだ。[18]

低い一般管理費

コンシャス・カンパニーの一般管理費率が低いのは、付加価値を生まない費用を常に節約しようと努めており、そのアイデアを社員やサプライヤーから集めているからだ。医療費などの基本的な経費も抑えようと試みているが、それは単なる全面的な節約運動ではなく、ウィン‐ウィンの結果を達成できる創造的な方法を考案した結果である。たとえば、ホールフーズ・マーケットは、一般の会社にはなかなか見られない、社員へのさまざまな健康増進策を通じて医療費の高騰と闘っている。コストを下げるばかりでなく、このプロセスを通じて人の生命を救い、生活を改善させているわけだ。

コンシャス・カンパニーは、たいてい本社機能が小さく、従来型の企業よりも筋肉質な組織構造となっている。適材が適所に配置され、なるべく大きな裁量権を与えられる仕組みが工夫されている。大半の社員は互いを「管理する」のではなく、顧客のために真の価値を創り出す作業に積極的に参加する。こうした会社の多くには、自ら組織化し、自ら動機づけし、自らを管理する仕組みができあがっている。コンシャス・カンパニーの経営幹部が受け取る報酬は、競合他社に比べても決して高くない。すでに紹介したように、ホールフーズでは、正社員の平均給与の一九倍を超える給料を得ている者はいない。一方、ここ数年、上場企業ではこの倍率が三五〇～五〇〇倍になっている。コンシャス・カンパニーの経営者が自分の給料を増やす唯一の方法は、従業員の平均給与を引き上げることなのだ。

すべてのステークホルダーとの間に高い信頼関係を築いているため、コンシャス・カンパニーの負担する弁護士費用は業界標準よりもはるかに低い。顧客を本当に理解し、優れた製品を作り出しているので（その少なからぬ背景として、世界クラスのサプライヤーと協力している点を挙げられる）、強引な販売技術を習得する必要はない。

■勝つためのより優れた方法

ステークホルダーの相互依存で生み出されたシナジーを効果的に利用し、だれにでもあって、しかし生かされていない創造的なエネルギーを発揮させようと社員を刺激し続けている企業に市場で対抗することは非常に難しい。企業がよく失敗するのは、イノベーション、協力、あるいは協調を十分に行っていないからだ。高レベルのチームワーク、協力、協調、相互依存の備わった競合他社が出現し、効果的に経営されていない企業はうまく対抗できずにいずれ敗北する。トレーダー・ジョーズやホールフーズ・マーケット、ウェグマンズ、パブリックス、HEBなど、コンシャスな食品小売業者がどこも成長と繁栄を続けているのに対し、昔ながらのビジネスのやり方を続けている企業は生き残りに必死である。

実際のところ、コンシャス・カンパニーは、食品小売だけでなく、すでに多くの業界でかなり大きな市場シェアを奪い始めている。サウスウエスト航空は、かつては取りに足らないちっぽけな航空「業者」にすぎなかったが、今ではアメリカで最も高い収益力を誇り、しかも社会に大いに貢献する航空会社の一つに数えられる。コンシャス・カンパニーが最後に勝利を収めるのは、イノベーションと協力、協調のレベルが他社よりも高いからだ。そして、最終的に、市場は十分にコンシャスではない企業を駆逐していくはずである。

付録B　コンシャス・キャピタリズムと関連思想

ここ数年、多くの経営思想家や一部のＣＥＯが資本主義の修正案について語り始めている。本稿では、資本主義がどう進化すべきかを提案するこうした思想と意識の高い資本主義《コンシャス・キャピタリズム》との関係を考察する。

■自然資本主義

自然資本主義は、一九九九年にポール・ホーケン、エイモリ・ロビンズ、ハンター・ロビンズが提唱した。[1] 従来の資本主義、あるいは産業資本主義は、天然資源、生態系、人的資源といった最も重要な投入要素を考慮していないために持続不可能で、人々を誤った方向に導く。ビジネスは、自然資本の価値を公正に評価し、正しい価格を設定する必要がある。自然資本を含まない財務諸表は幻想であって、これを考慮しなければ世界の資源は急速に枯渇し、自然がこれらを補充できなくなってしまう——これが自然資本主義の基本的な主張である。著者らは、自然が「無償で」ビジネスに提供しているサービスは年間三三兆ドルに相当すると試算した。天然資源の価値を高める新たなテクノロジーを採用し、生産システムから廃棄物をなくし、経済活動の環境への悪影響を緩和すべく（木を植えて二酸化炭素排出の影響を打ち消すなど）必死に努力すべきだと説く。ビジネスは自然と対立するのではなく自然と調和する方法を学ぶべきだと論じたうえで、どうすればそれが利益を生み、持続可能なアプローチになれるのかを示す。

『自然資本の経済——成長の限界を突破する新産業革命』は多くのビジネスリーダーを啓発した極めて影響力の強い本で、特に環境の持続可能性について論じている。同書では、インテリア素材メーカー、インターフェイス・インクが自然資本主義の実践企業として何度も取り上げられている。CEOを務めたレイ・アンダーソンは自分自身やほかのCEOたちを自然資本の「略奪者」だと呼び始めた人物で、エネルギーや資源を大量に使っていたビジネスの大変革に着手し、カーペット産業市場に圧倒的なイノベーションを実現して大成功を収めた。

コンシャス・キャピタリズムは、環境の持続可能性を重視する自然資本主義の原則を包含している。生態系への悪影響を最小限にとどめ、むしろ治癒するような、自然（NATURE）と調和した生活についてこれまで私たちが学んだこと、これから学ぶことをビジネスにおいて考慮すべきだという考え方だ。しかも、その思想をもう一歩進めて、ビジネスを人間性（human NATURE）に調和させようというのである。天然資源はいつか枯渇するので、守り、保護しなければならないことを認め、さらに人間の創造性と潜在能力については、これを活性化させ生かす方法を学べば、限界がないと捉えている。すでに強調したように、地球上で最も強力な再生可能エネルギーは、物事に夢中になり、精いっぱい生き、完全に覚醒した人間なのだから。

したがって、コンシャス・キャピタリズムと自然資本主義との間には矛盾が見出せない。環境について自然資本主義が提供する有益な見解を含んだうえで、ビジネスと経済システムの全体をより包括的に捉えてこれを乗り越えている。

■トリプル・ボトムライン

イギリスのコンサルティング会社、サスティナビリティ社のジョン・エルキントンが「トリプル・ボトムライン」(TBL)と言う言葉を作り出したのは一九九四年だ。[2] 企業は人々、地球、利益という三つのボトムライン(決算書の最終行)に注意を向け、企業活動を財務面、社会面、環境面から長期的に評価すべきだと主張した。アンドリュー・サビッツはこのアプローチに関する優れた書籍を著した。『トリプル・ボトムライン――今日の先進企業はどのようにして経済・社会・環境で成功したのか、そしてそこから学べることは何か』(*The Triple Bottom Line: How Today's Best-Run Companies Are Achieving Economic, Social, and Environmental Success and How You Can Too*)(未邦訳)だ。[3]

この発想は人気を博し、今や多くの企業が自社の三つのボトムラインに関する詳細な情報を提供している。多数のステークホルダーのために企業を経営すべきだと強調するなど、TBLがコンシャス・キャピタリズムの最も重要な原則のいくつかと一致していることは間違いない。しかも、ビジネスと資本主義を高い意識へと進化させるという意味では、同じ方向を目指していると言ってよいだろう。企業の社会的責任（CSR）の思想には、社会的責任と環境サスティナビリティを利益の最大化モデルに無理に付け加えようとする側面があるのに対し、TBL運動は、これらをビジネスにおける投資家と同等のパートナーとして扱うことを求めている。TBLは、CSRモデルよりも明らかに進歩しており、企業が経済的成功に加えて集中して取り組むべき主要分野として社会的責任と環境サスティナビリティをかなり重視している。ただし、この運動は、コンシャス・キャピタリズムが社会的責任や環境と同じくらい重要視しているほかのステークホルダーの存在を無視している。さらに、コンシャス・キャピタリズムを支えているほかの四つの柱（存在目的、リーダーシップ、マネジメント、カルチャー）がどうあるべきかについても特にビジョンがあるわけではない。

■シェアードバリュー・キャピタリズム

マイケル・ポーターとマーク・クラマーが二〇一一年に提唱したシェアードバリュー・キャピタリズム（共通価値資本主義：SVC）とは、ビジネス活動が行われるコミュニティの経済的福祉や社会福祉の向上を図りながら競争力を高める方法だ。[4]ポーターとクラマーは、価値の定義を広げ、株主のための価値創造の行為が、より直接的に社会に役立つものでなければならないと主張する。グローバルレベルで見ると、住宅、エネルギー、公衆衛生、医療といった社会的ニーズは、まだまだ大多数の人々にとっては満たされていない。しかし、大半の大企業は裕福な顧客の需要を刺激することにばかり力を入れている。こうして株主価値の向上があまりに近視眼的に捉えられ、ビジネスと社会との溝が広がってしまった、というのである。

ポーターとクラマーによると、企業は三つの方法で「共有された価値観《シェアードバリュー》」を創り出せる。（一）顧客に利益をもたらすだけでなく、社会的にもプラスとなる商品は何かを改めて考える。（二）バリューチェーンの効率性と持続性を高める。（三）地元の産業クラスター〔特定分野における関連企業や関連機関が地理的に集中している状態〕の発展を促す。そのうえで、「すべての利益が等しいわけではない。社会的な目的の達成に寄与する利益は上等な資本主義である。会社とコミュニティの間に好循環を生み出すからだ」と結論づけている。伝統的な資本主義は株主の資産拡大を目的としているが、シェアードバリュー・キャピタリズムはそれを超えて社会にとっての価値創造を重視する。つまり、苦境に陥っているコミュニティでは企業は長く繁栄できないことを明確に認めている。

ＳＶＣはビジネスと社会的利益をうまく一致させる現実的な方法だ。しかし、コンシャス・キャピタリズムに備わっていて、計り知れない力を与えてくれる目に見えないが重要な情緒的、精神的な動機づけを欠いている。今日の世界で求められているのは、根本的な意識の変革だろう。しかし、ＳＶＣは小手先の調整に近い。ＳＶＣの成果を量る指標も不明確だ。

■クリエイティブ・キャピタリズム

二〇〇八年にダボスで開かれた世界経済フォーラムで、ビル・ゲイツは、彼の造語である「クリエイティブ・キャピタリズム」を紹介し、営利企業《ビジネス》は今やその対象範囲を広げ、所得水準の低い人々をも潤すことができると提案した。[5] そうして、政府や非営利団体と協力して最も貧しい人々のニーズに応え、「ピラミッドの土台」を狙い撃ちしたイノベーションに投資すべきだと主張した。[6]

クリエイティブ・キャピタリズムは、ソフトウェアや医薬品などの固定費用が高く変動費用の低い製品に適用される。企業は貧しい人々でも買いやすいように製品の価格を設定し、利益を得ることができる。認知度や世間での評判が高まるので、優秀な社員を雇い、引き留めやすくなる。利益の最大化ではなく社会的厚生の最大化を重視して、裕福な顧客からそうでない顧客への富の分配を促す。

クリエイティブ・キャピタリズムの限界は、CSRと同様、伝統的なビジネスモデルへの追加という性格が強い、という点だ。これまでの市場獲得戦略を改善して低所得者市場も開拓しようと提案しているにすぎないからだ。したがって、このコンセプトは、価格設定を大胆に変動できるだけのコスト構造を持った一部の産業にしか適用できない。低所得の顧客に、変動コストの低い低価格の商品を提供して会社の評価を高めるという点にかなりの力点が置かれている。創造性も、スライド制の価格戦略といった形でしか現れていない。

■Bコーポレーション

ここ数年「ベネフィット・コーポレーション」あるいは「Bコーポレーション」と呼ばれる新たな企業形態が注目を集めている。Bコーポレーションは社会問題や環境問題に取り組むと明確に謳った憲章を採用、非営利団体の「Bラボ」が認定を出す。認定を受けた企業は明確に定義された社会上、環境上のパフォーマンス基準を満たすことが求められる。本稿執筆時点で中小規模の四五〇社が認定を受けている。アメリカでは七州でBコーポレーションとして企業を設立することを認める法案が通過している。[7]

Bコーポレーションはコンシャス・キャピタリズムの四つの柱と相通じるものがあるが、特に革命的に進歩したものとは思えない。以下に理由を述べる。現代社会における企業は究極的に投資家またはオーナーの意向に従うという構造になっている。なぜならば、あらゆるステークホルダーのうちで、経営者やそのほかのステークホルダーによる搾取からオーナーが最も弱い立場にあるからだ。これは、多くの人々が考える企業像には反するだろう。しかし、ここで忘れてはならないのは、ほかのすべてのステークホルダーが会社との取引を通じて対価の支払いを受け、それでも残った財産がある場合に限ってオーナーが分け前を受け取れる、という事実である。だからこそ、企業の経営と統治原則についての最終決定権をオーナーが持つことは大変重要なのだ。

Bコーポレーションは、この決定的に重要な原則に違反しているように見える。経営陣は、社会上、環境上の基準を満たしている限り、財務業績にかかわらずBコーポレーションへの圧倒的な支配力を持っている。このシステムはオーナーから経営陣を守るのだが、ではいったいだれが経営陣からオーナーを守ってくれるのだろう？　オーナーはどうやって経営陣からの搾取を防げるのだろう？　Bコーポレーションでも、オーナーは経営陣を首にして新しいリーダーを専任できるのだろうか？

創業者（経営陣）がBコーポレーションを設立したいと考え、一方投資家（オーナー）がBコーポレーションの条件を受け入れ、自らの法的権利を経営陣に明け渡すことに喜んで同意すれば（そんな投資家が見つかれば）、Bコーポレーションを設立することには何の問題もない。通常の会社とは異なる比率でステークホルダーに価値を創り出す一種のボランティア団体として、完全に資本主義と一致するからだ。

ただし、Bコーポレーションは、オーナーが支配する企業や非営利団体ほどの競争力を持たないかもしれない。資金調達の面から見ると、オーナー支配の企業のほうがBコーポレーションよりも有利だ。なぜならほとんどの投資家は高い長期リターンを求めているからだ。もちろん、Bコーポレーションが高い自己資本利益率を求めても何ら差し支えはないのだが、投資家候補を説得して投資する気にさせなければならないという重い課題に直面する。非営利団体への寄附者とは異なり、Bコーポレーションに投資する人々は投資から税控除を一切受けられないからだ。慈善活動に伴う税控除に高い価値を置く、社会や環境への意識の高い人々からの資金を受け入れやすいという意味では、非営利団体のほうが競争上優位かもしれない。

Bコーポレーションは、通常のオーナー支配の企業と非営利団体との間にまっとうに存在し得るニッチではある。価値のある、有益なニッチだ。時間が経つうちに成長していくが、おそらく主流派にはならないだろう。

付録C　コンシャス・キャピタリズムについての誤解

コンシャス・キャピタリズムは理想主義的で実践的ではないと主張する人々がいる。彼らの目には、ビジネスの世界は残酷で、荒々しく混沌としており、困難に満ちた、食うか食われるかの世界に映る。そして、現実世界というものは、正直者が必ず馬鹿を見るようにできている、と言う。そう考える人々にとっては、コンシャス・キャピタリズムは単なる夢物語で、頭の混乱した理想主義者たちの希望的観測にすぎないように見える。

しかし、実際には、このビジネスのやり方はすべてのステークホルダーに多くの富と幸福を生み出すばかりでなく、企業が好業績を続けるための秘訣でもある。コンシャス・カンパニーと競争するとはどういうことだったのか？　これを知るには、アメリカン航空の役員をしていた者のだれかに尋ねてみればよい。アメリカン航空は、過去四〇年にわたってサウスウエスト航空と競合し、破綻してしまったのだから。

付録Cでは、コンシャス・キャピタリズムについてのよくある誤解と批判を取り上げ、それに対する我々の見解を述べる。

誤解1：コンシャス・キャピタリズムは「ブタに口紅」、つまりうわべだけを飾ったにすぎない。いくらきれいごとを言っても、ビジネスの目的はしょせん利益なのだ

こういうことを指摘する批評家は、コンシャス・キャピタリズムとは単なるたわ言だと主張する。ビジネスとは、昔も今も、そして将来も、いかに多くの利益を生み出すかということに尽きる。これに勝る定義はあり得ないのだ、と。

企業がその存在目的を果たすうえで、利益を生み出すことが基本中の基本であることは言うまでもない。利益を上げれば、イノベーションを起こし、進歩するために必要な元手ができる。その意味では利益がなければ進歩はない。費用をカバーする程度しか稼げなければ、世界にはほとんど影響を及ぼせないだろう。ホールフーズ・マーケットは三〇年前、あるいは一〇年前よりもはるかに大きな影響力を持っている。それは私たちが極めて高収益を達成してきたからだ。高収益企業だからこそ、他社よりも速く成長し、私たちの存在目的をよりうまく実現できた。わずか数千人ではなく、数百万人の人々に手を差し伸べ、支援することができたのだ。

問題は、ほとんどの企業が、幸福とは何かについて考え違いをしたまま利益を追い求めているという点にある。すでに紹介したように（第三章を参照）、ヴィクトール・フランクルは「幸福とは求めて得られるものではない。（何かを成し遂げた）結果として得られるものなのだ」と述べている。[1] 自分だけの

幸福を見つけることに躍起になっている人々は、自分だけがかわいいというナルシストになりがちだ。幸福とは、人生の意味と目的を持った者が生きたり、ほかの人のために奉仕したり、優れたものを作ろうと努力したり、個人として成長したり、友だちと交わったり、子どもたちを養育したり、愛情や寛容さを示したり示されたり、といった行為の副産物なのである。利益もこれと同じだ。ビジネスの第一義的な目的ではない時にこそ最も高い利益を上げられるのだ。利益とは、存在目的、素晴らしい商品やサービス、顧客満足、社員の幸福、社会や環境への貢献の副産物なのだ。何を差し置いても利益を追い求める企業は、そうすることがいかに愚かなことかにいずれ気づくことになる。

誤解2：コンシャス・キャピタリズムは景気の良い時にしか機能しない

景気の良い時に社員の待遇を良くすることは簡単だ。問題は、景気が悪くなった時に何をするか？である。本当のコンシャス・カンパニーはそうした厳しい状況に直面している時こそ優しくなる。コアバリューを一層重視しながら、人間味のある姿勢を崩さない。苦境を乗り切るための行動が企業を本当の意味で団結させ、企業文化を強化するのだ。

ウィンザー・マーケティング・グループは、コネチカット州にある小さな会社で、アメリカの大手小売業者向けに店内標識を製造している。創業者でCEOのケヴィン・アルマータは、前回の景気後退が本格化した時の状況を今も覚えている。「売上は三〇％落ち込みました。競合他社はどこも従業員の一時解雇を進めていました。しかし、もし当社も従業員の二〇％を削減していたら、七家族か八家族が家を失い、離婚も六件や七件は出ていたかもしれません。彼らの苦しみに比べれば会社はまだましな状況にある。そう気づいた私は、みんなで乗り越えようと決めたのです」[2]

景気後退が襲った時、同社はすでに大規模な新工場の建設を始めていた。アルマータは、工事建設を続行するための革新的な解決策を見つけ出した。社員（何しろ不景気なので時間がたっぷりあった）に、建設業の経験があるかどうかを尋ねたのだ。すると、レンガ職人、大工、配管工、電気技師など、短期間ながら若い頃にそうした職を経験した者がたくさんいることが判明した。そこで、時間のある時に新工場の建設作業に加わってもらうことにした。

こうして、建設作業に社員の多くが参加した一六万平方フィート〔約一万五千平米〕の新工場が完成する。景気後退が終わると、ビジネスは盛り返し、四半期ごとに四〇％増のペースで成長するようになった。今や社員が同社に感じているエンゲージメント（愛着心）、責任感、感謝の気持ちは絶大なものである。社員が会社の壁を築いたのだ。現在、社員たちは以前にも増して、会社のために進んで困難を引き受けようとしている。[3]

誤解3：コンシャス・キャピタリズムは、高級品市場を取り扱う会社にしか採用できない。その意味では仕組み自体が「贅沢品」である

コンシャス・キャピタリズムは、経済的な余裕がある人々だけが買える高級品向けの仕組みではない。コストコ、サウスウエスト航空、ジェットブルー、アマゾン、タタ、トヨタ自動車、トレーダー・ジョーズ、イケアなど、一般の顧客が買いやすい商品やサービスを提供しながらコンシャス・キャピタリズムの精神を実践している企業は世の中にたくさんある。同じ価格帯の中で高い評価を得ているコンシャス・カンパニーもあって、提供する商品やサービス、顧客サービス、そして顧客体験の素晴らしさで、競合他社よりも優れた価値を提供している。ホールフーズ・マーケット、ザ・コンテナ・

ストア、スターバックスなどが良い例だ。

コンシャス・キャピタリズムがあらゆる種類のビジネスに機能するのは、従来型の企業がとうてい成し遂げられないほど高い効率性を実現しているからだ。コンシャス・カンパニーは、経営資源一単位当たりの売上高が多く、生産性も高く、社員が効率的に働き、顧客に本当に素晴らしい体験をさせ、付加価値を生まないものに資源を浪費せず、無駄のない運営をしている。

誤解4：ウォール街がコンシャス・キャピタリズムの価値を見出すことはない

すでに指摘したように、多くのアナリストはコンシャス・キャピタリズムの考え方をまだ理解していないかもしれない。ただし、コンシャス・カンパニーは長期的な実績が優れているため、金融市場全体の評価は高く、各社とも高株価を実現している。伝説の投資家、ベンジャミン・グラハムはこう言っている。「株式市場とは、短期的には人気投票のための装置だが、長期的には価値を計るための計量器だ」株式市場とは、経済的に成功した者にはそれが何であれ報いる存在であり、金銭的な成功を短期と長期の両方で測定する。ウォール街は、不正がない限り、金銭的な成功の原因を深く追及しない。そのうちに、コンシャス・キャピタリズムの考え方に基づくミューチュアル・ファンドや株式指数が現れるだろう。そしてそれらのパフォーマンスが高まれば、勝ち馬に乗ろうとする業者が次々に参入し、ウォール街はコンシャス・カンパニーを早期に見つけられるように価値観や投資哲学を進化させるはずだ。

残念ながら、その過程では、あまりにも多くのマネジャーや経営幹部が短期的な動機に突き動かされて、わかっていても会社の長期的な成長を犠牲にする行為につい手を染めてしまう。たとえば、ある調査では、四半期の収益目標を達成するためには、たとえ会社の長期的な価値を破壊することをわかっていても研究開発費などの出費を削減する、と八〇%以上の経営幹部が回答している。[4]

誤解5:コンシャス・カンパニーになるには、最初からそのような会社を作らなければダメだ。似ても似つかぬ社歴を背負った会社はコンシャス・カンパニーにはなれない

第一七章で論じたように、従来型の会社がコンシャス・カンパニーに生まれ変わることは、とても難しいが不可能なことではない。HCLの転換はその一例だ。また、ハーレーダビッドソンは、一九八一年にAMFカンパニーから分離独立し、驚くほどの転換を遂げた。インターフェイス・インクも、創業者兼CEOのレイ・アンダーソンが自社ビジネスの地球環境に及ぼす影響について直感的に悟り、コンシャス・カンパニーとしての再生に着手したのである。

このプロセスは決して容易ではないが、競争力をつけ、生き残り、長期的に繁栄したいと思うならやらなければならないし、できるはずだ。そのためにはトップによる心からの決意表明が必要だ。コンシャス・リーダーシップのないコンシャス・カンパニーなどあり得ない。忍耐もいる。会社全体の変革には何年もかかるからだ。外部コンサルタントからの支援もいるだろう。ステークホルダーが集まって意識の高い《コンシャスな》将来を思い描き、コンシャス・カンパニーへの転換を全員で決意することも必要だ。今の大半の企業がコンシャス・カンパニーへの転換を果たせず、あるいはその気にならなかったとしても長期的には問題ではない。今後はコンシャス・カンパニーを立ち上げる企業家たちが次々と現れ、市場で従来型の企業に打ち勝っていずれはその地位を奪うことになるからだ。自由競争資本主義はとてつもなく躍動的な仕組みであり、その「創造的破壊」プロセス(効果的で効率的なアプローチが旧式

のビジネスを追い立て続ける）を通じて、優れたビジネス哲学が長期的には勝利を獲得するだろう。

誤解6：創業者が離れると、平凡な会社に戻ってしまう

強力なリーダーのいなくなった会社がいかに危険な状況に陥るか。ここ数年の実例を見てもそれがいかに簡単に起こり得るかがわかる。創業者が引退し外部からカーリー・フィオリーナをCEOとして招き入れた後のヒューレット・パッカード、ハワード・シュルツが退いた後のスターバックス、そしてバーニー・マーカスとアーサー・ブランクが元GEのロバート・ナルデリに社業を引き継いだ後のホーム・デポに何が起きたのかを振り返ってみればよい。存在目的、価値、そして文化を理解できない「誤った」リーダーは、会社が数十年もかけて築き上げてきた強さをいとも簡単に劣化させ、崩壊させる。こうしたことを防ぐには、自社文化のDNAにコンシャスなアプローチを完全に植えつけることが必要だ。会社の文化はすべてのステークホルダー、とりわけ社員に浸透させなければならない。取締役会は新CEOの選別には格別の注意を払うこと。理想的には、経営幹部は内部昇進させるべきだろう。こうしたプロセスをやり遂げたコンシャス・カンパニーには、タタ、UPS、サウスウエスト航空が挙げられる。各社の文化と価値観はリーダーが何度代わっても受け継がれている。

誤解7：コンシャス・カンパニーになるには何から何まで変えなければならない。そんなことは不可能だ

コンシャス・カンパニーは、何よりもまず営利企業だ。そのうえで従来型の利益中心の企業が、存在目的を何よりも重視するコンシャス・カンパニーに転換するにはビジネスの視点を変える必要があ

る。とても難しい作業だが決して不可能ではない。ビジネスと変化に対して社員の心に植えつけられていた疑いと抵抗感が払拭されれば、体質転換が自然で意味のあるものと感じられるようになる。したがって、このプロセスは、いったん動き出すとすぐに勢いを増していく。目的はビジネスの気高い精神を解放することだ、という点を忘れてはならない。こうした精神は、活動していないだけでほとんどの会社に常に存在しているのだ。

誤解8：管理できるのは量を測定できるものだけだ。コンシャス・キャピタリズムには触って確かめられないものが多すぎる

測定は重要だが、現代経営の大きな誤った考え方の一つは、重要なものはすべて測れなければならず、客観的に測定できないものは重要ではない、というものだ。これは、分析的知能が私たちの思考方法にいかに大きな影響を与えたかの証拠である。合理的な方法で測れるものは測り、結果を出した人々にどうやってそれを成し遂げたかについて声高に主張させることはできるだろう。しかし、愛や自分らしさを貫く姿勢といった、文化を形づくる最も重要な要素には、具体的に測りにくいものが含まれているのも事実なのだ。

誤解9：ステークホルダーの利益を最適化せよと言われても混乱する。マネジャーは、「株主価値の最大化」のような、単純でわかりやすい目標を求めている

「何事もできる限り単純化しなければならないが、必要以上に単純化してはならない」とはアインシュタインの名言である（「アインシュタインの剃刀」と呼ばれている）。さまざまなステークホルダーが互いに依存し合う大規模なビジネスシステムをなかなか理解できない――そう思う人がいても不思議ではない。本書で指摘してきたように、これを理解するには高度なシステム知能が必要なのだが、悲しいかな、多くの人々はこれをまだ身につけていない。しかし、大規模なビジネスシステムの相互依存性を確認できるだけの、包括的にものを見る目があれば「ビジネスとは答えがはっきりと出る数学の問題とは違う」ことに気がつくはずだ。一つの価値だけを最大化すると、必然的に同じシステム内のほかの重要な要素がないがしろにされ、場合によっては致命的な打撃を被るかもしれない。企業とは複雑な有機体であって、そのような組織を導き、管理する使命を与えられた人々は一定のスキル、心構え、精神状態を備えていなければならない。リーダーは、企業が投資家を含むあらゆるステークホルダーになるべく多くの価値を提供できるよう、その健全な発展を常に目指すべきだ。ビジネスリーダーは、一部のステークホルダーだけに短期的な利益を与えようとして、会社全体に被害を与えるような事態を決して招いてはならない。そんなことをすれば、組織は一種の癌に冒され、ゆくゆくは破滅の道をたどることになろう。

謝辞

著者二人にとって本書を執筆することは愛と喜びに満ちた作業だった。多くの素晴らしい人々から驚くほどの刺激と支援を頂戴したのは存外の喜びである。まずは示唆に富む序文の労をとってくれたビル・ジョージに感謝したい。ビルは、我々がこれまでに出会った中で最も意識の高い《コンシャスな》リーダーの一人で、さまざまなアイデアや事例を通して刺激を与えてくれた。エド・フリーマンと氏のステークホルダー理論に関する先駆的な仕事は本書の至るところに反映されている。

また、ダグ・ラウチ、キップ・ティンデルをはじめとするコンシャス・キャピタリズム社（www.ConsciousCapitalism.org）の仲間たち、ウォルター・ロブを筆頭とするホールフーズ・マーケットの経営陣にも多くの支援や励ましを受けた。

数多くのビジネスリーダーや経営思想家からも素晴らしい啓示を受けた。特にピーター・ドラッカー、ピーター・センゲ、ロバート・C・ソロモン、ゲイリー・ハメル、C・K・プラハラード、ハワード・シュルツ、ハーバート・ケレハー、コリーン・バレット、ラリー・ペイジ、セルゲイ・ブリン、ラタン・タタ、ジェフ・ベゾス、スティーブ・ジョブズ、ビル・ゲイツ、チップ・コンリー、ロン・シャイチ、サリー・ジュエル、テリ・ケリー、ティム・ブラウン、アブラハム・マズロー、ケン・ウィルバー、ドン・ベック、クレア・グレイヴス、スティーヴン・マッキントッシュ、フレッド・コフマン、トム・ガードナー、デイビッド・ガードナー、マーク・ガフニ、ハワード・ビーハー、リチャード・ライダー、各氏には特に名前を挙げて感謝の意を表したい。

ここに一人ひとりの名前を挙げていないが、ほかにも多くの友人や家族の支援がなければ本書はできなかったろう。ここに感謝の意を表したい。

ありがとう。

解説　コンシャス・キャピタリズムと日本企業

明治大学専門職大学院グローバルビジネス研究科教授
一般社団法人社会人材学舎 代表理事　野田　稔

最近ある大手企業の経営企画担当者と話した時のことだ。担当者は新規事業の創造に強い意欲を持ってはいたが、一番気にしていたのは「失敗した時の責任の取らせ方」であった。挑戦するのはいいが、失敗した時にどうするかを事前に決めておかないと先に進めない、と主張した。いかに成功させるかではなく、最初から失敗時のリスクヘッジを考えていた。さらに、挑戦者本人の責任の取り方を決めることが一番だとも言った。挑戦はさせたいが、会社としては一切リスクを負いたくない、と言っているように聞こえた。

別の新薬メーカーでは社員の自発的な研究提案を促進するために、提案制度を作ったのはよいが、失敗したら降給するという罰則規定を入れたため、それまでも細々とではあるが社員からなされていた研究提案が、制度施行後はゼロになってしまった。

新薬開発には失敗がつきもので、その会社の場合でも初期フェーズから製品として成功するのは数％未満。ということは、九〇％以上の確率で降給される制度ということになる。これで制度に乗れというほうがおかしいことは明らかだろう。

日本企業はいったいどうなってしまったのだろう。

そこに見えるのは過度のリスク回避志向と過剰管理である。

かつて我が国企業は世界に先駆けた挑戦を数多くものにしてきた。成功のかげには、その何倍もの失敗があったに違いない。しかし、企業は失敗のリスクを恐れるよりも、成功の暁に得られる価値を追い求めて、果敢に挑戦したのだ。

一攫千金を狙った企業もあろうが、多くの企業には実現したい社会価値があり、だからこそリスクに挑戦できたのだ。

金儲けだけが目的であるなら、確かにリスク回避が最重要事項になる。確実な利益が望めない限り、挑戦しないという思考法に陥って当然だ。（確実な利益が見込めることが、挑戦と言えるかどうかは別にして。）

すなわち、企業は利益を求める以外の目的があって初めて挑戦することができるのだ。

本書でも繰り返し述べられているように、そもそも企業の存在目的は利益の獲得にあるわけではない。利益はあくまでも企業継続を可能にし再投資するための原資に過ぎない。利益は目的ではなく手段である。

しかしながら、多くの日本企業が、利益追求以外の自らの存在目的を信じられず呻吟している。目的喪失状態だ。目標はあるが目的が不明なのだ。

もちろん、各社とも立派なビジョンを掲げ、企業理念を打ち出し、社会的貢献を口にする。

しかし、社員はそれがお題目だと思っている。目先の利益を上げることが最優先されることを知っている。だから、下手に挑戦して利益を失うことを恐れるのだ。

戦後、我が国企業はゼロからの再スタートを余儀なくされた。当時の企業目的は、まず強くなること。強くなって生き延びること。「強い会社」になる企業パラダイムの時代である。強くなって、日本を豊かにする。それが共通の目的だった。

当時はなりふりかまわず物まねもしたし、社員に過酷な労働も強いた。しかし、日本を豊かにするという明確な目的を共有していたため、今は貧しく日々の仕事は辛くとも明日への希望を持つことができた。

この企業パラダイムがオイルショックを契機に一変する。企業をさらに拡大するにも、省エネ省資源の制約があり、公害防止・環境保護への対応も迫られた。国内市場は飽和し始め、海外展開や多角化が進展した。企業経営は一気に複雑化する。急激な変化を受け、企業は賢くなければ生き残れないことを思い知る。「賢い会社」パラダイムの時代だ。

以来、我が国企業はより賢く経営することを指向する。各種の経営手法が導入され、グローバルスタンダード（という名のアメリカンスタンダード）を取り入れ、経営は精緻になっていく。

追い打ちをかけたのがバブル崩壊だ。多くの企業が深刻な業績不振に陥り、一銭一円にこだわらざるを得ない厳しい経営状態に陥った。高度成長期からほぼ一貫して右肩上がりの成長を続けてきた日本経済が、初めて経験する本格的な挫折であった。企業はますます筋肉質化することを求められ、利益志向を強めていく。

この長い試練により日本企業の体質は確かに強くなった。しかし、同時に失ったものも多い。

利益にこだわらざるを得なかったとはいえ、利益視線で経営することが長く続き、結果として長期的な視点が失われ、企業の存在目的に対する意識が薄れてしまった。

その結果が、先に述べた挑戦意欲の減退につながったのではないだろうか。今こそイノベーションを起こし、新たな分野への挑戦なくして生き残ることが適わない状況であるにもかかわらず、日本企業は挑戦できない体質に陥っている。賢い会社、というよりも小賢《こざか》しい会社、といった有様だ。

このような状態をいつまでも続けるわけにはいかない。そろそろ我々は第三の企業パラダイムを作らなくてはならない。

新たな方向性を示してくれるのが、コンシャス・キャピタリズムの考え方だ。

私は以前より第三の企業パラダイムを「志の高い会社」としてきた。

企業の存在目的そのものが社会問題解決にある会社を指す。たとえばバングラデシュのグラミン銀行などが好例だ。

志の高い会社は、しかし、同時に利益も上げなくてはならない。事業を拡大し、新たな価値を創造することが社会のためになるのだから、その原資たる利益は重要だ。「志も高く、利益も高く」だ。

これが、私が長年主張してきたことだ。

しかし、コンシャス・キャピタリズムを読み、志が高いだけでは十分でないと知った。

志の高さとは、本書でいう第一の柱である「存在目的とコアバリュー」を指す。

志が高いこと、すなわち企業目的が社会的価値の創造であるのは大前提だ。社会的価値を生まない会社が存在し続けるのはほぼ不可能である。縁故資本主義に頼るほかはなく、自力で生きてはいけない。

志が高いことを前提として、意識を向ける（コンシャスである）べき方向の一つが、ステークホルダーの統合である。コンシャスな企業はすべてのステークホルダーがウィン（Ｗｉｎ）になれる（ウィンの六乗）ビジネスモデルを構築する。我々はとかく、トレードオフ発想に陥る。あちらを立てればこちらが立たず、だ。しかし、これではあまりに知恵がない。有能な経営者は、ＡかＢかではなく、ＡもＢもといった発想をすると気づいたことがある。相対する二つの事象両方を成り立たせるべく思考するところに、革新は起こる。弁証法的発想だ。社員、コミュニティ、投資家、顧客、サプライヤー、自社の六つのステークホルダーすべてが満足する状態の創造を目指すことがイノベーションにつながるという考えだ。

「ウィンの六乗」状態が構築されると、その構造は大変安定的になる。すべてのステークホルダーにとって、この状態を継続する価値があるからだ。

ただし、一つ重要なことがある。それはどのステークステークホルダーも貪ってはならないということだ。ウィンの六乗はステークホルダーすべてがその状態を是とし、決して裏切らないことが前提だ。まさに資本主義と民主主義が効率的・効果的に機能するための前提条件と一致する。参加するすべてのプレーヤーが利己と利他のバランス、短期と中長期の利得バランスを考慮したうえで意思決定すると、大変うまい具合に大数の法則が働き、結果として正しい意思決定ができる。この「貪らない」、「私利私欲だけを考えない、全体最適を意識する」ことが何よりも重要だ。

三本目の柱であるコンシャス・リーダーの存在と四本目の柱のコンシャス・カルチャー／マネジメントはコンシャス・カンパニーを支える重要な構成要素だ。詳しい説明は避けるが、「正しいことを正しく行うこと」のパワーについて豊富な事例と共に描かれた本書の〝ボディー〟は、多くの読者に勇気を与えてくれる。

さて、本書を紐解く多くの読者が等しく心に抱く疑問がある。

それは、「こんな綺麗ごとで競争に勝てるのか？　儲かるのか？」と言う単純な疑問だ。

この疑問に対する答えが付録に語られている。

残念ながら本書では取り上げられていないが、我が国にもコンシャス・キャピタリズムの体現者たる企業が存在する。さらにそういった〝良い会社〟を組み入れ銘柄として選択する投資信託も存在する。代表例が鎌倉投信だ。鎌倉投信のホームページを開くと、真っ先に「いい会社を増やしましょう！」とある。

同社の投資信託では独自の選択基準で組み入れ銘柄を選び投資している。「雇」（人財の多様性）、「感」（感動サービス）、「現」（現場主義）、「創」（市場創造）、「縁」（地域を大切に）、「技」（技術力）、「貫」（オンリーワン）、「志」（経営理念）、「Ｗ」（グローバルニッチ）、「炎」（モチベーション）、「直」（製販一貫）、「愛」（社員を大切に）、「革」（変化し続ける力）、「循」（循環社会創造）が彼らの選択基準だ。

鎌倉投信は利益額や売上高、資本利益率等の財務データにこだわらず、良い会社と考える企業に投資しているのだが、同社の運用実績は決して悪くない。ファンドブロガーの人気投票でも四位をキープし、格付投資情報センター（Ｒ＆Ｉ）が選定する『Ｒ＆Ｉファンド大賞２０１３』では同社の「結い２１０１」が最優秀ファンド賞（投資信託／国内株式部門）を受賞した。（同社ホームページより）

パフォーマンス推移をみると、ＴＯＰＩＸとの比較で、ＴＯＰＩＸが上昇する時は同様に上がり、同指標が下降する時にはあまり下がらないという安定的な推移を示している。想像するに、〝いい会社〟には長期的視点で株式を保有する、優良な安定株主がついているのであろう。

これは我が国でもコンシャス・キャピタリズムの萌芽が確実に存在することを示している。コンシャス・キャピタリズムは世界にとっても我が国にとっても、高い効率と合理性をもたらす。そして何より我が国企業にとっては、忘れかけていた存在目的を再認識し、再び挑戦する勇気を与えてくれるだろう。

「いつか、あらゆる企業が存在目的を意識して活動し、すべてのステークホルダーの利益を統合し、コンシャスリーダーを育て登用し、信頼と説明責任、思いやりの文化を築き上げる日がやってくること」――これを私自身も夢として懐胎し、前に進もうと思う。

二〇一四年三月吉日

グ訳、『「貧困層」を「顧客」に変える次世代ビジネス戦略』、英治出版、2010年）によってこの思想を有名にした。

7. B Lab, "B Corps Redefine Success in Business," annual report, 2012, www.bcorporation.net/（2014年2月現在）

付録C

1. Viktor E. Frankl, *Man's Search for Meaning*（『夜と霧』みすず書房、前掲書）1946年、*Ein Psycholog erlebt das Konzentrationslager* というタイトルでまずオーストリアで発刊された。
2. ケヴィン・アルマータ。ベントレー大学（マサチューセッツ州ウォルサム）で行われたラジェンドラ・シソーディアによる「コンシャス・キャピタリズム」講座でのプレゼンテーション（2010年秋）。
3. David Whitford, "Can Compassionate Capitalists Really Win? Interview with Raj Sisodia," *Fortune*, March 30, 2011, http://management.fortune.cnn.com/2011/03/30/cancompassionate-capitalists-really-win/（2014年2月アクセス不可）
4. Ian Davis, "How to Escape the Short-Term Trap," *McKinsey Quarterly*, April 2005, www.mckinseyquarterly.com/Corporate_Finance/Performance/How_to_escape_the_short-term_trap_1611（2014年2月アクセス不可）

12. Jeanne Bliss, "Wegmans Food Markets Excels by Throwing Away the Rule Book," *Think Customers: The 1to1 Blog*, July 14, 2011, www.1to1media.com/weblog/2011/07/customer_bliss_jeanne_bliss_we.html（2014年2月現在）
13. RetailSails, "Retail Quick Facts: 10 Things About Costco You Probably Don't Know," April 27, 2011, http://retailsails.com/2011/04/27/retail-quick-facts-10-thingsabout-costco-you-probably-dont-know/（2014年2月アクセス不可）
14. Michael Roberto, "Jordan's Furniture: Shoppertainment," *Professor Michael Roberto's Blog: Musings About Leadership, Decision Making, and Competitive Strategy*, October 27, 2009, http://michael-roberto.blogspot.com/2009/10/jordans-furniture-shoppertainment.html（2014年2月現在）
15. ダグ・ラウチへの電話インタビューより（2012年3月22日）。
16. 過去50年間のマーケティング費用の詳細については、Jagdish N. Sheth and Rajendra S. Sisodia, "Feeling the Heat: Making Marketing More Productive," part I, *Marketing Management* 4, no. 2 (fall 1995): 8–23を参照のこと。
17. この問題に関するミープラスユー（MEplusYOU）のCEO、ダウグ・レビーの提案に感謝したい。
18. 同上。

付録B

1. Paul Hawken, Amory B. Lovins, and L. Hunter Lovins, *Natural Capitalism: Creating the Next Industrial Revolution* (New York: Back Bay Books, 2008)（ポール・ホーケン、エイモリー・B・ロビンス、L・ハンター・ロビンス著、小幡すぎ子訳、佐和隆光監訳、『自然資本の経済：「成長の限界」を突破する新産業革命』、日本経済新聞社、2001年）
2. John Elkington, *Cannibals with Forks: The Triple Bottom Line of 21st Century Business* (Gabriola Island, B.C., and Stony Creek, Conn.: New Society Publishers, 1998).
3. Andrew W. Savitz, *The Triple Bottom Line: How Today's Best-Run Companies Are Achieving Economic, Social, and Environmental Success—and How You Can Too* (San Francisco: Jossey-Bass, 2006)（アンドリュー・サビッツ、カール・ウェーバー著、中島早苗訳、『サステナビリティ：企業の持続的成長を可能にする3原則』、アスペクト、2008年）.
4. Michael E. Porter and Mark R. Kramer, "Creating Shared Value: How to Reinvent Capitalism—and Unleash a Wave of Innovation and Growth," *Harvard Business Review*, January–February 2011, 2–17（「経済的価値と社会的価値を同時実現する 共通価値の戦略〔Creating Shared Value〕（マイケル・E・ポーター 戦略と競争優位）」、DIAMONDハーバード・ビジネス・レビュー、2011年6月）.
5. Bill Gates, "Making Capitalism More Creative," *Time*, July 31, 2008, available at www.time.com/time/business/article/0,8599,1828069,00.html（2014年2月現在）で閲覧可能。
6. 故C・K・プラハラードは著書 *The Fortune at the Bottom of the Pyramid* (Philadelphia: Wharton School Publishing, 2004)（C.K.プラハラード著、スカイライトコンサルティン

付録A

1. Rajendra Sisodia, David B. Wolfe, and Jagdish N. Sheth, *Firms of Endearment: How World-Class Companies Profit from Passion and Purpose* (Upper Saddle River, N.J.: Pearson Prentice Hall, 2007).
2. 18社は次の通り。アマゾン、BMW、カーマックス、キャタピラー、コマース・バンク、コストコ、イーベイ、グーグル、ハーレーダビッドソン、本田技研工業、ジェットブルー、ジョンソン・エンド・ジョンソン、サウスウエスト航空、スターバックス、ティンバーランド、トヨタ自動車、UPS、ホールフーズ・マーケット。
3. CNN Money, "100 Best Companies to Work For: 2012," *CNN Money*, February 6, 2012, http://money.cnn.com/magazines/fortune/best-companies/2012/full_list/（2014年2月現在）.
4. Glassdoor, "Best Places to Work: Employees' Choice Awards," *Glassdoor*, 2012, www.glassdoor.com/Best-Places-to-Work-LST_KQ0,19.htm（2014年2月現在）
5. Gallup Consulting, "Employee Engagement: What's Your Engagement Ratio?" 2010, available at www.gallup.com/consulting/121535/Employee-Engagement-Overview-Brochure.aspx（2014年2月アクセス不可）
6. Jennifer L. Mitchell and Ethisphere, "Ethisphere and the World's Most Ethical Companies Ring NYSE Opening Bell," *Ethisphere*, September 30, 2011, http://ethisphere.com/ethisphere-and-the-worlds-most-ethical-companies-ring-nyse-opening-bell/（2014年2月アクセス不可）
7. John Kotter and James Heskett, *Corporate Culture and Performance* (New York: Free Press, 1992)（J・P・コッター，J・L・ヘスケット著、梅津祐良訳、『企業文化が高業績を生む：競争を勝ち抜く「先見のリーダーシップ」：207社の実証研究』、ダイヤモンド社、1994年）.
8. Mary Sully de Luque et al., "Unrequited Profit: How Stakeholder and Economic Values Relate to Subordinates' Perceptions of Leadership and Firm Performance," *Administrative Science Quarterly* 53 (2008): 626–654.
9. Jim Collins, *Good to Great : Why Some Companies Make the Leap—and Others Don't* (New York: HarperBusiness, 2001).（ジム・コリンズ著、山岡洋一訳、『ビジョナリー・カンパニー2：飛躍の法則』、日経BP社、2001年）
10. United Nations, "Tobacco Could Kill a Billion People This Century, UN Health Official Warns," *UN News Centre*, April 29, 2011, www.un.org/apps/news/story.asp?NewsID=38240&Cr=tobacco&Cr1（2014年2月現在）; *Wikipedia*, s.v. "health effects of tobacco," last modified July 6, 2012, http://en.wikipedia.org/wiki/Health_effects_of_tobacco（2014年2月現在）
11. Gregory David Roberts, *Shantaram* (New York: St. Martin's Press, 2004), 610.（グレゴリー・デイヴィッド・ロバーツ著、田口俊樹訳、『シャンタラム（上・中・下）』、新潮社、2011年）

10. ビル・ジョージへの電話インタビュー（2012年3月13日）。
11. 「コンシャス・キャピタリズム・オーストラリア」設立イベントでのジェフ・マンチェスターのプレゼンテーション（2012年5月1日、シドニー）。イントレピッド・トラベルのホームページ www.intrepidtravel.com/（2014年2月現在）を参照のこと。
12. Gary Hamel, *What Matters Now: How to Win in a World of Relentless Change*（『経営は何をすべきか』、ダイヤモンド社、前掲書）

第一七章

1. 「インセプション」は2010年のSF人気映画（監督はクリストファー・ノーラン）のタイトル。映画の中では、ある独創的なアイデアが他の人の潜在意識に植えつけられる。
2. http://www.bizstone.com/ を参照（2014年2月現在）。
3. Dan Schawbel, "Biz Stone on His Biggest Challenges, Influences and the Future of Social Media," *Forbes*, June 14, 2012; http://www.forbes.com/sites/danschawbel/2012/06/14/biz-stone-on-his-biggest-challenges-influences-and-the-futureof-social-media/（2014年2月アクセス不可）
4. 我々は、本書で述べてきたような形でコンシャス・ビジネスの柱（＝精神）を表現することによって、ある種の絶対的真理に到達したのだ、と言い張るつもりはない。「コンシャス・カンパニーとはこういう会社である」という我々の理解は進化していくはずだ。経験を積み調査を重ねればさらに内容は深くなっていくものと思う。しかしこれまでに学んだことを踏まえる限り、この4つの柱（＝精神）の内容についてはかなり自信を持っている。
5. 我々は、「コンシャス・カンパニー監査」についての独自の手法を開発した。これは我々の公認コンサルタント会社を通じて閲覧可能である。
6. このプロセスは、マーヴィン・ワイスボードが開発した「フューチャー・サーチ」と呼ばれるプロセスでモデル化され（ワイズボードの著書*Future Search: Getting the Whole System in the Room for Vision, Commitment, and Action* [San Francisco: Berrett-Koehler, 2010] を参照のこと）、ホールフーズ・マーケットほか多くの企業では、これを用いてすべての主要ステークホルダーの優先順位と情熱を反映する未来に向けた課題を策定している。このプロセスについては第一二章で説明している。

第一八章

1. Neil Howe, William Strauss, and R. J. Matson, *Millennials Rising: The Next Great Generation* (New York: Vintage, 2000).
2. Jeanne Meister and Karie Willyerd, "Mentoring Millennials," *Harvard Business Review*, May 2010, 68–72.
3. http://www.ushistory.org/paine/commonsense/sense1.htm（2014年2月現在）を参照のこと。
4. リン・トゥイストは*Transforming Your Relationship with Money and Life* (New York: Norton, 2003)の著者で、ソウル・オブ・マネー・インスティテュートの創設者。

の十カ条」はwww.howardbehar.com/principle.shtml（2014年2月現在）でも閲覧可。

10. Wayne Dyer, *The Power of Intention: Learning to Co-Create Your World Your Way* (Carlsbad, Calif.: Hay House, 2005)（ウエイン・W・ダイアー著、柳町茂一訳、『思い通りに生きる人の引き寄せの法則：宇宙の「意志の力」で望みをかなえる』、ダイヤモンド社、2007年）

第一六章

1. ブライアン・ロバートソンへの電話インタビューより（2012年6月19日）。
2. Daniel H. Pink, *Drive: The Surprising Truth About What Motivates Us*（『モチベーション3.0』、講談社、前掲書）
3. Douglas McGregor, *The Human Side of Enterprise* (New York: McGraw Hill, 1960), 33–57（ダグラス・マグレガー著、高橋達男訳、『企業の人間的側面：統合と自己統制による経営』、産業能率短期大学出版部、1970年）.
4. John Kao, *Jamming: The Art and Discipline of Business Creativity* (New York: Harper Business, 1997)（ジョン・ケイオー著、本田理恵訳、『知識創造の経営法則：ジャミング理論が企業を元気にする』、徳間書店、1998年）がこの点をうまくまとめている。
5. F. A. Hayek, "The Use of Knowledge in Society," *American Economic Review* 35, no. 4. (September 1945): 519–530. 次の著作も参照のこと。F. A. Hayek, *The Constitution of Liberty* (Chicago: University of Chicago Press, 1978)（F.A.ハイエク著、気賀健三、古賀勝次郎訳、『自由の価値』、春秋社、2007年）; F. A. Hayek, *Law, Legislation and Liberty* (Chicago: University of Chicago Press, 1978)（F.A.ハイエク著、矢島鈞次、水吉俊彦訳、『ルールと秩序』、春秋社、2007年）。
6. 英語ではよく知られているこの "Let a thousand flowers bloom"（千花斉放）という句は、実際には毛沢東の "Let a hundred flowers blossom"（百花斉放）が誤って引用された表現だ。1957年の夏、およそ6週間にわたって中国の知識人がこの国の政治システムを批判することが奨励されたのだが、これはその時のスローガンなのである。毛沢東は「さまざまな花を開花させ（百花斉放）、さまざまな思想を戦わせよう（百家争鳴）。芸術と科学分野での進歩が促進され、この国の社会主義的文化が栄えることになろう」と述べたその後、実は体制に対する批判者をあぶりだすための企みであることが判明し、毛とは異なる意見を表明した多くの人々が処刑された。*The Phrase Finder*, s.v. "Let a thousand flowers bloom," accessed June 20, 2012, www.phrases.org.uk/meanings/226950.html（2014年2月現在）
7. テリ・ケリーへの電話インタビューより（2012年3月23日）。
8. Howard Behar, *It's Not About the Coffee: Leadership Principles from a Life at Starbucks*（『スターバックスを世界一にするために守り続けてきた大切な原則』、日本経済新聞出版社、前掲書）; 引用は以下で閲覧可www.howardbehar.com/principle.shtml（2014年2月現在）
9. ここ数年、アメリカでは防衛的になり、他人に対して訴訟を起こす風潮が強くなっているため、同社は具体的なルールや法的規制の掲載された詳細なハンドブックを補助的に用い始めている。

Caldwell Esselstyn, *Prevent and Reverse Heart Disease: The Revolutionary, Scientifically Proven, Nutrition-Based Cure* (『心臓病は食生活で治す』、角川学芸出版、前掲書) ; Joel Fuhrman, *Eat to Live and Super Immunity: The Revolutionary Formula for Fast and Sustained Weight Loss* (Boston: Little, Brown and Co., 2003); and by John McDougall, *The Starch Solution: Eat the Foods You Love, Regain Your Health, and Lose the Weight for Good!* (New York: Rodale, 2012).

14. Owen Bond, "Caffeine Withdrawal and Insomnia," Livestrong.com, April 22,2011, www.livestrong.com/article/426152-caffeine-withdrawal-insomnia/ (2014年2月現在)
15. Stephen S. Cherniske, *Caffeine Blues* (New York: Warner Books, 1998).
16. John Abramson, *Overdosed America* (New York: Harper, 2004) を参照のこと。
17. 瞑想についての書籍は多い。優れた入門書としては、Joseph Goldstein and Jack Kornfield, *Seeking the Heart of Wisdom: The Path of Insight Meditation* (Shambhala, 2001).
18. Peter Koestenbaum, "Do We Have the Will to Lead?" *Fast Company*, February 2000, 222 で引用されたピーター・コーステンバウムの発言。

第一五章

1. 第4回コンシャス・キャピタリズム国際カンファレンスにおけるジェームス・ヘスケットのプレゼンテーション (2012年5月22日、ベントレー大学、マサチューセッツ州ウォルサム)。
2. ウォルター・ロブからの電子メール。
3. Francis Fukuyama, *Trust: The Social Virtues and the Creation of Prosperity* (New York: Free Press, 1996).
4. ミープラスユー (MEplusYOU) CEO、ダウグ・レビーからの電子メール。
5. Jeffrey Pfeffer, *What Were They Thinking? Unconventional Wisdom About Management* (Boston: Harvard Business School Press, 2007).
6. マーク・ガフニへのインタビュー (2012年3月13日。カリフォルニア州ビッグサー)。
7. 2010年8月6日、モントリオールで開催されたアメリカ経営学会 (Academy of Management) 年次総会でのジェーン・ダットンによるプレゼンテーション "Creating a Caring Economics: Theory, Research, and Practice" より。
8. Mihaly Csikszentmihalyi, *Flow* (New York: Harper Perennial Modern Classics, 2008) を参照のこと。没我 (flow state) とは、「ある活動をしている人間が、精力的に集中しているという感覚に完全に浸り、十分にのめり込んでいて、その過程が成功しているような精神状態」と定義されている (*Wikipedia*, s.v. "flow [psychology]," last modified June 14, 2012, http://en.wikipedia.org/wiki/Flow_%28psychology%29) (2014年2月現在)
9. Howard Behar, "Ten Principles of Personal Leadership," *It's Not About the Coffee: Leadership Principles from a Life at Starbucks* (New York: Portfolio, 2007) (ハワード・ビーハー、ジャネット・ゴールドシュタイン著、関美和訳、『スターバックスを世界一にするために守り続けてきた大切な原則』、日本経済新聞出版社、2009年);「パーソナル・リーダーシップ

比較文化的研究』、広池学園出版部、1985年）

4. Jean M. Twenge and W. Keith Campbell, *The Narcissism Epidemic: Living in the Age of Entitlement* (New York: Free Press, 2009)（ジーン・M・トウェンギ、W・キース・キャンベル著、桃井緑美子訳、『自己愛過剰社会』、河出書房新社、2011年）
5. Jean Piaget and Barbel Inhelder, *The Psychology of the Child* (New York: Basic Books, 1972).（ジャン・ピアジェ、ベルベル・イネルデ著、波多野完治、須賀哲夫、周郷博訳『新しい児童心理学』白水社、1969年）
6. アブラハム・H・マズローによる以下の書籍を参照。*Motivation and Personality* (New York: Harper Collins, 1987)（小口忠彦訳、『人間性の心理学：モチベーションとパーソナリティ』、産業能率大学出版部、1987年); *Toward a Psychology of Being* (New York: Wiley, 1968)（上田吉一訳、『完全なる人間：魂のめざすもの』、誠信書房、1998年); *The Farther Reaches of Human Nature* (New York: Penguin/Arkana, 1993)（上田吉一訳、『人間性の最高価値』、誠信書房、1973年、初版のみ）.
7. Don Edward Beck and Christopher C. Cowan, *Spiral Dynamics: Mastering Values, Leadership and Change* (Boston: Blackwell, 1996); Ken Wilber, *A Theory of Everything*（『万物の理論：ビジネス・政治・科学からスピリチュアリティまで』、トランスビュー、前掲書）; Steve McIntosh, *Integral Consciousness and the Future of Evolution* (St. Paul, Minn.: Paragon House, 2007).
8. 次の2冊を参照のこと。Lawrence Kohlberg, *The Philosophy of Moral Development* (New York: Harper & Row, 1981); Lawrence Kohlberg, *The Psychology of Moral Development* (New York: Harper & Row, 1984). See also Carol Gilligan, *In a Different Voice* (Boston: Harvard University Press, 1993)（キャロル・ギリガン著、生田久美子、並木美智子訳、『もうひとつの声：男女の道徳観のちがいと女性のアイデンティティ』、川島書店、1986年）
9. Jane Loevinger and Ruth Wessler, *Measuring Ego Development*, vol. 1 (San Francisco: Jossey-Bass, 1970).
10. これは仏教の訓練の一つで、詳細は Roger Walsh, *Essential Spirituality* (New York: Wiley, 2000), 202–203を参照のこと。
11. ホロトロピック・ブレスワークは「自己分析を目的として、呼吸その他の要素を用いて通常とは異なる状態に至るための実践活動」のこと。*Wikipedia*, s.v. "Holotropic Breathwork," last modified June 2, 2012, http://en.wikipedia.org/wiki/Holotropic_Breathwork（2014年2月現在）. Stanislav Grof and Christina Grof, *Holotropic Breathwork: A New Approach to Self-Exploration and Therapy* (Albany: State University of New York Press, 2010) も参照のこと。
12. "68 percent of Americans Found to Be Overweight as Obesity Becomes Global Epidemic," *International Business Times*, February 4, 2011.
13. 次の書籍を推薦する。T. Colin Campbell, *The China Study: The Most Comprehensive Study of Nutrition Ever Conducted and the Startling Implications for Diet, Weight Loss and Long-Term Health*（『葬られた「第二のマクガバン報告」（上・中・下）』、グスコー出版、前掲書）;

ために』、サンマーク出版、2008年）; Mihaly Csikszentmihalyi, *Flow*（M.チクセントミハイ著、今村浩明訳、『フロー体験喜びの現象学』、世界思想社、1996年）; Daniel Goleman, *Emotional Intelligence*（『EQ：こころの知能指数』、講談社、前掲書）; James Hillman, *The Soul's Code*（ジェイムズ・ヒルマン著、鏡リュウジ訳、『魂のコード：心のとびらをひらく』、河出書房新社、1998年）; M. Scott Peck, *The Road Less Traveled*（M・スコット・ペック著、氏原寛, 矢野隆子訳、『愛すること、生きること：全訳『愛と心理療法』』、創元社、2010年）; Anthony Robbins, *Awaken the Giant Within*（アンソニー・ロビンズ著、本田健訳、『一瞬で「自分の夢」を実現する法』、三笠書房、2007年）; Martin Seligman, *Learned Optimism*（マーティン・セリグマン著、山村宜子訳、『オプティミストはなぜ成功するか：ポジティブ心理学の父が教える楽観主義の身につけ方』、パンローリング、2013年）; Samuel Smiles, *Self-Help*（サミュエル・スマイルズ著、竹内均訳、『自助論』、三笠書房、2013年）; James Allen, *As a Man Thinketh*（ジェームズ・アレン著、菅靖彦訳、『原因と結果36の法則：心のおもむくままに』、河出書房新社、2012年); Roberto Assagioli, *Psychosynthesis*; Abraham H. Maslow, *Motivation and Personality*（A.H.マズロー著、小口忠彦訳、『人間性の心理学：モチベーションとパーソナリティ』、産業能率大学出版部、1987年）; Carl Rogers, *On Becoming a Person*（C.R.ロジャーズ著、諸富祥彦、末武康弘、保坂亨訳、『ロジャーズが語る自己実現の道』、岩崎学術出版社、2005年）; George S. Clason, *The Richest Man in Babylon*（ジョージ・S・クレイソン著、福東優訳、『バビロンの大富豪の教え』、筑摩書房、2009年）; Alice Schroeder, *The Snowball: Warren Buffett and the Business of Life*（アリス・シュローダー著、伏見威蕃訳、『スノーボール：ウォーレン・バフェット伝』、日本経済新聞出版社、2009年）; Benjamin Franklin, *The Autobiography of Benjamin Franklin*（フランクリン著、渡辺利雄訳『フランクリン自伝』、中央公論新社、2004年）; David Gershon and Gail Straub, *Empowerment*; the Foundation for Inner Peace, *A Course in Miracles*（ヘレン・シャックマン記、ウィリアム・セットフォード、ケネス・ワプニック編、大内博訳、『奇跡のコース』、ナチュラルスピリット、2010年）; Dan Millman, *Way of the Peaceful Warrior*（ダン・ミルマン著、上野圭一訳、『癒しの旅：ピースフル・ウォリアー』、徳間書店、1998年）; Eckhart Tolle, *The Power of Now*（エックハルト・トール著、あさりみちこ訳、『さとりをひらくと人生はシンプルで楽になる』、徳間書店、2002年). 下記のウェブサイトも参照 http://www.entheos.com/philosophersnotes/books（2014年2月現在）

2. ダニエル・ゴールマンの書籍に加え、ロバート・C・ソロモンによる情緒に関するさまざまな書籍の中でも、*The Passions* (Hackett, 1993) および *True to Our Feelings* (New York: Oxford University Press, 2001)をお勧めする。
3. 愛情に関する推薦書として以下のものを挙げておく。Gerald Jampolsky, *Love Is Letting Go of Fear*（『愛とは、怖れを手ばなすこと：今をよりよく生きるために』、サンマーク出版、前掲書）; Stephen G. Post, *Unlimited Love: Altruism, Compassion, and Service* (Philadelphia: Templeton Foundation Press, 2003); and Pitirim Sorokin, *The Ways and Power of Love: Types, Factors, and Techniques of Moral Transformation* (Philadelphia: Templeton Foundation Press, 2002) (P.A.ソローキン著、細川幹夫［ほか］訳、『若い愛成熟した愛：

7. Liu, *Conversations on Leadership*.
8. Zohar and Marshall, *Spiritual Capital*, 55.
9. *Wikipedia*, s.v. "Buckminster Fuller," last modified June 18, 2012, http://en.wikipedia.org/wiki/Buckminister_Fuller（2014年2月現在）.
10. サーバント・リーダーシップについての最も優れた本だと思われるのは、今もなお最初にこの言葉を明確にした書である。Robert K. Greenleaf, *Servant Leadership: A Journey into the Nature of Legitimate Power and Greatness* (New York: Paulist Press, 1977)（ロバート・K・グリーンリーフ著、金井壽宏監訳；金井真弓訳、『サーバントリーダーシップ』、英治出版、2008年）
11. Robert C. Solomon, *A Better Way to Think About Business: How Personal Integrity Leads to Corporate Success* (New York: Oxford University Press, 1999), 40–43.
12. 1967年8月16日に、アトランタ州で開催された第11回南部キリスト教指導者年次会議でのスピーチMartin Luther King Jr., "Where Do We Go from Here?" 以下でも閲覧可能 http://mlk-kpp01.stanford.edu/index.php/encyclopedia/documentsentry/where_do_we_go_from_here_delivered_at_the_11th_annual_sclc_convention/（2014年2月現在）。
13. Liu, *Conversations on Leadership*で引用されたハワード・ガートナーの発言。
14. Liu, *Conversations on Leadership*で引用されたデバシシュ・チャテルジーの発言。
15. 同上。
16. Liu, *Conversations on Leadership*で引用されたジョセフ・バダラッコの発言。
17. 下記を参照のこと。T. Colin Campbell, *The China Study: The Most Comprehensive Study of Nutrition Ever Conducted and the Startling Implications for Diet, Weight Loss and Long-Term Health*（『葬られた「第二のマクガバン報告」（上・中・下）』、前掲書）；および Caldwell Esselstyn, *Prevent and Reverse Heart Disease: The Revolutionary, Scientifically Proven, Nutrition-Based Cure*（『心臓病は食生活で治す』、前掲書）。
18. 同上。
19. Fred Kofman, *Conscious Business: How to Build Value Through Values* (Boulder, Colo.: Sounds True, 2006).

第一四章

1. 自己啓発の書は数百点出ている。その中から特に有益なものご紹介する。Viktor Frankl, *Man's Search for Meaning*（『夜と霧』みすず書房、前掲書）; Joseph Campbell with Bill Moyers, *The Power of Myth*（ジョーゼフ・キャンベル、ビル・モイヤーズ著、飛田茂雄訳、『神話の力』、早川書房、2010年）; Deepak Chopra, *The Seven Spiritual Laws of Success*（ディーパック・チョプラ著、岡野守也訳、『人生に奇跡をもたらす7つの法則』、PHP研究所、2000年）; Stephen Covey, *The Seven Habits of Highly Effective People*（スティーブン・R・コヴィー著、ジェームス・スキナー、川西茂訳、『7つの習慣：成功には原則があった！』、キング・ベアー出版、1996年）; Gerald Jampolsky, *Love Is Letting Go of Fear*（ジェラルド・G・ジャンポルスキー著、本田健訳、『愛とは、怖れを手ばなすこと：今をよりよく生きる

6. 「フューチャー・サーチ」アプローチは、マーヴィン・ワイズボードによって考案された。Marvin Weisbord and Sandra Janoff, *Future Search: Getting the Whole System in the Room for Vision, Commitment, and Action*, 3rd ed. (San Francisco: Berrett-Koehler Publishers, 2010)を参照のこと。

第三部

1. Pivot Web page, http://pivotleadership.com/ (2014年2月現在)
2. 「コンシャス・キャピタリズム・オーストラリア」設立にあたってのカマル・シャルマのプレゼンテーション (2012年4月30日、シドニー)。
3. Stephanie Holland and *She-conomy*, "Marketing to Women Quick Facts," Sheconomy, n.d., accessed June 20, 2012,www.she-conomy.com/report/marketing-towomen-quick-facts (2014年2月アクセス不可)
4. *Conversations on Leadership: Wisdom from Global Management Gurus* (New York: John Wiley & Sons, 2010)に引用されたデバシシュ・チャテルジーの発言。
5. Lan Liu, *Conversations on Leadership: Wisdom from Global Management Gurus* (New York: Wiley, 2010) に引用されたジョン・コッターの発言の引用。

第一三章

1. Lan Liu, *Conversations on Leadership: Wisdom from Global Management Gurus* (New York: Wiley, 2010) に引用されたビル・ジョージの発言の引用。
2. 以下を参照。Robert Kegan, *The Evolving Self* (Boston: Harvard University Press, 1982); Robert Kegan, *In Over Our Heads* (Boston: Harvard University Press, 1998); *Wikipedia*, s.v. "Howard Gardner," last modified June 12, 2012, http://en.wikipedia.org/wiki/Howard_Gardner (2014年2月現在); Howard Gardner, *Frames of Mind: The Theory of Multiple Intelligences* (New York: Basic Books, 1993)も参照。
3. Daniel Goleman, *Emotional Intelligence: Why It Can Matter More Than IQ* (New York: Bantam, 1995) (ダニエル・ゴールマン著、土屋京子訳、『EQ：こころの知能指数』、講談社、1998年) .ゴールマンは*Social Intelligence: The New Science of Human Relationships* (New York: Bantam, 2006) (ダニエル・ゴールマン著、土屋京子訳、『SQ：生き方の知能指数』、日本経済新聞出版社、2007年) という素晴らしい書籍も執筆している。私たちは、社会的知能を情緒的知能、精神的知能、システム知能から切り分けて一つの分野と捉えていない。社会的知能はほかの三つの知能分野の一つの特徴として捉えるほうがよいと思われるからである。
4. Danah Zohar and Ian Marshall, *Spiritual Capital: Wealth We Can Live By* (San Francisco: Berrett-Koehler, 2004), 3.
5. John A. Byrne, *World Changers: 25 Entrepreneurs Who Changed Business as We Knew It* (New York: Portfolio/Penguin, 2011), 52.
6. 我々が最初にこれを最初デバシシュ・チャテルジーの説明で耳にした。

Crain, "The Impact of Regulatory Costs on Small Firms," Small Business Research Summary (SBA Office of Advocacy) 371 (September 2010), http://archive.sba.gov/advo/research/rs371.pdf.（2014年2月現在）

7. Crain and Crain, "Regulatory Costs."
8. これは「規制の虜（とりこ）」として知られている状況だ。ウィキペディアによると、アメリカの次の政府機関とその規制下にある業界でこれが実際に起きている証拠を提出している。海洋エネルギー管理規制・執行局、商品先物取引委員会、環境保護庁、連邦航空局、連邦通信委員会、ニューヨーク連邦準備銀行、食品医薬品局、州際通商委員会、原子力規制委員会、米国通貨監査局、証券取引委員会。詳細については次を参照。*Wikipedia*, s.v. "regulatory capture," last modified June 9, 2012, http://en.wikipedia.org/wiki/Regulatory_capture（2014年2月現在）

第一二章

1. ビル・ジョージへの電話インタビューより（2012年3月13日）。
2. ケン・ウィルバーによる次の書籍を参照のこと。 Ken Wilber and published by Shambhala in Boston: *A Theory of Everything* (2001)（岡野守也訳、『万物の理論：ビジネス・政治・科学からスピリチュアリティまで』、トランスビュー、2002年）; *A Brief History of Everything* (2001)（大野純一訳、『万物の歴史万物の歴史』、春秋社、2009年); *Sex, Ecology, Spirituality* (2001)（松永太郎訳、『進化の構造』、春秋社、1998年）; *Integral Spirituality* (2006)（松永太郎訳、『インテグラル・スピリチュアリティ』、春秋社、2008年）; *Integral Psychology* (2000). また、次の書籍も参照されたい。Don Edward Beck and Christopher C. Cowan, *Spiral Dynamics: Mastering Values, Leadership and Change* (Boston: Blackwell, 1996); Jenny Wade, *Changes in Mind: A Holonomic Theory of the Evolution of Consciousness* (New York: SUNY Press, 1996).
3. 1960年代に行われた実験によると、人々は自分がすでに持っている考えを確認しようとする傾向がある。また、人々がアイデアを検証する時、一つの可能性に集中すると他の選択肢を無視し、結果として偏見を持つ傾向が高いという研究結果もある。「確証バイアス」が起きる原因としては、希望的観測や、大量の情報を処理する能力の不足などが上げられてきた。その結果、人々は自分の考えに過度な自身を抱く。逆の証拠を見せられた場合でさえその傾向は変わらない。こうしたバイアスを抱いていると、ビジネス、科学、軍事、政治、あるいは他の分野でも優れた判断を下すことが困難になる。非技術的要約としては、次の記事を参照。Jason Zweig, "How to Ignore the Yes-Man in Your Head," *Wall Street Journal*, November 19, 2009.
4. R. Edward Freeman, Jeffrey S. Harrison, and Andrew C. Wicks, *Managing for Stakeholders: Survival, Reputation, and Success* (New Haven: Yale University Press, 2007)（『利害関係者志向の経営：存続・世評・成功』、前掲書）.
5. Whole Foods Market, "Declaration of Interdependence," accessed June 20, 2012, www.wholefoodsmarket.com/company/declaration.php.（2014年2月現在）

Reversing Diabetes: The Scientifically Proven System for Reversing Diabetes Without Drugs (New York: Rodale, 2007); John and Mary McDougall, *The Starch Solution: Eat the Foods You Love, Regain Your Health, and Lose the Weight for Good!* (New York: Rodale, 2012).
11. http://animalrights.about.com/od/animalrights101/tp/How-Many-Animals-Are-Killed.htm（2014年2月現在）を参照のこと。
12. Kenneth T. Frank et al., "Trophic Cascades in a Formerly Cod-Dominated Ecosystem," *Science* 308, no. 5728 (2005): 1,621–1,623.
13. Jonathan Everett and Shahid Thaika; "3P: Pollution Prevention Pays," research paper, Bentley University, Waltham, Mass., http://solutions.3m.com/wps/portal/3M/en_US/3M-Sustainability/Global/Environment/3P/（2014年2月現在）
14. Geoff Colvin, "The UPS Green Team," *Fortune*, December 27, 2010, 44–51.
15. 「ザ・ファームズ・オブ・エンデアメント・インスティテュート・コリア（韓国・愛情に満ちあふれた企業境界）」とポスコ研究所から得た情報を基にしている（2011年5月31日、ソウルにて）
16. Edward Humes, *Force of Nature: The Unlikely Story of Walmart's Green Revolution* (New York: Harper Business, 2011).
17. Michael Strong, *Be the Solution: How Entrepreneurs and Conscious Capitalists Can Solve All the World's Problems* (New York: Wiley, 2009).
18. Richard A. Kerr, "Acid Rain Control: Success on the Cheap," *Science* 282, no. 5391 (November 1998): 1,024.
19. アメリカン・エンタープライズ公共政策研究所が公表している景気先行指標（2003年）Steve Raynor, "The International Challenge of Climate Change," November 24, 2004, 12.

第一一章

1. Sam Walton, *Made in America* (New York: Bantam, 1993).（サム・ウォルトン、ジョン・ヒューイ著、渥美俊一、桜井多恵子訳、『私のウォルマート商法：すべて小さく考えよ』、講談社、2002年）
2. *Wikipedia*, s.v. "labor unions in the United States," last modified June 8, 2012,http://en.wikipedia.org/wiki/Labor_unions_in_the_United_States（2014年2月現在）; Morgan Reynolds, "A History of Labor Unions from Colonial Times to 2009," *Mises Daily* (Ludwig von Mises Institute), July 17, 2009, http://mises.org/daily/3553#part12（2014年2月現在）
3. 同上。
4. ダラスの私的なディナーでの発言（2011年10月6日）
5. この点について、エド・フリーマンの指摘に感謝する。
6. James Gattuso, "Congress Should Rein in the Regulators," *Washington Times*, December 8, 2010, available at www.washingtontimes.com/news/2010/dec/8/gattusocongress-should-rein-in-the-regulators（2014年2月アクセス不可）; Nicole V. Crain and W. Mark

(2014年2月現在)
5. Chris Edwards, "U.S. Corporate Tax Rate the Highest," *Cato @ Liberty Blog*, December 15, 2010, www.cato-at-liberty.org/u-s-corporate-tax-rate-the-highest/ (2014年2月現在)
6. 総額には所得税、給与税、財産税、ホールフーズの社員の給与から差し引かれ報酬税として計上される給与税その他の税が含まれている。
7. Tata, "Values and Purpose," Tata Web page, www.tata.com/aboutus/articles/inside.aspx?artid=CKdRrD5ZDV4=&sectid=SD7sjPUVBkw= (2014年2月現在)
8. 同上。
9. Karambir Singh Kang, presentation at Fourth International Conference on Conscious Capitalism, Bentley University, Waltham, MA., May 23, 2012.
10. Ann Graham, "Too Good to Fail," *Strategy & Business 58* (Spring 010), http://m.strategy-business.com/article/10106?gko=74e5d (2014年2月現在)

第一〇章

1. ケイシー・シーハンへの電話インタビューより(2012年3月22日)。
2. Angus Maddison, *The World Economy: A Millennial Perspective* (Paris: Development Centre of the Organization for Economic Co-operation and Development, 2001). (アンガス・マディソン著、政治経済研究所訳、『経済統計で見る世界経済2000年史』、柏書房、2004年)
3. 同上; Population Reference Bureau, *2011 World Population Data Sheet* (Washington, D.C.: Population Reference Bureau, 2011).
4. United Nations, Department of Economic and Social Affairs, Population Division, Population Estimates and Projections Section, "Population," interactive Web page, http://esa.un.org/wpp/unpp/panel_population.htm (2014年2月現在)
5. 同上。
6. Henning Steinfeld et al., *Livestock's Long Shadow* (Rome: Food and Agricultural Organization of the United Nations, 2006).
7. Water Footprint, "Introduction: Some Facts and Figures," Water Footprint, Enschede, Netherlands, www.waterfootprint.org (2014年2月現在)
8. U.S. Senate Committee on Agriculture, Nutrition, and Forestry, *Animal Waste Pollution in America: An Emerging National Problem*, 104th Congr., December 1997.
9. Steinfeld et al., *Livestock's Long Shadow*.
10. 以下を参照のこと。T. Colin Campbell, *The China Study: The Most Comprehensive Study of Nutrition Ever Conducted and the Startling Implications for Diet, Weight Loss and Long-Term Health* (Dallas: BenBella Books, 2005)(『葬られた「第二のマクガバン報告」(上・中・下)』、前掲書); Caldwell Esselstyn, *Prevent and Reverse Heart Disease: The Revolutionary, Scientifically Proven, Nutrition-Based Cure*(『心臓病は食生活で治す』、前掲書); Joel Fuhrman, *Eat to Live: The Revolutionary Formula for Fast and Sustained Weight Loss* (Boston: Little, Brown and Co., 2003); Neal Barnard, *Dr. Neal Barnard's Program for*

クホルダーの利益を追求することが明確に認められるようになるべきだという、ある種特別な企業の設立形態を求めている。企業はまた、それぞれの基準に従って社会的なパフォーマンスと環境上のパフォーマンスを報告することが義務づけられている。2013年7月13日時点で、すでに9つの州でベネフィット・コーポレーション設立法案が成立し、ほかには6つの州で法案が提出されている。

第八章

1. C. K. Prahalad and Gary Hamel, "The Core Competence of the Corporation," *Harvard Business Review*, May–June 1990. C. K. Prahalad and Gary Hamel, *Competing for the Future* (Boston: Harvard Business School Press, 1994). (G・ハメル、C・K・プラハラード著、一條和生訳、『コア・コンピタンス経営：大競争時代を勝ち抜く戦略』、日本経済新聞社、1995年）も参照のこと。
2. Mohanbir Sawhney, "Does Marketing Need Reform?" conference, Bentley University, Boston, 2004でのプレゼンテーション。
3. CNNMoney, "World's Most Admired Companies: Metals Industry," CNNMoney, March 21, 2011, http://money.cnn.com/magazines/fortune/mostadmired/2011/industries/36.html（2014年2月現在）; Steelads.com, "Top 25 Largest Steel Producers in the World According to the World Steel Organization," 2011, www.steelads.com/info/largeststeel/TOP30_Worlds_Largest_Steel_Companies.html（2014年2月現在）
4. 本書のポスコに関する記述は、POSCO Research Institute and Firms of Endearment Institute Korea, research report, Seoul, July 2011に基づくものである。
5. テリー・ケリーへの電話インタビューより（2012年3月23日）。
6. サリー・ジュエルへの電話インタビューより（2012年3月23日）。
7. John A. Byrne, *World Changers: 25 Entrepreneurs Who Changed Business as We Knew It* (New York: Portfolio/Penguin, 2011).

第九章

1. Milton Friedman, "The Social Responsibility of Business Is to Increase Its Profits," *New York Times Magazine*, September 13, 1970. 企業の社会的責任に関する興味深い論争としては、Milton Friedman, John Mackey, and T. J. Rodgers, "Rethinking the Social Responsibility of Business," *Reason*, October 2005, http://reason.com/archives/2005/10/01/rethinking-the-social-responsiを参照のこと（2014年2月現在）。
2. この事例の紹介については、フリーダムフェストのアソシエイトプロデューサー、ジョー・アン・スコウゼンに感謝したい。
3. 詳しい情報は、ホールフーズ・プラネット財団のホームページwww.wholeplanetfoundation.orgを参照のこと（2014年2月現在）。
4. Marianne McGee, "IBM Launches Corporate 'Peace Corps' Program for Employees," *InformationWeek*, March 26, 2008, http://www.informationweek.com/news/206905657

第七章

1. 前回の金融危機の原因について最も優れた書籍と思われるものを紹介しておく。Gretchen Morgenson and Joshua Rosner, *Reckless Endangerment: How Outsized Ambition, Greed, and Corruption Led to Economic Armageddon* (New York: Times Books, 2011).
2. ウォーレン・バフェットからバークシャーの株主への手紙（2010年）は以下で閲覧可能。www.berkshirehathaway.com/letters/2010ltr.pdf（2014年2月現在）
3. John A. Byrne, *World Changers: 25 Entrepreneurs Who Changed Business as We Knew It* (New York: Portfolio/Penguin, 2011).
4. David Hunkar（仮名）"Duration of Stock Holding Periods Continue to Fall,"（短縮し続ける株式の保有期間）TopForeignStocks.com blog, September 6, 2010, http://topforeignstocks.com/2010/09/06/duration-of-stock-holding-period-continues-to-fall-globally/（2014年2月現在）
5. 出口戦略は、考え抜かれた事業承継プランのように、特定のタイプの投資家が、適当な時期に別の投資家に投資の持分を引き渡す場合には意味がある。アーリーステージにある高リスクの投資案件を狙ったベンチャー投資は、対象会社が一定の発展段階に達すると適切に終了する。
6. トム・ガードナー、デイビッド・ガードナーとの電話インタビューより（2012年3月23日）。
7. ビル・ジョージへの電話インタビューより（2012年3月13日）。
8. "Customer Centric: Going Beyond the Mission Statement," Karma Blog, February16, 2011, http://www.karmacrm.com/blog/general/customer-centric-going-beyond-themission-statement.html（2014年2月アクセス不可）
9. 学術研究の結果は我々の懸念を裏づけてくれる。ある研究では、CEOに莫大な規模のストックオプションを付与すると、CEOが短期的な機会を利用するようになるため、株価が下がってしまう結果になることを示した。Jean M. Canil and Bruce A. Rosser, "CEO Stock Options: Evidence That Large Grants are Bad News for Shareholders," paper presented at FMA European Conference, Barcelona, June 1, 2007, available at http://69.175.2.130/~finman/Barcelona/Papers/CEO_barc.pdf（2014年2月アクセス不可）。莫大なストックオプションを付与されるとCEOが過剰なリスクを取り、その結果株価が下がる場合があることを示した研究論文もある。Gerard Sanders and Donald Hambrick, "Swinging for the Fences: The Effects of CEO Stock Options on Company Risk-Taking and Performance," *Academy of Management Journal* (October–November 2007).
10. Ray C. Anderson, *Confessions of a Radical Industrialist*(New York: St. Martin's Press, 2009).
11. Jeffrey M. Jones, "Americans Most Confident in Military, Least in Congress," *Gallup Politics*, June 23, 2011, www.gallup.com/poll/148163/Americans-Confident-Military-Least-Congress.aspx（2014年2月現在）
12. B（あるいはベネフィット）コーポレーション運動はおおむねこの考え方に立脚したもので、企業は、株主のために富を作り出すことに加え、社会的利益を作り出し、すべてのステー

第六章

1. *American Journal of Hypertension* や *British Medical Journal* などの雑誌に掲載された研究論文では、月曜日の朝には血圧が上がり、心臓発作に襲われる確率が20%高まることが示されている。"Monday Morning Bad for Your Health," CNN.com International, February 3, 2005, http://edition.cnn.com/2005/BUSINESS/02/03/monday.pressure/index.html（2014年2月現在）を参照のこと。ストレスホルモン「コルチゾール」は1日の早い時間帯、人々が仕事に出かける頃にピークを迎えることを示す研究成果もある。"Amazing Facts About Heart Health and Heart Disease," July 2, 2009, www.webmd.com/heart/features/amazingfacts-about-heart-health-and-heart-disease_?page=2（2014年2月アクセス不可）
2. Jim Clifton, *The Coming Jobs War* (New York: Gallup Press, 2011).
3. Thomas Petzinger Jr., *Hard Landing: The Epic Contest for Power and Profits That Plunged the Airlines into Chaos* (New York: Three Rivers Press, 1996).
4. Amy Wrzesniewski et al., "Jobs, Careers, and Callings: People's Relations to Their Work," *Journal of Research in Personality* 31, no. 1 (March 1997): 21–33.
5. ウォルター・ロブからの電子メール（2012年4月9日）。
6. Gary Hamel, *What Matters Now: How to Win in a World of Relentless Change* (San Francisco: Jossey-Bass, 2012).（ゲイリー・ハメル著、有賀裕子訳、『経営は何をすべきか』、ダイヤモンド社、2013年）
7. Daniel H. Pink, *Drive: The Surprising Truth About What Motivates Us* (New York: Penguin, 2011).（ダニエル・ピンク著、大前研一訳、『モチベーション3.0：持続する「やる気！（ドライブ！）」をいかに引き出すか』、講談社、2010年）
8. キップ・ティンデル、ポスコ社内誌向けのキー・ユップ・リーによる電話インタビュー。
9. Jeffrey A. Krames, *The Jack Welch Lexicon of Leadership* (New York: McGraw Hill, 2002).
10. 400倍とか500倍という数値は、上級幹部に日常的に付与される巨額の株式やストックオプションの価値に基づくものである。付与された分の権利には行使期限が来るとゼロになってしまうものも含まれている。株価が大幅に上昇してとてつもない利益を得て、この数値が大幅に拡大することもあるが、現金報酬だけではそれだけ多額の報酬を得ることはめったにない。ストックオプションについては第七章で取り上げる。
11. 我々は別に、政府は経営幹部の報酬に制限を設ける法律を通すべきだと言っているのではない。報酬に対する方針は、自発的に決められてこそ意味があるのだ。
12. 2011年2月に大統領から議会に対し、大統領経済諮問委員会の年次報告書とともに送付された経済レポート（ワシントンDC、米国政府印刷局、2011年）付属資料B、表B-16とB-30。以下で入手可能。http://origin.www.gpoaccess.gov/eop/tables11.html（2014年2月アクセス不可）
13. ダグ・ラウチ、ポスコ社内誌向けのキー・ユップ・リーによる電話インタビュー。

第二部

1. R. Edward Freeman, Jeffrey S. Harrison, and Andrew C. Wicks, *Managing for Stakeholders: Survival, Reputation, and Success* (New Haven: Yale University Press, 2007). (『利害関係者志向の経営：存続・世評・成功』、前掲書)
2. ケイシー・シーハンへの電話インタビューより（2012年3月22日）。

第五章

1. Peter F. Drucker, *Management: Tasks, Responsibilities, Practices* (New York: Harper Collins, 1973). (P.F.ドラッカー著、上田惇生訳、『マネジメント：課題、責任、実践』、ダイヤモンド社、2008年)
2. ダグ・ラウチ、ポスコ社内誌向けのキー・ユップ・リーによる電話インタビュー。
3. John A. Byrne, *World Changers: 25 Entrepreneurs Who Changed Business as We Knew It* (New York: Portfolio/Penguin, 2011).
4. この見解を示してくれたミープラスユー（MEplusYOU）のCEO、ダウグ・レビーに感謝したい。
5. Byrne, *World Changers*.
6. これは、ルイス・キャロルの『鏡の国のアリス』（ルイス・キャロル著、矢川澄子訳、新潮文庫、1994年、44ページ）の第二章で「赤の女王競争」とも呼ばれる革新的な原則で、ある種が（その種と共に進化する）システムの中で相対的な適合性を維持するには、常に進化し続けなければならないことの比喩である。F. Heylighen, "The Red Queen Principle," Principia Cybernetica Web page, December 2,1993, http://pespmc1.vub.ac.be/REDQUEEN.html. (2014年2月現在)
7. ダグ・ラウチへの電話インタビュー（2012年7月12日）。
8. Michael P. Zeisser, "A Closing View: Marketing in a Post-TIVO World," *McKinsey Quarterly Special Edition: Technology*, 2002; 人口一人当たりデータは、mid-2011 U.S. population data: Population Reference Bureau, *2011 World Population Data Sheet* (Washington, D.C.: Population Reference Bureau, 2011).
9. Melinda Davis, *The New Culture of Desire: The Pleasure Imperative Transforming Your Business and Your Life* (New York: Free Press, 2002).
10. キップ・ティンデル、ポスコ社内誌向けのキー・ユップ・リーによる電話インタビュー。
11. Glen Urban, *Don't Just Relate, Advocate! A Blueprint for Profit in the Era of Customer Power* (Upper Saddle River, N.J.: Pearson Prentice Hall, 2005). (グレン・アーバン著、山岡隆志訳、『アドボカシーマーケティング：顧客主導の時代に信頼される企業』、英治出版、2006年)
12. この見解を示してくれたミープラスユー（MEplusYOU）のCEO、ダウグ・レビーに感謝したい。

18. Paul Hawken, *Blessed Unrest: How the Largest Movement in the World Came into Being and Why No One Saw It Coming* (New York: Viking, 2007).（ポール・ホーケン著、阪本啓一訳、『祝福を受けた不安：サステナビリティ革命の可能性』、バジリコ、2009年）
19. Spence and Rushing, *It's Not What You Sell*.
20. 金銭的報酬は、「すべてを金に換算する」ことによって内在的動機づけが低下してしまうため裏目に出る場合もある。
21. Dan Schawbel, "Biz Stone on His Biggest Challenges, Influences and the Future of Social Media," *Forbes*, June 14, 2012; http://www.forbes.com/sites/danschawbel/2012/06/14/biz-stone-on-his-biggest-challenges-influences-and-the-futureof-social-media/（2014年2月アクセス不可）

第四章

1. Marc Gunther, "Waste Management's New Direction," *Fortune*, December 6, 2010, 103–108. See also the Waste Management Web site, www.wm.com.（2014年2月現在）
2. Associated Press, "Analyst Downgrades Waste Management," September 14, 2009.
3. このセクションは次の書籍から多くの示唆を得た。Nikos Mourkogiannis, *Purpose: The Starting Point of Great Companies* (New York: Palgrave Macmillan, 2006).
4. Muhammad Yunus, *Banker to the Poor: Micro-Lending and the Battle Against World Poverty* (New York: Public Affairs, 1999).（ムハマド・ユヌス、アラン・ジョリ著、猪熊弘子訳、『ムハマド・ユヌス自伝：貧困なき世界を目指す銀行家』早川書房、1998年）
5. 参考図書として次の一連の書籍をお勧めする。T. Colin Campbell, *The China Study: The Most Comprehensive Study of Nutrition Ever Conducted and the Startling Implications for Diet, Weight Loss and Long-Term Health* (Dallas: BenBella Books, 2005)（『葬られた「第二のマクガバン報告」（上・中・下）』T・コリン・キャンベル、トーマス・M・キャンベル著、松田麻美子訳、グスコー出版、2009-2011年）; Caldwell Esselstyn, *Prevent and Reverse Heart Disease: The Revolutionary, Scientifically Proven, Nutrition-Based Cure* (New York: Avery, 2007)（コールドウェル・B・エセルスティン・ジュニア著、松田麻美子訳、『心臓病は食生活で治す』、角川学芸出版、2009年）; Joel Fuhrman, *Eat to Live: The Revolutionary Formula for Fast and Sustained Weight Loss* (Boston: Little, Brown and Co., 2003); Joel Fuhrman, *Super Immunity: The Essential Nutrition Guide for Boosting Our Body's Defenses to Live Longer, Stronger, and Disease Free* (New York: HarperOne, 2011)（Dr.ジョエル・ファーマン著、白澤卓二訳、『100歳まで病気にならないスーパー免疫力』、日本文芸社、2011年）; John McDougall and Mary McDougall, *The Starch Solution: Eat the Foods You Love, Regain Your Health, and Lose the Weight for Good!* (New York: Rodale, 2012); Neal Barnard, *Dr. Neal Barnard's Program for Reversing Diabetes: The Scientifically Proven System for Reversing Diabetes Without Drugs* (New York: Rodale, 2007).
6. サリー・ジュエルへの電話インタビューより（2012年3月22日）。

第一部

1. John A. Byrne, *World Changers: 25 Entrepreneurs Who Changed Business as We Knew It* (New York: Portfolio/Penguin, 2011) からの引用。

第三章

1. ビル・ジョージへの電話インタビューより（2012年3月15日）。
2. Roy Spence and Haley Rushing, *It's Not What You Sell, It's What You Stand For: Why Every Extraordinary Business is Driven by Purpose* (New York: Portfolio, 2009).
3. Richard R. Ellsworth, *Leading with Purpose: The New Corporate Realities*(Stanford: Stanford Business Books, 2002).
4. ジェリー・ポラス、Lan Liu, *Conversations on Leadership: Wisdom from Global Management Gurus* (New York: Wiley, 2010) からの引用。
5. John A. Byrne, *World Changers: 25 Entrepreneurs Who Changed Business as We Knew It* (New York: Portfolio/Penguin, 2011).
6. Jennifer Reingold, "Can P&G Make Money in Places Where People Earn $2 a Day?" *Fortune*, January 17, 2011, 86–91.
7. http://www.guardian.co.uk/sustainable-business/unilever-ceo-paul-polmaninterview（2014年2月アクセス不可）
8. この見解を示してくれたミープラスユー（MEplusYOU）のCEO、ダウグ・レビーに感謝したい。
9. John Simons, "Pharma, Heal Thyself," *Fortune*, February 28, 2006.
10. Viktor E. Frankl, *Man's Search for Meaning* (Boston: Beacon Press, 1959; 初版は1946年にオーストリアで発行された。原題は*Ein Psycholog erlebt das Konzentrationslager*).（ヴィクトール・E・フランクル著、池田香代子訳、『夜と霧』みすず書房、新版、2002年）
11. 同上。
12. Mat Gelman et al., "Viktor Emil Frankl, 1905–1997," *American Journal of Psychiatry* 157, no. 4 (2000): 625, http://ajp.psychiatryonline.org/article.aspx?articleid=174067（2014年2月現在）
13. "[Viktor E. Frankl] Life and Work," Viktor Frankl Institut, Vienna, last updated June 20, 2012, www.viktorfrankl.org/e/lifeandwork.html（2014年2月現在）
14. 同上。
15. Studs Terkel, *Working: People Talk About What They Do All Day and How They Feel About What They Do* (New York: New Press, 1997).（スタッズ・ターケル著、中山容訳、『仕事（ワーキング）！』、晶文社、1983年）
16. George Bernard Shaw, epistle dedicatory to Arthur Bingham Walkley, *Man and Superman: A Comedy and a Philosophy* (originally published in 1923).
17. Gallup Consulting, *State of the American Workplace: 2008–2010* (Washington, D.C.: Gallup, 2010).

5. David B. Wolfe, "The Psychological Center of Gravity," *American Demographics*, April 1998.
6. デイビッド・ウルフは「心理的重心」を成人年齢の中央値±5歳と定義している。上記の書籍を参照のこと。
7. GfK Mediamark Research & Intelligence, "Median Age, Household Income and Individual Employment Income," GfK MRI Spring Technical Guide, www.gfkmri.com/mri/techguide/spr2011/med_age_hhi_iei_sp11.pdf (2014年2月現在)
8. アメリカで女性に参政権が認められたのは1920年。驚くべきことだが、スイスでは1971年まで女性に参政権がなかった。2010年時点では、スイスの閣僚の過半数は女性である。
9. Steven Pinker, *The Better Angels of Our Nature: Why Violence Has Declined* (New York: Viking, 2011). これらの例を見ると、人々は、コンシャスに(意識が高く)なるにつれて、道徳的な基準や実際の行動が高水準に向かうことがわかる。ローレンス・コールバーグとキャロル・ギルバンの研究では、人々の道徳性は「懲罰を回避するための服従」という最初の段階から、「普遍的な正義と愛」という最高の段階まで、時間の経過とともにいくつかの水準または段階を通り過ぎる傾向がある証拠が示されている。Lawrence ohlberg, *The Philosophy of Moral Development* (New York: Harper & Row, 1981); Lawrence Kohlberg, *The Psychology of Moral Development* (New York: Harper & Row, 1984); Carol Gilligan, *In a Different Voice* (Cambridge, Mass.: Harvard University Press, 1993).
10. Abraham Lincoln, Annual Message to Congress, December 1, 1862.
11. この10年間の調査で、ギャラップは従業員のエンゲージメント(会社への愛着心)の水準が26%から30%の間を揺れ動いてきたことを発見している。しかも、「意欲を持とうとしない(actively disengaged)」従業員の比率が15～20%に及んでいる。ギャラップは「意欲的な従業員(engaged employees)」を「職場に愛着を持ち、自ら積極的に生産性を高めようとする者」、「意欲を持とうとしない」従業員を「職場を否定的に見て、その見方を同僚たちに広めようとする者」と定義している。一方、多くのコンシャス・カンパニーは95%以上の従業員が会社に愛着を感じていることがわかっている。Gallup Consulting, Gallup Consulting, *State of the American Workplace: 2008–2010* (Washington, D.C.: Gallup, 2010).
12. キップ・ティンデルへの著者インタビューより(2009年5月)。
13. ビル・ジョージへの電話インタビューより(2012年3月13日)。
14. 「コンシャス・カンパニーが正しいことを行うのは、それを正しいから」☆というコメントは、クリント・イーストウッド監督「硫黄島からの手紙」(ワーナー・ブラザーズ、2006年)から着想を得た。
15. David Grayson and Adrian Hodges, *Corporate Social Opportunity! Seven Steps to Make Corporate Social Responsibility Work for Your Business* (Greenleaf Publishing, Sheffield, U.K.: 2004).
16. この比喩は、インド・コジコデ経営研究所(Indian Institute of Management Kozhikode)のディレクター、デバシシュ・チャテルジーから示された。

thoritarian Challenge to Democracy," Freedom House, New York, 2011; 人口統計数値はPopulation Reference Bureau, *2010 World Population Data Sheet*（2014年2月現在）.

10. James D. Gwartney, Joshua C. Hall, and Robert Lawson, 2010 Economic Freedom Dataset, in *Economic Freedom of the World: 2010 Annual Report* (Fraser Institute, Vancouver, Canada, 2010). See also Saamah Abdallah et al., *The (Un)Happy Planet Index 2.0: Why Good Lives Don't Have to Cost the Earth* (New Economics Foundation, London, 2009). 言うまでもなく、ここで示されたデータでは、物質的な満足度が一定水準を上回ると、所得の増加が幸福度の上昇に結びつかなくなることも示されている。
11. McCloskey, *Bourgeois Dignity*.
12. Candace A. Allen, "The Entrepreneur as Hero," *Economic Insights* (Federal Reserve Bank of Dallas) 2, no. 1 (1997), available at www.dallasfed.org/assets/documents/research/ei/ei9701.pdf（2014年2月現在）
13. Gallup Consulting, *State of the American Workplace: 2008–2010* (Washington, D.C.: Gallup, 2010); 2010年の数値は、アラーナ・K・ファレル（ギャラップ・コンサルティングのマーケティングコンサルタント）からの電子メール（2011年11月9日）で示された。
14. サラ・アンダーソン（政策調査研究所）からの電子メール（2011年11月22日）。
15. Jeffrey M. Jones, "Americans Most Confident in Military, Least in Congress," *Gallup Politics*, June 23, 2011, www.gallup.com/poll/148163/Americans-Confident-Military-Least-Congress.aspx（2014年2月現在）
16. Bill Frezza, "Exactly What is Crony Capitalism, Anyway?" *Real Clear Markets*, December 12, 2011.
17. サンディ・カトラーへの著者インタビューより（2012年4月10日）。
18. マーク・ガフニへの著者インタビューより（2012年3月15日）。
19. R. Edward Freeman, Jeffrey S. Harrison, and Andrew C. Wicks, *Managing for Stakeholders: Survival, Reputation, and Success* (New Haven: Yale University Press, 2007).（R・E・フリーマン、J・S・ハリソン、A・C・ウィックス著、中村瑞穂訳者代表、『利害関係者志向の経営：存続・世評・成功』、白桃書房、2010年）
20. マーク・ガフニへの著者インタビューより（2012年3月15日）。

第二章

1. Jonathan Plucker, ed., "The Flynn Effect," in *Human Intelligence: Historical Influences, Current Controversies, Teaching Resources*, Indiana University, 2002, www.indiana.edu/~intell/flynneffect.shtml.
2. Tim Berners-Lee, "Homepage," n.d., www.w3.org/People/Berners-Lee/（2014年2月現在）
3. 言うまでもないが、こうした状況のはらむ問題は、情報の正確さである。ウェブ上には、だれでも何でも発表することができ、それを疑いもなく信じてしまう人々がいるはずだ。
4. Mary Lennighan, "Number of Phones Exceeds Population of World," *Total Telecom*, May 2011, www.totaltele.com/view.aspx?ID=464922（2014年2月現在）

■注

序文

1. *Reason*での論争から。http://reason.com/archives/2005/10/01/rethinking-the-social-responsi/singlepage（2014年2月現在）

第一章

1. Francois Bourguignon and Christian Morrison, "Inequality Among World Citizens:1820–1992," *American Economic Review* 92, no. 4 (2002): 731; Shaohua Chen and Martin Ravallion, "The Developing World Is Poorer Than We Thought, but No LessSuccessful in the Fight Against Poverty," *Quarterly Journal of Economics* 125, no. 4 (2010): 1577–1625.
2. 1990年時点での購買力平価（PPP）ベースでのドル換算値。Angus Maddison, "Statistics on World Population, GDP and Per Capita GDP, 1–2008 AD," Groningen Growth & Development Centre Web page, March 2010, www.ggdc.net/MADDISON/oriindex.htm（2014年2月現在）
3. これらの統計数値はDeirdre N. McCloskey, *Bourgeois Dignity: Why Economics Can't Explain the Modern World* (Chicago: University of Chicago Press, 2010), 48–57.
4. "South Korea GDP," Trading Economics Web page, n.d., www.tradingeconomics.com/south-korea/gdp（2014年2月現在）
5. Matt Rosenberg, "Current World Population," *About.com*, January 1, 2011, http://geography.about.com/od/obtainpopulationdata/a/worldpopulation.htm（2014年2月現在）
6. *Wikipedia*, s.v. "life expectancy," last modified June 5, 2012, http://en.wikipedia.org/wiki/Life_expectancy（2014年2月現在）; United Nations, Department of Economic and Social Affairs, Population Division, *World Population Prospects: The 2010 Revision*, CD-ROM ed. (NewYork: United Nations, 2011).
7. Food and Agriculture Organization of the United Nations, "Hunger," Web portal, 2012, www.fao.org/hunger/en/（2014年2月現在）; Food and Agriculture Organization of the United Nations, *The State of Food Insecurity in the World* (Rome: FAO, 2010)（国際連合食糧農業機関編、オルタナ翻訳、『長期的な危機下での食料不安への提言』、オルタナ、2010年）; Population Reference Bureau, *2010 World Population Data Sheet* (Washington, D.C.: Population Reference Bureau, 2010).
8. UNESCO Institute for Statistics, "Adult and Youth Literacy," UIS Fact Sheet (Succursale Centre-Ville, Montreal), no. 16, September 2011, www.uis.unesco.org/FactSheets/Documents/FS16-2011-Literacy-EN.pdf（2014年2月現在）
9. Freedom House, "Democracy's Century: A Survey of Global Political Change in the 20th Century," Freedom House, New York, 1999, www.social-sciences-and-humanities.com/PDF/century_democracy.pdf; Arch Puddington, "Freedom in the World 2011: The Au-

ま行

や行

ら行

さ行

た行

な行

は行

英数

あ行

か行

■索引

企業名

人名

本書内容に関するお問い合わせについて

このたびは翔泳社の書籍をお買い上げいただき、誠にありがとうございます。弊社では、読者の皆様からのお問い合わせに適切に対応させていただくため、以下のガイドラインへのご協力をお願い致しております。下記項目をお読みいただき、手順に従ってお問い合わせください。

●ご質問される前に

弊社Webサイトの「正誤表」をご参照ください。これまでに判明した正誤や追加情報を掲載しています。

正誤表　http://www.shoeisha.co.jp/book/errata/

●ご質問方法

弊社Webサイトの「刊行物Q&A」をご利用ください。

刊行物Q&A　http://www.shoeisha.co.jp/book/qa/

インターネットをご利用でない場合は、FAXまたは郵便にて、下記“翔泳社 愛読者サービスセンター”までお問い合わせください。
電話でのご質問は、お受けしておりません。

●回答について

回答は、ご質問いただいた手段によってご返事申し上げます。ご質問の内容によっては、回答に数日ないしはそれ以上の期間を要する場合があります。

●ご質問に際してのご注意

本書の対象を越えるもの、記述個所を特定されないもの、また読者固有の環境に起因するご質問等にはお答えできませんので、予めご了承ください。

●郵便物送付先およびFAX番号

送付先住所	〒160-0006　東京都新宿区舟町5
FAX番号	03-5362-3818
宛先	(株) 翔泳社 愛読者サービスセンター

■著者紹介

ジョン・マッキー（John Mackey）

ホールフーズ・マーケットの創業者兼共同CEO。非営利法人コンシャス・キャピタリズム・インクの共同創業者。ホールフーズは1978年創業の自然食品店が、80年に競合企業と合併してできた。その後数々の合併を経て、現在はアメリカの自然食品小売業界を代表するブランドとなり、成長企業の一つとして注目されている。拠点数305店舗、従業員数5万8千人。

ラジェンドラ・シソーディア（Dr. Rajendra Sisodia）

コンシャス・キャピタリズム・インクの共同創業者。ベントレィ大学のマーケティング教授。

■解説者紹介

野田 稔（のだ みのる）

明治大学大学院グローバル・ビジネス研究科 教授

株式会社リクルートホールディングス リクルートワークス研究所 特任研究顧問

1981年（株）野村総合研究所入社。組織人事分野を中心に多数のプロジェクトマネジャーを務め、経営コンサルティング一部長を最後に2001年退社。その後、多摩大学経営情報学部教授、株式会社リクルート 新規事業担当フェローを経て2008年より現職。大手企業の経営コンサルティング実務にも引き続き注力するほか、組織運営研修などにおいて経営理論の実践に貢献。組織マネジメント・リーダーシップ論の第一人者。ミドルマネジメント問題についての先駆者でもある。主な著書に『組織論再入門』、『中堅崩壊』（共にダイヤモンド社）、『二流を超一流に変える「心」の燃やし方』（フォレスト出版）など。

■訳者紹介

鈴木立哉（すずき たつや）

実務翻訳者。一橋大学社会学部卒業。コロンビア大学ビジネススクール修了（MBA）。野村證券勤務などを経て2002年から現職。専門はマクロ経済や金融分野の英文レポートと契約書等の翻訳。訳書に『ブレイクアウト・ネーションズ』（早川書房）、『マーケットのブラック・スワン』（実務教育出版）、『成長への賭け』（ファーストプレス）など。

連絡先：touch-sz@flamenco.plala.or.jp

世界でいちばん大切にしたい会社——コンシャス・カンパニー
2014年4月17日　初版第1刷発行

著　者：ジョン・マッキー、ラジェンドラ・シソーディア
解　説：野田 稔
訳　者：鈴木立哉
発行人：佐々木 幹夫
発行所：株式会社 翔泳社（http://www.shoeisha.co.jp）
DTP・編集協力：有限会社風工舎
印刷・製本：大日本印刷株式会社

ISBN978-4-7981-3454-3　　Printed in Japan

Harvard Business School Press

ハーバード・ビジネス・セレクション・シリーズ

http://www.shoeisha.com/book/hp/harvard/

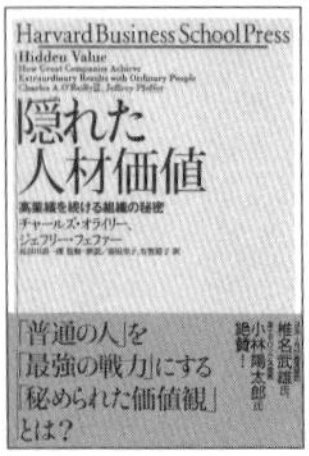

隠れた人材価値

チャールズ・オライリー、ジェフリー・フェファー著、
長谷川喜一郎監修・解説、廣田里子、有賀裕子訳
定価：2,200円＋税、ISBN978-4-7981-0224-5

高業績を続ける組織の秘密

一見どこにでもいる平凡な人が働いているのに、驚異の高業績をあげ続けている企業がある。サウスウエスト航空やシスコシステムズが成し遂げられて、リーバイスができなかったことは何か――このミステリーを解く旅に出かけよう。

人材を活かす企業

ジェフリー・フェファー著、守島基博監修、佐藤洋一訳
定価：2,400円＋税、ISBN978-4-7981-2081-2

名著復刊！「人材」と「利益」の方程式

今、本当に必要なのは、働く人と企業との関係が契約の束へと向かいつつある状況を、信頼の束へと戻ることだ。本書は、広範なデータと企業事例から、人材重視の経営が最良の戦略であることに明らかにする。

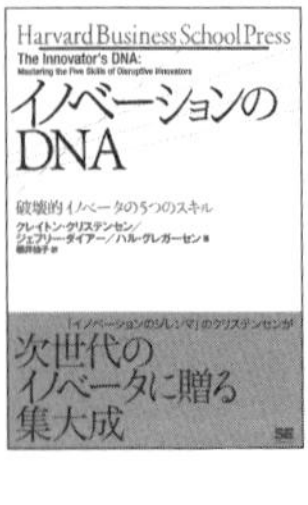

イノベーションのDNA

クレイトン・クリステンセン、ジェフリー・ダイアー、ハル・グレガーセン著、
櫻井祐子訳
定価：2,000円＋税、ISBN978-4-7981-2471-1

イノベーションを起こす能力は、後天的に育成できる！

イノベーションの源泉となる「人（とその能力）」に迫る。8年の年月を費やして5,000人を超える起業家や企業幹部を分析し、どのように創造的なアイデアや事業戦略を生み出したのか5つのスキル（能力）にまとめる。第二部では、組織運営での応用を解説。